# 供应链需求与客户管理

主　编　刘小军　罗德超
副主编　李　利　刘春雨　余光伟　王晓望
主　审　郭肇明　刘伟华

北京理工大学出版社
BEIJING INSTITUTE OF TECHNOLOGY PRESS

版权专有　侵权必究

图书在版编目（CIP）数据

供应链需求与客户管理 / 刘小军，罗德超主编. -- 北京：北京理工大学出版社，2024.5
ISBN 978-7-5763-4086-0

Ⅰ.①供… Ⅱ.①刘… ②罗… Ⅲ.①供应链管理 Ⅳ.①F252.1

中国国家版本馆 CIP 数据核字（2024）第 106017 号

| 责任编辑：王梦春 | 文案编辑：芈　岚 |
|---|---|
| 责任校对：刘亚男 | 责任印制：施胜娟 |

| 出版发行 | / 北京理工大学出版社有限责任公司 |
|---|---|
| 社　　址 | / 北京市丰台区四合庄路 6 号 |
| 邮　　编 | / 100070 |
| 电　　话 | / （010）68914026（教材售后服务热线） |
|  | 　（010）68944437（课件资源服务热线） |
| 网　　址 | / http://www.bitpress.com.cn |

| 版 印 次 | / 2024 年 5 月第 1 版第 1 次印刷 |
|---|---|
| 印　　刷 | / 涿州市新华印刷有限公司 |
| 开　　本 | / 787 mm×1092 mm　1/16 |
| 印　　张 | / 16 |
| 字　　数 | / 425 千字 |
| 定　　价 | / 85.00 元 |

图书出现印装质量问题，请拨打售后服务热线，负责调换

# 前 言

党的二十大报告明确提出建设现代化产业体系。坚持把发展经济的着力点放在实体经济上，推进新型工业化，加快建设制造强国、质量强国、航天强国、交通强国、网络强国、数字中国。在推动实体经济发展、建设现代化产业体系的过程中，企业越来越认识到提升核心竞争力的必要性及紧迫性。在企业核心竞争力提升的过程中需要不断了解和满足客户的需求，通过提升需求预测的准确度，企业可以合理制定生产计划、采购原材料和组织物流，进而及时响应客户的需求变化，提供个性化的产品和服务。这样，可以与客户建立稳固的关系，增强客户的忠诚度，从而提升企业的核心竞争力，进一步提供高质量的产品和服务。

本教材针对供应链中需求预测的实施路径及基本方法进行探索实践，在此基础上，介绍客户关系与需求预测之间的相互作用，面向供应链预测、计划、数字化营销等工作岗位，培养学生的团队协作能力、计划及执行能力、数据分析能力、供应链整体运营能力。

本教材的编写思路及特色如下：

## 一、职业教育"产教融合"

本教材的编写团队由具有丰富企业经验及教学经验的"双师型"教师构成，并引用校企合作中的京东、怡亚通等企业的真实业务案例。本教材结合企业实践设计项目和典型工作任务，将供应链需求预测和销售与运营计划（S&OP）的方法论相关知识体系相结合，采用基于工作过程的理实一体化开发思路，引导学生在系统学习供应链需求的相关知识和技能的同时，建立思考—实践—总结—拓展的工作习惯。

## 二、"知行合一"贯穿始终

本教材在编写过程中秉承以培养学生的职业能力、创新能力为目标的思想，同时，将社会主义核心价值观、人文素养等元素以案例的形式融入教材的每个项目中。

## 三、内容选取体现实用性和前沿性

本教材内容选取职业院校学生在职业岗位上广泛运用的基本原理，融入需求预测与供应链管理的新知识、新技术、新方法，突出实用性和前沿性，并结合供应链数字化、智能化的发展趋势，介绍了物联网、人工智能、爬虫技术等计算机技术及工具在需求预测中的应用。此外，还强化了"案例学习"和"实训项目"，引导学生在做中学。

## 四、数字化教学资源与纸质教材配套

按照国家职业教育教学资源建设的要求，以知识点和技能点为颗粒度，整合了微课、动画、教学课件、案例库、题库等数字化教学资源，体现新形态一体化教材特色。

本教材由刘小军、罗德超担任主编，由李利、刘春雨、余光伟、王晓望担任副主编。教材共分为两篇十个项目，其中项目一、五、七、八、九由刘小军、罗德超编写，项目二、三、四由李利编写，项目六由刘春雨编写，项目十由余光伟编写，王晓望指导编写第二篇供应链客户管理部分。本教材由深圳城市职业学院刘小军总体策划、李利统稿，由中国物流学会副会长兼秘书长、教育部高等学校物流管理与工程类专业教学指导委员会秘书长、全国物流职业教育教学指导委员会秘书长郭肇明，天津大学运营与供应链管理系主任讲席教授刘伟华担任主审。教材编写过程中深圳市怡亚通供应链股份有限公司姜保军和李铁光提供了相关的业务案例并结合企业实际业务场景给予了指导。

本教材在编写过程中参阅了众多专家学者的优秀研究成果，得到了社会各界的大力支持，在此表示衷心的感谢！

尽管我们花费了大量时间并进行了艰辛的探索，但由于编者水平有限，教材中难免存在疏漏和不足之处，恳请同行、专家及读者提出宝贵的意见和建议，以便今后进一步修订完善。

# 目 录

## 第一篇 供应链需求管理

**项目一 认识供应链需求管理** ·········································· 3
    任务一 掌握供应链需求的基本概念 ································ 3
    任务二 分析供应链需求的影响因素 ································ 9
    任务三 认识供应链需求与供应的关系 ····························· 14

**项目二 认识供应链需求预测** ········································ 24
    任务一 分析影响需求预测的主要因素 ····························· 24
    任务二 设计需求预测的工作步骤 ··································· 29
    任务三 制定需求预测实施计划 ····································· 32

**项目三 运用定量分析法预测需求订单** ···························· 40
    任务一 运用时间序列法进行预测 ··································· 40
    任务二 运用回归分析法进行预测 ··································· 50
    任务三 评估预测准确性 ············································· 61
    任务四 检查及调整需求预测 ········································ 69

**项目四 运用定性分析法进行预测调整** ···························· 77
    任务一 选择适合的定性预测方法 ··································· 77
    任务二 运用加权预测法进行预测 ··································· 83

**项目五 应用数智化技术进行需求预测** ···························· 90
    任务一 运用数智技术采集数据 ····································· 90
    任务二 清洗与处理预测数据 ······································ 101
    任务三 利用 AI 训练预测模型 ···································· 107

**项目六　协同需求预测与产销计划** ............................................................ 116

　　任务一　整合部门资源 ........................................................................ 117
　　任务二　制定产销协同计划 ................................................................ 120
　　任务三　执行与跟踪计划 .................................................................... 129

## 第二篇　供应链客户管理

**项目七　认识供应链客户管理** ................................................................ 139

　　任务一　理解供应链客户关系管理 .................................................... 140
　　任务二　认识客户服务管理 ................................................................ 147
　　任务三　客户开发与管理 .................................................................... 154

**项目八　客户数据仓库的设计与应用** .................................................... 169

　　任务一　设计客户数据仓库 ................................................................ 169
　　任务二　获取供应链客户信息 ............................................................ 177
　　任务三　分类与分析供应链客户 ........................................................ 183

**项目九　培养稳定的客户关系** ................................................................ 195

　　任务一　优化供应链合作伙伴关系 .................................................... 195
　　任务二　建立生态圈客户管理思维 .................................................... 207
　　任务三　提供个性化品质服务 ............................................................ 214

**项目十　持续巩固生态圈客户关系** ........................................................ 223

　　任务一　调查与分析客户满意度 ........................................................ 224
　　任务二　优化客户服务流程 ................................................................ 232
　　任务三　管理客户抱怨与投诉 ............................................................ 240

**参考文献** .................................................................................................... 250

# 第一篇

# 供应链需求管理

青年期

共立出版株式会社

# 项目一　认识供应链需求管理

## 项目背景

L公司是一家创立于20世纪90年代的国产专业体育品牌。经过多年的发展，已具备完善的品牌研发、设计、制造及营销能力，以经营L品牌专业及休闲运动鞋、服装、器材和配件产品为主，通过外包生产和特许分销商的模式，已在我国建立庞大的供应链管理体系以及分销和零售网络。在国际市场方面，公司持续在北美、欧洲、中东、中亚、东南亚等地区开拓业务。

L公司采取"单品牌、多品类、多渠道"的发展策略，聚焦篮球、跑步、健身、羽毛球及运动生活五大核心品类。公司深挖产品的核心竞争力，继续强化品牌的专业运动属性，加大力度投入到运动科技研发及产品性能优化，重视原创设计；基于消费者的核心功能诉求（保暖、凉爽、防护、轻质、防风防水、灵活、束紧），致力于更好地帮助用户提升运动表现，强化产品口碑。同时，积极展示富有创造力的品牌形象，精准捕捉并提炼潮流元素。

L公司的经营策略是以全面提升企业效率为目标，以零售思维贯彻整体业务，通过聚焦市场、消费者、商品与卖场，追求组织架构效率、商品经营效率、库存效率、店铺运营效率、全渠道效率、成本效率，建立企业可持续发展和持续盈利的经营模式。

L公司以"用运动点燃激情"为使命，激发人们突破的渴望和力量，致力于创造专业的体育用品，努力让运动改变生活，追求更高境界的突破。力求将公司打造成为源自我国并被世界认可的、具有时尚性的国际一流专业运动品牌。

## 项目导航

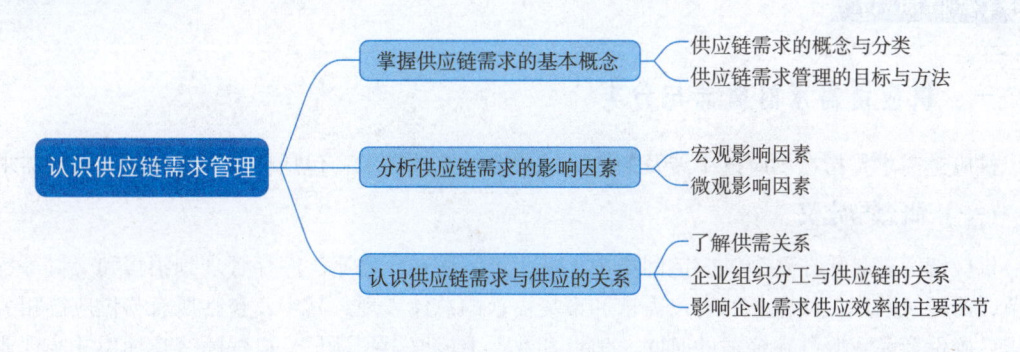

认识供应链需求管理
- 掌握供应链需求的基本概念
  - 供应链需求的概念与分类
  - 供应链需求管理的目标与方法
- 分析供应链需求的影响因素
  - 宏观影响因素
  - 微观影响因素
- 认识供应链需求与供应的关系
  - 了解供需关系
  - 企业组织分工与供应链的关系
  - 影响企业需求供应效率的主要环节

## 任务一　掌握供应链需求的基本概念

### 【学习目标】

**知识目标：**
- 掌握供应链需求的概念与分类。
- 熟悉供应链需求管理的目标与方法。

**能力目标：**
- 能够识别不同类型的供应链需求。
- 能够分析和评估供应链中的复杂性问题。

**素养目标：**
- 培养学生从全局角度思考供应链管理问题的思维习惯。

### 【任务导入】

近期，L公司发现某产品线的供应链不太顺畅，某些区域总是缺货，而某些区域库存积压。根据供应链部门的反馈，该问题主要是由于需求不准确，导致计划一直调整造成的，公司觉得应该针对此问题进行优化。你作为一名参与此项工作的调研员，被派遣到产品线，协助开展需求调研和问题诊断的工作。接下来，你需要先根据本次工作的目标设计一个调研计划，以便之后通过深入了解公司的供应链运作以及与相关人员讨论，收集相关信息，协助公司找到产生这些问题的关键原因，为以后公司优化供应链提供参考。

**学习资源**

供应链需求的基本概念

### 【任务分析】

那么，如何做好本次调研工作？在付诸行动之前，需要先做好准备工作。

首先，我们要明确本次调研的目的是什么。本次调研是因为公司发现在预测市场需求方面存在困难，导致生产计划和库存管理不够灵活和精确。

既然已经发现了问题，那么，本次调研的目的就是找到产生这些问题的主要原因。

接下来要思考的是，我们需要哪些信息？从哪里可以找到这些信息？应当通过什么方法获取这些信息？通过对项目背景的分析可以发现，目前主要的焦点是反应预测的需求不准确，所以我们应当从需求角度入手。

### 【必备知识】

#### 一、供应链需求的概念与分类

供应链需求是指在供应链中涉及的产品或服务的总体需求，包括各个环节和参与者的需求。

##### （一）概念与定义

供应链需求是指在整个供应链网络中，从生产、采购、物流、库存管理到销售和交付等各个环节，所涉及的产品或服务的客户需求和市场需求的总体表现。其中，包括所有与供应链相关的需求，确保产品或服务在合适的时间、地点和数量上能够得到满足，以保障客户期望并实现业务目标。

##### （二）需求的主要类型

供应链需求是一个综合性的概念，涵盖了各种需求类型，即从客户需求到市场需求，再到企业内部和供应链上下游间的协同需求，所有需求都在供应链管理中起着关键作用，影响着产品或服务的供应和交付。从企业供应链运营管理的角度，供应链需求通常可以分为以下几个主要类型：

**1. 市场需求**

市场需求是指整个市场的总体需求，包括所有潜在客户和各个细分市场的需求。了解市场需求对于制定产品策略、市场定位和市场份额分配的计划至关重要，市场"蛋糕"的大小决定了企业的整体发展规划。

**2. 客户需求**

客户需求是供应链需求的核心，涉及最终客户的需求，包括他们对产品或服务的数量、质量、交货时间和定价等方面的要求。客户需求是供应链的出发点，如果没有客户需求，就没有必要做供应链需求管理，满足这些需求是供应链管理的主要目标。

**3. 内部需求**

内部需求包括企业内部各个环节的需求，如销售部门对成品库存的需求，生产部门对原材料和生产资源的需求，物流部门对运输和仓储设施的需求等。内部需求的协调和优化对于供应链的高效运作至关重要。

**4. 供应链协同需求**

现代企业竞争不仅局限在单个企业间，还分布在整个链条之间，协同需求管理涉及供应链参与者之间的需求共享与合作，重点在供应链上下游企业之间的合作，以确保整个供应链系统能够协同工作，提高供应链链条间竞争的关键能力。

总之，理解供应链需求不能仅局限于终端消费者的需求，而要站在企业的角度，去理解终端消费者、中间渠道商、供应商等多个角色关系，还要从企业内部各部门的需求等角度去理解供应链。了解、预测和管理供应链需求是供应链管理的核心任务之一，有助于确保供应链系统的高效运作和客户满意度的实现。

### （三）实际需求和预测需求

除了供应链需求的基本类型之外，在学习供应链需求管理时，还需要掌握两个重要的概念，即实际需求和预测需求。

实际需求（Actual Demand）是指实际发生的需求量，即客户实际购买或消费的产品与服务数量。实际需求是过去或当前市场需求的真实表现，可以通过销售记录、订单、发货数据等确定。实际需求是供应链管理中最具影响力的需求，因为它直接影响到生产计划、库存管理、供应商协调以及整个供应链中各个环节的运作。

预测需求（Forecast Demand）是指根据历史数据、市场趋势、市场研究、统计分析等方法预估得出的未来需求量，是企业对未来某个时间段内市场需求的一种预判。预测需求是供应链管理中的一个重要参考，能够帮助企业进行生产规划、库存控制和供应链协调。预测需求可以通过各种量化和定性的方法来确定，例如，时间序列分析、回归分析、市场调研等。然而，预测需求并不完全准确，因为它依赖历史数据和假设，可能受到市场波动、消费者行为变化等因素的影响。

为了更好地理解实际需求和预测需求的区别，我们以食堂消费为例加以说明。学校食堂在准备餐食供应的时候，并不确定当天会有多少同学来，也不确定同学们会选择哪类食品。最常用的方法就是按照以往的经验预判并准备各类食品的数量，此时，以往的消费数量就是历史产生的实际需求，而预判当天准备数量则是预测需求。

食堂消费的经历告诉我们，去晚了可能自己想吃的菜品就卖光了，或者有些菜品还剩余很多，因此，实际需求和预测需求总是会存在差异，当两者差异非常大的时候，其产生的结果就是要么满足不了供应，要么产生大量浪费。

通常，预测需求是建立在历史实际需求基础之上的，两者之间的差异主要在于时间和精度。实际需求是已产生的需求，是准确的；而预测需求是对未来需求的估计，通常会存在一定的不准确性。

## 二、供应链需求管理的目标与方法

在复杂的商业环境中，虽然预测需求存在天然的不准确性，但它对于供应链管理仍至关重

要，因为它是生产计划、库存管理和供应链决策的基础。对企业而言，合理运用预测方法，做好供应链需求管理，是提升企业供应链整体效率的重要基础。

### （一）供应链需求管理的目标与作用

供应链需求管理的主要目标是确保供应链系统能够在满足客户需求的同时，实现高效的运作和管理。通过优化供应链流程来实现供应链的高效运营，并确保供应链系统能够适应不断变化的市场条件。以下这些目标有助于提高企业的绩效和可持续性发展：

#### 1. 满足客户需求

供应链需求管理最重要的目标之一是确保供应链系统能够及时、准确地满足客户的需求。包括确保产品或服务的供应能够适应市场需求的变化，以提高客户的满意度并建立忠诚度。

#### 2. 降低库存成本

通过精确的需求预测和库存管理，供应链需求管理旨在降低库存成本。包括避免库存过剩，减少库存损失和浪费，以及最大限度地优化库存水平。

#### 3. 提高生产效率

根据需求安排生产计划，供应链需求管理有助于提高生产效率。包括避免生产过多或不足，减少生产停机时间，提高生产线的利用率。

#### 4. 优化采购计划

供应链需求管理也涉及优化采购计划，以确保原材料和零部件的供应与需求相匹配，避免过度采购或生产缺料。

#### 5. 提高供应链的可见度和透明度

供应链需求管理可以提高供应链的可见度和透明度，使管理者能够更好地监控和控制供应链运营，并及时应对问题和风险。

#### 6. 提高供应链的灵活性和响应能力

供应链需求管理有助于使供应链更加灵活，能够适应市场变化和突发事件。包括快速调整生产计划、供应商关系和物流策略，以满足不断变化的市场需求。

#### 7. 降低运营风险

通过准确的需求规划和跟踪，供应链需求管理有助于降低运营风险，减少不必要的成本和资源浪费。

从以上管理目标中可以发现，在企业实践中，想要实现这些目标是存在矛盾的。例如，为了及时供应和满足客户的需求，有可能需要备足库存，但这又与降低库存成本的目标相悖，类似这样的矛盾在企业运营过程中是普遍存在的。在当前多变的市场环境中，企业如何有效地管理协调这些目标，使之达到一个较好的平衡，是供应链需求管理的重要使命。

### （二）供应链需求管理的方法

供应链需求管理的基本方法主要包括市场调研、需求预测、需求平衡、需求规划和需求跟踪等。

#### 1. 市场调研

市场调研是收集和分析市场信息的过程，旨在了解客户需求、市场趋势、竞争对手和其他因素。通过市场调研，企业可以更好地了解市场环境，以便做出明智的决策，如产品定价、推广策略和产品组合等。

#### 2. 需求预测

需求预测是指根据过去的销售数据、市场趋势和其他相关信息来预测未来的需求量。这个方法可以帮助企业更好地计划生产、采购和库存管理，以确保在需求高峰期和低谷期都能够满足客户需求，且不造成库存失控。

### 3. 需求平衡

需求平衡主要是指在企业内部不同部门之间协调需求，以确保整个供应链的平衡。包括协调销售、生产、采购和物流等方面的需求，以避免生产过剩或库存不足的问题。

### 4. 需求规划

需求规划是指基于需求预测和其他因素来制定供应链策略和计划的过程。包括确定生产计划、采购计划、库存水平和交付计划等，以满足客户需求并提供高效的供应链运营。

### 5. 需求跟踪

需求跟踪是指监控和评估实际需求与预测需求之间差异的过程。通过不断跟踪和调整供应链计划，企业可以及时应对需求变化，减少库存过多或供应不足的风险，并提高供应链的灵活性和响应能力。

供应链需求管理是确保供应链系统能够满足市场需求的关键活动之一，涉及识别、分析、规划和跟踪产品或服务的需求，以有效地满足客户的要求，并确保库存、生产和交付过程的协调和优化。供应链需求管理是一个复杂的过程，涉及多个关键方法来确保供应链系统能够适应不断变化的市场需求。这些方法的有效使用可以帮助企业降低成本、提高客户满意度，并在激烈的市场竞争中取得优势。

## 【方法工具】

### 一、实地观察法

调查者通过实地观察获得直接、生动、真实可靠的第一手资料。但因为所观察到的往往是事物的表面现象或外部联系，带有一定的偶然性，且受调查者的主观因素影响较大，因此，不能进行大样本观察，需结合其他调查方法共同使用。

### 二、访谈调查法

访谈调查法是比实地观察法更深层次的调查方法，能获得更多、更有价值的信息，适用于调查的问题比较深入、调查的对象差别较大、调查的样本较小或调查的场所不易接近等情况。

### 三、会议调查法

因为会议调查法比较简便易行，所以在调查研究工作中比较常用。通过邀请若干调查对象以座谈会形式来搜集资料、分析和研究社会问题。其优点是工作效率高，可以较快了解到比较详细、可靠的社会信息，节省人力和时间。

### 四、问卷调查法

问卷调查法的优点是方便、快捷，对众多的调查对象同时进行调查，适用于现实问题或较大样本、较短时期、相对简单的调查。

### 五、抽样调查法

抽样调查法是指按照一定的方式，从调查总体中抽取部分样本进行调查，并用所得结果说明总体情况。其优点是节约人力、物力和财力，能在

**知识链接**

如何设计出一份好的调查问卷？设计问卷有哪些技巧？

较短的时间内取得相对准确的调查结果，具有较强的时效性。但组织全面调查范围广、耗时长、难度大，常采用抽样调查的方法进行检查和验证。

### 六、典型调查法

典型调查法是指在特定范围内选出具有代表性的特定对象进行调查研究，借以认识同类事物的发展变化规律及本质的一种方法。在调查样本太大时，可以采用典型调查法。但必须注意对象的选择，要准确地选择对总体情况比较了解、有代表性的对象。

## 【任务实施】

### 一、明确调研目的和研究问题

首先要明确调研目的和研究问题。调研目的是指调研工作的终极目标，是调研工作的出发点和落脚点。而研究问题则是为了解决实现调研目的的过程中遇到的问题。在明确调研目的和研究问题后，需要制定相应的调研方案和计划，以确保调研工作的顺利进行。

**调研目标**：找到产品线供应链当前的主要问题，并提出改进建议。

**研究问题**：找到需求总是不准确的问题点。

### 二、确定调研范围和调研对象

在制定调研计划书时，需要明确调研范围和调研对象。调研范围是指调研工作需要覆盖的领域或内容，是制定调研计划的基础。而调研对象则是指调研工作需要调查的人群或实体。在确定调研对象时，需要考虑人群的特点、行为习惯等因素，以确保调研工作的有效性和准确性。

**调研范围**：集中在负责该产品线的销售、市场、供应等相关部门。

**调研对象**：重点面向各区域负责人以及市场推广、渠道管理、供应链等部门的关键岗位人员。

### 三、制定调研方法和调研工具

在制定调研计划书时，需要制定相应的调研方法和调研工具。调研方法和调研工具是调研工作的实际实施工具，可以根据实际情况选择不同的方法和工具。例如，可以采用问卷调查、访谈、观察、实验等方法进行调研，也可以使用专业调研软件进行数据分析和处理。

**调研方法**：通过组织调研会议，召集需求部门和供应链部门了解双方的差异点；利用访谈调查法，调研关键岗位的人员，获取具体的反馈信息；利用观察法了解实际需求部门在需求数据的收集和统计过程中可能存在的问题；利用问卷调查法调研需求部门对需求预测的态度和配合程度。

**调研工具**：利用在线调研问卷工具设计和发放问卷。

### 四、确定调研时间和调研经费

在制定调研计划书时，需要确定调研时间和调研经费。调研时间是指进行调研工作的时间安排，需要根据实际情况制定调研计划。而调研经费则是指进行调研工作所需要的经费和资源，需要根据实际情况确定调研经费的来源和分配。

### 五、组织调研团队

在制定调研计划书时，需要组织调研团队。调研团队是调研工作的重要组成部分，可以根据实际情况选择具备相关专业知识和经验的调研人员，以确保调研工作的顺利进行并提高研究质量。

## 六、确定调研报告管理和反馈机制

在制定调研计划书时，需要确定调研报告管理和反馈机制。调研报告是调研工作的重要成果之一，可以根据实际情况制定相应的管理和反馈机制，以确保调研报告的及时提交和反馈结果的有效性及准确性。

需要注意的是，在制定调研计划书时，需要充分考虑实际情况和实际需求，并针对具体情况进行合理的安排和部署。只有这样，才能确保调研工作的顺利进行和研究结果的准确有效。

**学习标杆**

以日日顺为样本，诠释物联网时代下供应链管理新范式

# 任务二 分析供应链需求的影响因素

## 【学习目标】

**知识目标：**
- 了解宏观环境对企业供应链的影响因素。
- 了解微观层面对企业供应链需求的影响因素。

**能力目标：**
- 能够对企业所处的宏观环境进行系统分析。
- 能够分析和评估企业内部因素对供应链需求的影响。
- 能够分析和评估企业外部因素对供应链需求的影响。

**素养目标：**
- 通过对企业需求影响因素的分析，培养学生的全局性思维。
- 培养学生在经营中识别和规避潜在威胁和风险的意识。

## 【任务导入】

通过前期调研发现，L公司的产品线属于运动服装系列，而服装类产品的需求量受到流行趋势和季节性因素的影响较大。竞争对手的促销活动往往也会对不同区域的销售造成直接影响。同时，近年来，L公司除了传统渠道之外，还开发了电子商务和直播电商的新兴渠道，各类型电商促销季也对产品的需求波动产生极大的影响，这使得市场需求变得越来越难以琢磨，每个区域在制定需求计划时往往难以充分考虑到各种影响因素，以致总要不断地调整。而且，由于每季度新品上市时缺少有效的历史数据参考，在预估时也只能先拍脑袋决定了。

在这个任务中，我们需要结合调研各区域业务部门反馈的信息，系统地梳理一下，究竟是哪些因素在影响各区域对该公司产品市场需求的判断。

**学习资源**

供应链需求的影响因素

## 【任务分析】

通过本任务的描述我们可以了解到当前供应链的复杂程度，各区域业务部门的反馈主要集

中在竞争对手活动、季节性变化、电商大促和新品上市等方面，显然这些因素严重影响到各区域市场对需求的判断。

我们需要结合各业务部门反馈的信息，针对该公司产品线的市场环境及需求的影响因素进行一次系统的梳理，确保后续可以有效地评估各类型因素对需求的实际影响程度，以便能够找到有效的解决办法。

## 【必备知识】

企业作为经济环境中的重要主体之一，在实际经营中会受到多种复杂因素的影响，从而影响到企业整体的供应链需求。了解供应链需求的主要影响因素是做好供应链需求管理的前提。接下来，我们将从宏观和微观两个方面全面了解这些主要因素。

宏观因素涵盖了更广泛的外部环境和行业趋势，通常影响到企业扩张或收缩、组织经营结构调整等战略层面的计划制定。而微观因素则关注企业内部和市场竞争层面的具体细节，例如，新产品开发、产品定价、促销活动等，这些因素对企业在管理层面和执行层面的战术选择产生直接影响。

### 一、宏观影响因素

宏观环境是指在一定的时空内几乎影响到所有组织的各种因素和力量，是企业发展的大气候，是成长的土壤、阳光和水分，包括一系列影响企业战略规划和经营管理的外部要素，是一切规划工作的前提。

企业宏观环境分析是战略制定与实施中最为基础的一个环节，也是企业进行战略管理和规划的第一步。通过对宏观环境的分析，能帮助企业从多个方面较好地把握宏观环境的现状及变化的趋势，对外部环境和条件、制约、机遇与威胁以及企业的利益相关者有深入的了解，有利于企业对生存发展机会加以利用，尽早发现并规避环境可能带来的威胁。

尽管宏观环境包含的因素很多，但对处于某个行业的具体企业来说，重要的是找到关键影响因素并加以分析。宏观环境分析的目的主要有两点：一是通过分析考察有重大关系的宏观环境因素将使企业供应链需求产生怎样的变化；二是评价这些变化将会给企业供应链需求带来什么影响，以便为企业制定战略奠定基础和提供依据。

本教材采用 PEST 分析法，从政治（Politics）、经济（Economy）、社会（Society）、技术（Technology）四个方面，来阐述宏观环境层面的供应链需求影响因素。

#### （一）政治法律环境

政策法规是指政府针对企业和供应链活动所制定的规定和要求。政策法规的变化会对企业的需求产生影响。例如，贸易政策、税收政策、环保法规等都可能对企业的供应链需求产生重要影响。再比如，对于出口型的企业，主要市场国家的进口关税政策直接影响到其产品在当地市场的定价，从而影响客户对产品的需求。

#### （二）经济环境

宏观经济因素，如经济增长、通货膨胀率、利率、汇率等也会对企业的供应链需求产生影响。经济状况的变化会直接影响消费者的购买力和需求水平，从而对供应链需求产生影响。

例如，对进口型企业而言，当人民币升值时，意味着购买力增强，进口商品的成本降低，从而提升了商品在国内销售的价格竞争力，也就有可能提升客户的购买意愿。

## （三）社会文化环境

社会文化因素包括人口结构、消费习惯、价值观等。这些因素会影响消费者对产品或服务的需求和偏好，从而对企业的供应链需求产生影响。

例如，某个区域市场内的人口结构对母婴类商品需求有直接影响，当新生儿出生率高的时候，母婴商品的整体需求会上升，反之，需求会下降。

> **素养园地**
>
> 当代年轻人对民族文化的认同与自信心，是本土品牌崛起的基础。

## （四）技术环境

技术环境是指企业业务所涉及国家和地区的技术水平、技术政策、新产品开发能力以及技术发展趋势等。

例如，随着互联网的快速发展，对一家依赖传统线下推广和销售的消费类产品企业而言，如果不能积极适应互联网带来的变革和影响，则随着新一代消费者网络消费习惯的形成，其市场需求受到线上销售模式的冲击是必然的。

## 二、微观影响因素

供应链需求是供应链中各个环节之间传递的产品或服务的需求，在微观层面会受到多种因素的影响，这些因素可能来自企业内部，也可能来自企业外部。在微观层面，内外部因素具有一定的相关性，即内外部因素存在一定的相互影响和转化关系。下面，我们将从内部和外部两个视角加以说明：

**知识链接**

"PEST 模型"分析方法详解

### （一）内部影响因素

内部影响因素主要是指企业自身经营过程中，在市场、销售、产品、生产、采购、库存、财务、人力资源等多个环节，对企业供应链需求产生的直接实质性的影响，主要包括以下几点：

**1. 产品或服务特性**

不同的产品或服务具有不同的特性，如价格、品质、功能、品牌知名度等，这些特性会直接影响消费者对产品或服务的需求。需求对供应链的影响与产品或服务的特性密切相关。

**2. 价格策略**

价格是影响供应链需求的重要因素之一。不同的价格策略会对消费者的购买行为产生不同的影响。例如，促销活动、打折销售、定价策略等都会直接影响消费者对产品或服务的需求。

**3. 产品或服务的品质和可靠性**

产品或服务的品质和可靠性对供应链需求产生重要影响。消费者更倾向于购买具有良好品质和可靠性的产品或服务。因此，提供高品质和可靠的产品或服务可以增加消费者的需求。

**4. 企业形象和声誉**

企业的形象和声誉对供应链需求产生重要影响。消费者对企业的信任和认可程度会影响其对产品或服务的需求。良好的企业形象和声誉有助于建立消费者对产品或服务的信心，增加需求。

**5. 库存水平**

库存水平是指供应链中各个环节的库存水平，包括原材料库存、半成品库存、成品库存等，合理的库存水平是保障稳定供应的基础，能够及时满足客户需求。

### 6. 成本

成本对供应链需求有重要影响。较低的成本能够提供竞争优势，吸引更多的消费者；而较高的成本则可能导致供应链需求下降，因为消费者可能转向价格更具竞争力的替代产品。

通过以上分析可以看出，企业自身供应链管理能力会反作用于外部市场对企业的市场需求，是企业市场竞争能力的主要表现。同时，这些内部影响因素是企业可以通过自身管理和运作水平来优化和提升的，也是需求管理需要重点研究和分析的对象。

## （二）外部因素

微观层面的外部因素，主要是指竞争环境因素、变化规律性因素和突发事件，会直接影响到企业供应链需求的变化。

### 1. 竞争环境因素

竞争环境因素是指企业所处的局部市场中的竞争态势和竞争对手的数量、实力以及市场份额等。竞争环境的变化会直接影响企业的供应链需求。当竞争加剧时，企业需要及时分析外部的影响因素，通过不同的供应链策略来提升竞争力和满足市场需求。

### 2. 变化规律性因素

供应链需求还会受到季节性、周期性和趋势性等规律变化的影响。

### 3. 突发事件因素

突发事件因素通常是指一些计划外突然发生的，会对企业正常经营产生影响的某些因素，这些因素可能会发生在企业的采购、生产、运输等各个环节，进而影响企业的供应链需求。通常，企业会针对某些突发事件的影响程度制定响应预案，以抵抗或降低某些重大突发事件对企业造成致命的打击。

与内部因素不同的是，外部因素通常不是企业可以左右的。在充分竞争的市场中，企业没有办法挡住其他竞争对手进入市场，也没有办法改变节假日、气候变化，但是，企业可以通过对竞争信息的收集、规律的总结以及突然事件的预案准备等方式，使得企业能够及时调整运营策略，适应这类外部因素对企业的影响。

**拓展阅读**

全球化、数字化、环保等现代社会趋势对供应链的影响

## 【方法工具】

### 一、SWOT 分析法

对 L 公司的供应链进行 SWOT［Strengths（优势）、Weaknesses（劣势）、Opportunities（机会）、Threats（威胁）］分析，以确定其内部和外部环境因素的影响。SWOT 分析可帮助 L 公司确定其优势、劣势、机会和威胁，从而制定供应链管理策略。

**知识链接**

SWOT 分析法

### 二、竞争情报收集

竞争情报可以通过线上或者线下门店等多种渠道收集，内容包括竞争品牌同类产品的款式、市场定价等信息。

### 三、思维导图工具

在本任务中，思维导图工具可以用来总结 L 公司供应链需求产生的主要影响因素，并将其分

为内部和外部因素。使用思维导图工具来记录和整理这些因素，并根据其重要性和影响程度进行归类和分析，以制定相应的供应链管理策略。常见的思维导图工具包括 MindManager、XMind、FreeMind 等。

**【任务实施】**

通过上文对任务的分析发现，困扰各业务部门对需求判断的主要因素集中在外部，而外部因素又主要集中在竞争环境和变化性规律两方面，我们可以先从这两方面着手。

## 一、竞争环境因素

### （一）竞争对手的数量

根据公司产品系列的市场人群定位，找到存在竞争关系的品牌，统计哪些品牌会对公司产品的需求产生直接影响。

### （二）竞争产品的定价策略

收集分析竞争产品的市场定价和折扣信息，与公司产品的价格策略进行对比，找到产品价格之间的差异，后续可以用来分析竞争的定价策略与公司产品销售的影响关系。

### （三）竞争产品的市场活动

收集竞争产品的广告促销市场和公司产品的推广策略，后续可以用于分析竞品的市场活动对公司产品销售需求的影响。

## 二、变化规律性因素

### （一）季节性变化

通常，消费者购买服装会受到四季温度变化的影响，通过收集历史各季节温度和订单信息，可以分析四季温度变化对该系列各产品销售的影响。

### （二）周期性变化

运动服装的主要消费人群为中青年。随着电商的发展，网络销售成为服装行业重要的销售渠道，而每年如"6·18""双十一"等大促活动，会对需求产生较大的周期性影响。收集历年大促活动与各产品的订单量，可以找到这些周期性活动对需求的影响。

### （三）趋势性变化

在服装行业中，流行趋势是一个重要的影响因素，尤其是以年轻人为主要用户群体的运动品牌，更容易受到市场流行趋势的影响。可以收集历史的流行趋势与公司服装产品的销售订单量，用于后续做流行趋势与需求关系的分析。

以上，我们对需求的外部影响因素做了初步分析，可以为后续调查和信息收集提供指导方向。

**学习标杆**

国潮：李宁洞察年轻人的消费趋势

## 任务三　认识供应链需求与供应的关系

### 【学习目标】

**知识目标：**
- 掌握供需关系的基本概念和经济原理。
- 了解企业内部职能分工与供应链需求的关系。
- 了解影响企业需求供应效率的主要环节。

**能力目标：**
- 能够分析和评估供需关系对企业和市场的影响。
- 能够识别企业内部的组织协作关系和影响需求供应效率的主要环节。

**素养目标：**
- 培养学生在实际工作中的跨职能协作意识。

### 【任务导入】

对于某些产品存在积压的情况，通过调研发现，由于该类产品在历史上经常出现供应不畅的情况，而各区域市场为了能够保障市场端的稳定供应，所以往往在制订市场需求的时候多报一些库存。针对这个问题，调研团队将重心放到供应部门，发现由于公司产品系列众多，涉及原材料采购、生产制造、物流运输等众多环节。当某个环节出现问题时，就容易导致生产进度延误和订单交货延迟。

接下来需要分析公司的供应链结构，了解本系列产品原材料在采购环节中出现的瓶颈和风险并加以识别，判断其对市场需求的影响，为后续改善提供方向。在本任务中，我们将对采购环节进行分析，评估原材料采购过程中可能存在的瓶颈问题。

学习资源

供应链需求与供应的关系

### 【任务分析】

针对本任务，我们可以找到某些存在供应不稳定问题的重点产品，优先从采购环节入手，通过收集历史采购数据分析各类型供应商的供应是否存在瓶颈问题，为后续评估该类问题会对市场端的需求产生多大的实质性影响提供依据。

### 【必备知识】

#### 一、了解供需关系

供需关系是指商品或服务的供应量和需求量之间的关系，是市场经济中最基本的经济现象之一。供应是指生产者为满足消费者需求而提供的商品或服务的数量，而需求则是指消费者愿意购买某种商品或服务的数量。供需关系就是市场上供应量和需求量之间的动态平衡关系。

在市场经济中，供需关系是通过价格机制来体现的。当某种商品或服务的供应量大于需求量时，价格会下降，以刺激消费者购买，同时也会促使生产者减少供应；反之，当某种商品或服务的需求量大于供应量时，价格会上涨，以限制消费者购买，同时也会促使生产者增加供应。

在实际的经济运作中，供需关系通常受到许多因素的影响，如生产成本、技术进步、政府政策、自然灾害、人口变化、文化习惯等。这些因素会影响供应和需求的变化，从而导致市场价格和数量的波动。

例如，当某种商品的生产成本上升时，生产者会减少供应，导致价格上涨；反之，当某种商品的生产成本下降时，生产者会增加供应，导致价格下降。此外，政府的税收政策、贸易政策、劳动法规等政策也会对供需关系产生重要影响。例如，减税政策可以刺激生产者增加供应，促进经济增长；而贸易限制措施则会影响进口商品的供给，导致价格上涨。

在供需关系中，供应商和需求方之间的博弈是经济运作中的核心内容。供应商通常会竭尽全力提高产品质量和降低成本，以吸引更多的消费者，从而扩大市场份额；而需求方通常会对价格和质量进行评估，选择最符合自己需求的商品或服务。

总之，供需关系反映了商品和服务的供应和需求之间的动态平衡关系。理解和掌握供需关系对于企业和个人做决策和预测市场趋势起着非常重要的作用。

供需关系中，供应量和需求量之间的关系有三种基本状态，即供不应求、供大于求和供需平衡。

### （一）供不应求

供不应求是指在市场上，某种商品或服务的需求量远大于供应量的状态。这种情况下，由于供应量不足以满足消费者的需求，商品或服务的价格会上涨，而且市场上可能会出现供需失衡的现象。例如，当某种商品在市场上非常热门，但生产商并没有足够的产能来满足需求时，就可能出现供不应求的情况。

### （二）供大于求

供大于求是指在市场上，某种商品或服务的供应量远大于需求量的状态。这种情况下，由于供应量充足，商品或服务的价格会下降，从而促进消费者增加购买力，但也可能导致生产者的利润下降。例如，当某种商品的市场竞争比较激烈，供应商过多，导致供应量超过市场需求量时，就可能出现供大于求的情况。

### （三）供需平衡

供需平衡是指在市场上，某种商品或服务的供应量与需求量基本相等的状态。这种情况下，商品或服务的价格趋于稳定，并且市场上不存在大量的库存或缺货现象。当市场供需达到平衡状态时，生产商和消费者会在市场中形成相对稳定的价格和数量水平，从而促进市场的健康发展。例如，在相对成熟的市场中，某种商品的供应量和需求量大致相等时，就可能出现供需平衡的情况。

不同的状态对生产者和消费者的行为以及市场价格都会产生不同的影响，在企业实践当中，供应链管理始终在这三种基本状态之间进行调整，了解供需关系的不同状态对于做出正确的决策和预测市场趋势非常重要。

## 二、企业组织分工与供应链的关系

在企业实际经营当中，企业的供应链需求与供应水平是相互依赖和相互影响的关系，除了企业供应能力直接影响是否能满足客户需求之外，企业供应链运作水平同样可以反作用于客户需求。企业供应能力不能仅仅理解为数量、时间上的满足，还要从产品、技术、质量、时效、服务等多个维度去考虑企业在实际经营管理中，能否通过内部组织分工与有效管理来保障整体供应链水平，从而在充分的市场竞

争环境中提升自身的竞争优势。

对企业而言，供应链运营即是追求供需平衡的过程，目标是希望在一定时间内，企业的供应能力与市场的需求达到理想的对等状态。但这种平衡只是种趋势，只是相对的平衡，还需要在严格的假定条件下才能实现。在这种情况下，企业可以避免因为供不应求失去商机，也不会因为供大于求造成大规模的库存积压，从而产生损失。由于越来越复杂的商业环境和多变的客户需求，企业往往需要围绕客户需求，通过整合供应链来尽可能地实现供需平衡。而在企业实践中，则是通过组织分工、管理和协同来尽量实现供需平衡。

组织架构是指企业中对工作任务进行分工、分组和协调合作，其本质是为实现组织战略目标而采取的一种分工协作体系。组织结构必须随着组织的重大战略调整而改变，每个企业的组织架构都会随着企业的管理模式进行调整。本教材的重点不在于讨论企业的组织架构设计，而是通过企业架构中的相关职能部门，来讨论企业内部是如何通过组织分工与协作以实现供应链运作的。

虽然不同企业内部的组织架构设计差异很大，但还是可以根据企业各部门的主要职能概括分为三大类：

➢ 面向市场和客户的职能部门：主要执行面向市场的品牌建设、市场推广、销售执行、客户服务等职能。

➢ 组织供应的职能部门：主要执行产品研发、计划执行、生产组织、采购执行、物流仓储等职能，有些企业会将这些部门整合为供应链部门。

➢ 内部资源管理的职能部门：主要包括财务、人力资源、行政后勤等。

从企业组织职能角度，面向市场和客户的部门所接收的需求通常被称为直接需求。来自市场和客户的需求，如物料采购、物流服务、售后服务等，通常被称为派生需求，即由直接需求派生出的新需求，这类需求大多是面向供应相关的职能部门，如图1-1所示：

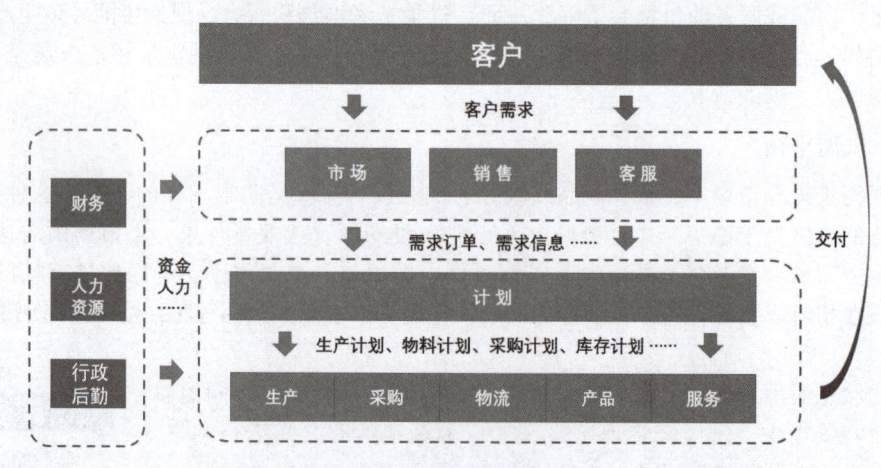

图1-1 企业组织职能

供应链中常说，"计划是供应链管理的核心"。在企业内部，计划扮演着组织供应的大脑的角色，通过计划来驱动其他相关职能协同运作。好的计划能够在满足客户需求供应的前提下，通过各种资源综合平衡，以及在空间、时间上的合理安排，使各种资源得到充分利用，减少了浪费，降低了流通成本，促进了各相关职能高效协同，从而提高企业的经济效益。而合理计划的前提，则是对需求的掌握。

需要提醒的是，图1-1中描绘的是生产型企业常见的组织职能，不能简单地理解为部门。在企业中，部门是根据企业自身管理需要而设立的，而职能则是根据业务需要应当具备的必要功能，如

图 1-1 中的"计划"不是特指计划部,而是计划的职能。在企业实践中,这个职能可能根据部门设置分配在多个部门,甚至在一些小微企业中没有明确的计划,但是在实际操作中,比如一次生产多少产品,预备多少库存,一次性采购多少物料,这个过程却是真实存在的。

## 三、影响企业需求供应效率的主要环节

供应链的采购、生产、销售和物流配送等各个环节都会对需求供应产生影响,具体如下:

### (一) 采购环节

对企业内部供应链而言,采购环节是供应链的起点,对原材料和零部件的采购能否及时、准确地满足生产需求有着至关重要的影响。采购环节的优化可以降低成本、缩短供应链周期、提高供应链的灵活性和稳定性。

### (二) 生产环节

生产环节是供应链的核心环节,生产的效率、质量和规模对供应链的影响尤为重要。生产环节的优化可以提高产品的交付速度、减少库存、提高产品质量和可靠性,同时还可以提高生产效率和降低成本。

### (三) 销售环节

销售环节是供应链的终点,对销售预测和客户需求的准确度及时效性有着至关重要的作用。销售环节的优化可以提高产品的销售量、降低产品的滞销率、提高客户满意度,同时还可以提高销售收入和市场份额。

### (四) 物流配送环节

物流配送环节是供应链的关键环节之一,对产品的运输、存储、装卸等环节的效率和质量有着重要的作用。物流配送环节的优化可以提高产品的交付速度、减少物流成本、降低库存、提高客户满意度和信任度。

### (五) 设计环节

对产品的功能、品质、外观、包装等方面的设计影响着整个供应链的生产和销售。设计环节的优化可以提高产品的市场竞争力、增加产品的附加值、降低生产成本和缩短生产周期。

### (六) 质量管理环节

对产品质量的控制和提升是保证供应链顺畅运转和满足客户需求的重要保障。质量管理环节的优化可以提高产品质量、降低维修成本、减少不良品率和售后问题,也会直接影响到用户对企业的评价。

### (七) 供应商管理环节

供应商管理环节对供应链的稳定性、可靠性和质量控制起着关键作用。供应商管理环节的优化可以提高供应商的交付能力、降低采购成本、提高采购效率、确保供应商符合企业的要求和标准。

> **素养园地**
>
> 加快发展数字经济,促进数字经济和实体经济深度融合,打造具有国际竞争力的数字产业集群。
>
> ——出自党的二十大报告

通过上述分析，可以知道在企业供应链中，采购、生产、销售和物流配送等各个环节都有可能影响到需求供应的效率和成本。所以，在分析和优化企业供应链的时候，首先需要分析各个环节可能出现的瓶颈，定位主要问题，然后才能做到有的放矢，达到预期的目标。

## 【方法工具】

### 一、流程分析工具

L公司可以使用流程分析工具来识别供应链中的主要节点和流程，分析各个环节之间的关系和影响，找出可能存在的瓶颈和风险。流程分析工具包括流程图、程序图、数据流程图、价值流图等。

### 二、优先级评估方法

在识别供应链瓶颈时，L公司需要评估各个问题的优先级，以确定优先解决哪些问题。优先级评估方法可以帮助公司进行定量和定性的评估，根据各个问题的影响程度、紧急程度和解决难度等因素进行综合评估。常见的优先级评估方法包括ABC分析（又称帕累托分析法，Activity Based Classification）、帕累托图、GAP分析（又称缺口分析、差异分析，Gap Analysis）等。

### 三、风险评估方法

L公司需要评估供应链中可能存在的风险，以制定相应的应对策略。风险评估方法可以帮助公司评估各种风险的可能性和影响程度，从而确定应对措施。常见的风险评估方法包括SWOT分析、风险矩阵、事件树分析等。

## 【任务实施】

结合前面的分析，我们将对原材料采购环节进行评估分析。原材料采购环节通常可能存在多种情况的瓶颈和风险，如供应商供应时效不准、原材料质量不达标、采购价格波动等，下面是具体实施步骤：

### 一、搜集数据

首先，我们需要搜集相关的数据，包括：

#### （一）原材料种类及供应商

我们需要了解L公司采购的原材料种类以及它们的供应商，以便帮助我们识别供应链中的潜在瓶颈和风险。

#### （二）采购成本和采购量

我们需要了解L公司的采购成本和采购量，以便帮助我们分析采购成本的结构和采购量的波动，从而识别供应链中的潜在瓶颈和风险。

#### （三）采购订单及交货时间

我们需要了解L公司的采购订单及其交货时间，以便帮助我们分析供应链中的交货延迟问题，从而识别供应链中的潜在瓶颈和风险。

表1-1中所示为L公司的采购订单数据。

项目一　认识供应链需求管理

表1-1　L公司采购订单数据

| 原材料种类 | 供应商 | 采购成本/元 | 采购量 | 采购订单号 | 交货时间 | 延迟交货数 |
|---|---|---|---|---|---|---|
| A | 供应商A | 10 000 | 1 100 | PO001 | 2022/1/1 | 50 |
| B | 供应商B | 5 000 | 950 | PO002 | 2022/2/1 | 50 |
| C | 供应商C | 3 000 | 300 | PO003 | 2022/3/1 | 0 |
| A | 供应商D | 10 000 | 1 900 | PO004 | 2022/4/1 | 200 |
| B | 供应商E | 5 000 | 1 500 | PO005 | 2022/5/1 | 0 |
| C | 供应商F | 3 000 | 450 | PO006 | 2022/6/1 | 10 |
| A | 供应商G | 10 000 | 500 | PO007 | 2022/7/1 | 50 |
| B | 供应商H | 5 000 | 200 | PO008 | 2022/8/1 | 0 |
| C | 供应商I | 3 000 | 350 | PO009 | 2022/9/1 | 0 |

## 二、分析数据

接下来，我们可以对采购订单数据进行分析，以识别供应链中的瓶颈和风险。

### （一）采购成本结构分析

我们可以计算不同原材料种类的采购成本占比，从而了解采购成本的结构。

图1-2显示了L公司不同原材料种类的采购成本占比情况。

**演示数据**

采购订单
数据表.xlsx

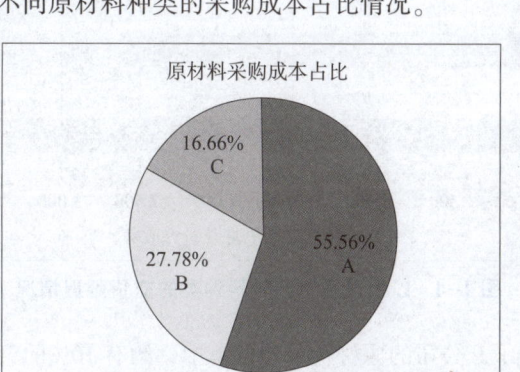

**图1-2　采购成本占比情况**

从图1-2中可以看出，L公司的采购成本主要集中在原材料种类A上，占总采购成本的55.56%，其次是原材料种类B和C，共占总采购成本的44.44%。

这个分析结果可以帮助我们识别供应链中的潜在瓶颈和风险。如果原材料种类A的供应商出现问题，可能会对L公司的生产计划和成本造成较大的影响。

### （二）采购量波动分析

我们可以计算不同原材料种类的采购量波动情况，从而了解采购量的稳定性。
图1-3显示了L公司不同原材料种类的采购量波动情况。

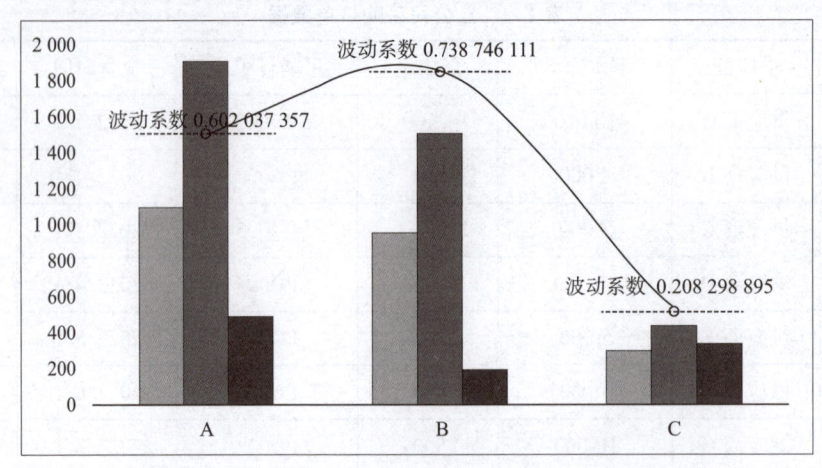

图 1-3 L 公司不同原材料种类的采购量波动情况

从图 1-3 中可以看出，L 公司的原材料采购量波动较大，尤其是原材料种类 A 和 B，其采购量的波动系数分别为 0.6 和 0.7 左右，相对较高。

这个分析结果可以帮助我们识别供应链中的潜在瓶颈和风险。如果采购量波动较大，可能会导致 L 公司的库存管理和生产计划难以把控，从而影响交货时间和订单完成情况。

### （三）交货延迟分析

我们可以计算不同原材料种类的交货延迟情况，从而了解供应链中的交货风险。
图 1-4 显示了 L 公司不同原材料种类的交货延迟情况。

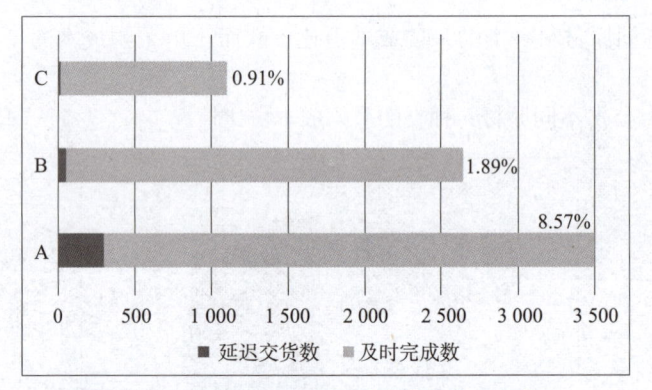

图 1-4 L 公司不同原材料种类的交货延迟情况

从图 1-4 中可以看出，L 公司的原材料采购订单中，约有 10% 的订单存在交货延迟问题，其中原材料种类 A 的交货延迟率最高，为 8.57%。

这个分析结果可以帮助我们识别供应链中的潜在瓶颈和风险。如果供应商交货延迟率较高，可能会导致 L 公司的生产计划和订单交付受到影响，从而影响其客户满意度和市场竞争力。

## 三、总结结论

### （一）瓶颈与风险分析

通过以上分析，我们可以总结出 L 公司原材料采购环节的瓶颈和风险：
（1）原材料种类 A 的采购成本占比较高，供应商出现问题可能会影响 L 公司的生产计划和成本。

（2）原材料采购量波动较大，尤其是原材料种类 A 和 B，可能会影响库存管理和生产计划的稳定性。

（3）原材料种类 A 的交货延迟率较高，可能会影响 L 公司的生产计划和订单交付的及时性。

### （二）应对措施

为了应对这些瓶颈和风险，L 公司可以采取以下措施：

（1）多找几个可靠的供应商并与他们建立长期合作关系，以降低原材料采购风险。

（2）通过供应链管理系统，加强对原材料采购量的监控和预测，以降低采购波动风险。

（3）加强与供应商的沟通，建立供应商评估机制，并对不合格供应商进行淘汰，以降低交货延迟风险。

通过这些措施，L 公司可以更好地应对原材料采购环节的瓶颈和风险，确保生产计划的顺利进行，满足客户需求。

**学习标杆**

李宁供应链升级大揭秘：化被动为主动，开启全新供应模式

## 实训项目

### 一、背 景

假设你是一家制造业公司供应链部门的员工。公司主要生产家具，并且有多个供应商和分销商。你的任务是管理供应链中的需求，确保产品的供应和分销流畅。

### 二、项目目标

通过模拟实践，学生将学习如何管理供应链需求，了解供应链中的各个环节以及如何协调这些环节，以提高供应链的效率和效益。

### 三、项目步骤

#### （一）分组

将学生分成小组，每组三到四人。每个小组将扮演一家制造企业，其中一人为供应链需求管理专家，其他人为供应商和分销商代表。

#### （二）角色扮演

每个小组中的供应链需求管理专家将设计制造企业的需求管理流程。其他成员扮演供应商和分销商的角色。每个小组将在模拟环境中进行角色扮演，并进行供应链需求管理的实践操作。

#### （三）业务数据

为了进行业务实践，可以提供以下业务数据：

**1. 产品需求数据**

提供每个时间段内的产品需求量，可以是每天、每周、每月的需求量情况。学生可以根据需求量进行采购和生产安排。

**2. 供应商数据**

提供每个供应商的产品供应能力和交货期限。学生需要根据供应商的能力和产品需求进行供应商选择和订单安排。

### 3. 分销商数据

提供每个分销商的销售能力和销售预测数据。学生需要根据销售预测数据进行产品分配和配送安排。

## （四）模拟操作

学生根据提供的模拟数据，进行供应链需求管理的模拟操作。他们需要在供应链的各个环节中进行需求分析、供应商选择、订单管理、分销计划等操作，以保障产品的供应和分销。

## （五）分析总结

学生需要分析每个时间段内的供应链需求管理过程和结果。他们可以评估供应链的效果，识别影响供应链效率的问题，并提出改进措施。

# 四、实训评价

每个小组需要编写一份报告，介绍在实训项目中的角色扮演和模拟操作情况。报告中需要总结实践项目的经验和教训，并提出供应链需求管理的改进建议。

完成实训任务后，请填写实训项目考核评价标准表（见表1-2）。

表1-2 实训项目考核评价标准

| 专业 | | 班级 | | 学号 | | 姓名 | |
|---|---|---|---|---|---|---|---|
| 考核内容 | | | | 扮演的角色 | | | |
| 考核标准 | | 评价内容 | | | | 分值/分 | 评分/分 |
| | 教师评价 70% | 掌握相关理论知识、方法和技能 | | | | 15 | |
| | | 供应链需求管理模拟实践环节角色设置合理 | | | | 10 | |
| | | 能够有效保障产品的供应和分销 | | | | 25 | |
| | | 撰写报告完整、格式规范，能够结合项目实践情况提出改进意见，体现政治素养 | | | | 50 | |
| | 小组成员互评 30% | 具有团队协作精神 | | | | 40 | |
| | | 积极主动承担并完成所分配的任务 | | | | 50 | |
| | | 创造亮点，为小组争取荣誉 | | | | 10 | |

### 自测习题

#### 一、单选题

1. 供应链需求是指（　　）。
   A. 供应链网络中的所有环节和组成部分
   B. 消费者、零售商、批发商和制造商等各个环节所需的产品和服务
   C. 仅包括产品的生产和销售环节
   D. 只涉及市场需求的预测和管理

2. 需求管理的目标是（　　）。
   A. 确保供应链中的各环节都能满足客户需求
   B. 降低供应链中的成本和提高效率
   C. 确保供应链中的各环节能够及时响应变化

D. 提高产品和服务的质量和客户满意度
3. 以下哪个因素不是影响供应链需求的外部因素？（　　）
   A. 政策法规　　　B. 市场需求　　　C. 竞争环境　　　D. 产品或服务的性质
4. 如果某个供应链所处的竞争环境变得更加激烈，对供应链需求的影响是（　　）。
   A. 供应链需求上升　　　　　　　　B. 供应链需求下降
   C. 不会对供应链需求产生影响　　　D. 无法确定
5. 下列哪种情况可能导致供应链环节的失衡？（　　）
   A. 各个环节之间没有明确的沟通和协调
   B. 各个环节之间过度沟通和协调
   C. 各个环节的资源和能力分配不均
   D. 各个环节的工作重心一致

## 二、多选题

1. 以下哪些因素属于供应链内部因素？（　　）
   A. 产品或服务的性质　　　　　　　B. 库存水平
   C. 市场需求　　　　　　　　　　　D. 生产能力
2. 市场需求上升可能导致以下哪些情况发生？（　　）
   A. 供应链需求上升　　　　　　　　B. 供应链需求下降
   C. 产品或服务价格上升　　　　　　D. 产品或服务价格下降
3. 下列哪些因素会影响供应链需求？（　　）
   A. 产品或服务的性质　　　　　　　B. 员工素质和教育程度
   C. 生产线数量　　　　　　　　　　D. 政策法规
4. 什么是需求供给平衡？（　　）
   A. 需求与供给的数量相等　　　　　B. 需求超过供给
   C. 供给超过需求　　　　　　　　　D. 需求和供给处于平衡状态
5. 以下哪些因素是可能导致供应链风险的原因？（　　）
   A. 货币汇率波动　　　　　　　　　B. 贸易保护主义政策
   C. 自然灾害　　　　　　　　　　　D. 市场需求增加

## 三、问答题

1. 什么是供应链需求？
2. 假设某公司生产的产品在市场上很受欢迎，需求一直在增加。公司为了满足市场需求，提高了生产能力，同时也增加了原材料库存。请问这种内部因素的改变是否会影响供应链需求？为什么？
3. 某政府出台了一项关税政策，对一种进口原材料征收了高额关税，该原材料是某公司生产过程中必不可少的一部分，请问这种政策法规的变化是否会影响供应链需求？为什么？
4. 环保对供应链有哪些影响？

# 项目二　认识供应链需求预测

## 项目背景

R公司是一家创立于2016年的新兴乳品品牌企业，公司以奶牛养殖与牛奶产品销售为核心主业，是集奶牛养殖、旅游观光、饲料加工和乳制品加工销售于一体的、多产业高度融合的大型农业产业化集团。

目前公司在国内已拥有7座牧场，其中之一被认定为农业农村部奶牛标准化示范牧场。通过引进世界先进的设备，借助数智化技术实施科学管理，牧场全方位管理奶牛健康，并在兼顾奶牛舒适度的同时，不断提升牧场管理效率与管理水平。

公司拥有自己的智能生产基地，基地引进全球先进的生产线及工艺，具备高效的日处理乳制品加工能力，并通过全产业链的数智化升级，为乳制品提供品质保障。公司严格把控质量关，生产健康、好喝又安全的牛奶，是公司始终践行的品质理念。配备全球先进的中心化验室，拥有数百台先进的检测设备，可以自主检测项目105项；与此同时，公司通过数智化的全链路管理，实现牛奶从饲料管理、牧场产奶、原奶入厂、检验罐装、成品包装到物流仓储各环节的品控管理，在产品质量把控上做到细致入微，为消费者提供健康、营养、安全的高品质牛奶产品。

公司成立至今，始终坚持创新，为消费者提供更好的产品和服务，秉持初心，走入千万家庭。

## 项目导航

认识供应链需求预测
- 分析影响需求预测的主要因素
  - 什么是供应链需求预测
  - 需求预测的基本原理
  - 需求预测的特征
  - 影响预测效果的主要因素
- 设计需求预测的工作步骤
  - 需求预测的使用范围和限制
  - 需求预测的常用方法
  - 需求预测的基本工作步骤
- 制定需求预测实施计划
  - 需求预测对企业经营的价值
  - 需求预测项目实施管理

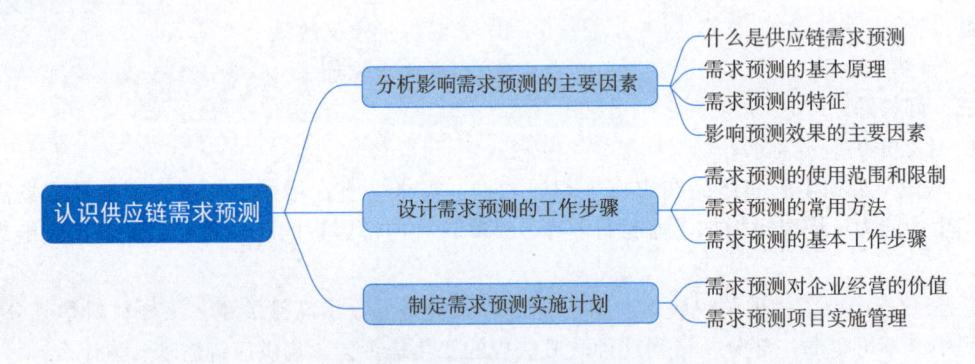

## 任务一　分析影响需求预测的主要因素

### 【学习目标】

**知识目标：**
- 理解供应链需求预测的相关概念和基本原理。
- 掌握需求预测在实际应用中的典型特征。

➢ 了解影响需求预测精度和准确性的主要因素。

**能力目标：**
➢ 能够根据不同的业务场景，分析和判断需求预测的适用性。

**素养目标：**
➢ 培养学生科学严谨的工作作风。

## 【任务导入】

为了确保产品能够满足市场需求，并在竞争激烈的市场中脱颖而出，R公司希望能够更好地把握各类产品的客户需求，改进公司的需求预测工作，以便进一步提升公司在预测方面的准确性。

在本任务中，我们需要结合公司的产品和市场特点，制定一个初步的改善思路。

**学习资源**

供应链需求预测的相关概念　　需求预测对企业的价值

## 【任务分析】

虽然不准确性是需求预测的特点之一，但预测总是在不断优化和完善，当我们判断预测结果是否准确时，首先需要了解需求预测的原理、特征以及影响预测效果的主要因素。

## 【必备知识】

### 一、什么是供应链需求预测

供应链需求预测是指运用科学的方法和预测模型，根据历史数据，对外来的需求做出定性和定量的估计。

在供应链管理中，需求预测就是"在特定的一系列条件下，对未来某个时间段的客户需求量进行预估和推测"。对于此定义，可以从四个核心组成部分来进行进一步的阐释和理解：

#### （一）特定的一系列条件

特定的一系列条件是指各种影响需求的因素，比如历史业绩、产品价格、促销、竞争对手活动、行业事件、政策变化以及季节变化等方面。

#### （二）未来某个时间段

首先，需求预测是面向未来的；其次，指对未来特定时间段的预测。需求预测面对的是有起止时间的时间段，而不是某个单一的时间点。

#### （三）需求量

需求预测是针对需求量的预测，这个需求量是预测对象（产品或服务）的未来需求量，可以是数量，也可以是金额。

#### （四）预估和推测

预估和推测是指采用相应的预测技术，选择合适的预测方法，对未来的需求量进行预估或推测。

> **素养园地**
>
> 养成依据对事物的预判制定计划，并根据行动结果进行回顾总结的工作习惯，是工作中快速提升综合能力的有效方法。

## 二、需求预测的基本原理

理论上而言，世界上一切事物的运动与变化都存在规律，只要找到这些规律，就可以预测未来。需求预测可以解释为三个基本原理：

### （一）可预测的连续性原理

客观事物在发展过程中，常常是随着时间的推移而呈现出连贯甚至连续变化的趋势。也就是说，客观事物的发展具有合乎规律的连续性，事物未来的发展趋势，同过去、现在的发展趋势，必然具有一定的联系。只要发现这个趋势，找到这个联系，就可以预测未来。这就是可预测的连续性原理。

可预测的连续性原理所说的变化趋势，是指预测对象的属性或指标的变化趋势，这些属性或指标并不是单一的，而是多方面的，比如变化方向、变化速度、变化周期等，都可能具有连续性。

可预测的连续性与时间密切相关。连续性会随着时间的推移而逐渐减弱，即近期的趋势对未来影响最大，远期的趋势影响较小，越远期影响越小。

### （二）可预测的因果性原理

任何事物的发展变化都不是孤立的，事物之间或构成一种事物的各种因素之间都存在着直接或间接的联系，存在着或大或小的相互影响、相互制约、相互促进的关系，存在着因果关系或相关关系。分析这些因果，找到这些关系就可以进行预测。这就是可预测的因果性原理。

### （三）可预测的类比性原理

社会、企业乃至家庭，过去、现在和未来，客观事物之间都可能存在着某种类似的结构和发展模式，存在着许多相似、类同的演变规律。找到这些模式和规律，就可以进行预测，即可以根据已知事物的某种结构和发展模式，来预测与之相似或类同的事物的未来结构和发展模式。这就是可预测的类比性原理。

可预测的类比性原理就是采用类推或类比的方法进行预测，把已知事物的发展规律，类推到未知事物上去，对未知事物的前景做出预测。

例如，某企业准备对一个新区域进行市场开发，这时，需要预测这个区域的市场发展前景。全新的区域怎么预测呢？可以找一个与新区域的各种特性相近的已知区域，以已知区域的数据，来预测新区域的市场前景。这就是类比性。

## 三、需求预测的特征

需求预测是一种预估和推测，在企业实践中，需求预测活动具备以下特征：

### （一）预测的不准确性

所有的预测都是不准确的，市场变化、自然灾害、政策法规等因素都会影响预测的准确性。在预测不准确的大前提下，我们能做的就是一方面尽量选择合适的预测方法提升预测的准确性；另一方面尽快知道错误在哪里，及时调整预测，进行纠偏，将损失降到最低。

例如，需求量正在减少，且已制定的库存策略是降低库存金额，我们预测出库存会逐渐下降，当期的数字应该体现出下降的趋势，这说明我们采取了有效的行动，控制住了库存。虽然我们不能准确地预测出究竟需要多少库存，但它提供了一个范围和方向。通过跟踪预测的误差，就可以优化流程，调整模型或参数，最终提高预测的准确性。

### （二）短期预测准确性要优于长期预测

譬如天气预报，明天的天气预报永远比三周后的预报要准确，这点不难理解。随着预测时间的延长，由数学模型计算的预测结果的准确性迅速降低。然而，随着时间的推移，我们离预测时间越近，计算结果也就越准确。

例如，如果要预测下周会发运哪些客户的订单，得出结果并不难，因为许多订单已经完成了，就在仓库里。运输车辆都已安排好，而且是常年合作的运输车队，不出意外的话，可以按照原定的计划出货。但是，要预测三个月以后的订单出货就比较难，因为供应链存在许多不确定性。工厂的设备可能会出现故障，或者生产的原材料可能供应不上，再或者某些突发事件影响了生产进度等。在未来这三个月内发生的任何事件，都有可能会影响到原来的计划，必然会降低远期预测的准确率。

### （三）综合预测通常要比分解预测准确

在做预测的时候，我们通常希望针对一个较为分离的目标，比如预测一家餐饮店里每天某个单品的销量，涉及地点、SKU 和时间三个维度。地点是某地的一家门店；SKU 是店里销售的某个单品；时间是每个营业日。此类预测就是高度分解的预测，这类预测的准确性往往较低，因为单个门店可能受到的影响因素太多，通常很难把握得住。

再比如我们要预测某个服装品牌在某个区域某天的 T 恤衫销量，把这些 T 恤衫在某个区域的销量汇总起来，从区域的层级上做预测，可以提高准确率，这就是综合预测。所以在企业实践中，往往会基于某个产品，如某个区域内某个款式的男士 T 恤衫进行销售预测。这款男士 T 恤衫每个颜色被预测过高和过低的可能性是一样的，通常情况低估能平衡高估的数字，两者相互抵消，就可以提高预测的准确性。

除了以上特征外，一般而言，越靠近供应链上游（或者离消费者越远）的企业，接收到的信息失真越大，其中一个经典例子就是牛鞭效应，如图 2-1 所示。所以，不同类型的企业在需求预测方面的准确性也会存在差异。

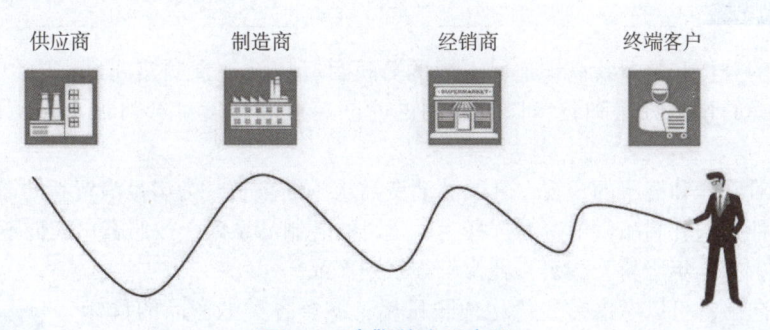

图 2-1 牛鞭效应示意图

## 四、影响预测效果的主要因素

需求预测的精度和准确性是衡量预测效果的重要指标。以下是影响需求预测精度和准确性的主要因素：

**拓展阅读**

逆向牛鞭效应

### （一）数据质量和完整性

预测模型的结果受到数据的影响。如果数据质量差或缺乏重要数据，预测结果将不够准确。因此，企业需要确保数据质量和完整性，及时清理和整理数据，排除无效数据和异常值，提高数据质量和可靠性。

### （二）预测方法和技术

选择合适的预测方法和技术对于提高预测精度和准确性至关重要。企业可以根据预测需求和数据特征选择不同的方法和技术，如基于时间序列分析的方法、机器学习方法、人工智能方法等。选择合适的模型和算法，以及模型的参数和精度，对预测结果的准确性有很大影响。

### （三）预测时间跨度和粒度

预测的时间跨度和粒度对预测结果的准确性也有很大影响。预测时间跨度和粒度是指在进行预测时所选择的时间尺度和时间间隔的大小。预测时间跨度指的是预测的时间范围，即需要预测的时间段的长度。这个时间跨度可以是短期的，如几天、几周或几个月，也可以是长期的，如几年、几十年或更长时间。预测的时间跨度通常取决于所研究的问题和预测的目的。

预测时间粒度指的是预测所考虑的时间间隔的长短。这个时间粒度可以是很短的，如几秒钟、几分钟或几小时，也可以是较长的，如几天、几周或几个月。时间粒度的选择取决于所研究的问题和可用的数据。通常来说，较短的时间粒度能够提供更详细的信息，但需要更多的数据来进行预测，而较长的时间粒度则可以用较少的数据进行预测。

在选择预测时间跨度和粒度时，需要考虑多种因素，如可用的数据、预测的目的、模型的精度和计算资源等。一般来说，预测的时间跨度和粒度应该根据具体问题和研究需求进行选择，以便能够得到较准确的预测结果。

## 【方法工具】

利用 Excel（表格）工具对数据进行收集和处理，并根据分析目标制作相应图形。

## 【任务实施】

通过上文的分析和学习我们知道，不同的分析目标以及在预测实施过程中预测数据的质量和完整性，选择的预测方法和技术以及预测的时间跨度和粒度都会对需求预测的准确性产生影响。

随着人们对营养和健康的重视，乳制品消费需求不断增长。为满足消费者的需求，市场上出现了越来越多种类的乳制品供消费者选择。R 公司的乳制品系列，按照客户人群不同，重点分为青少年纯牛奶、中老年奶粉、酸奶、乳饮料等系列产品。

从优化方向上，可以考虑首先优化预测目标，结合各类型产品的目标人群和生产工艺，将当前 R 公司的产品分为若干个产品族，按照产品族进行预测，同时划分为短、中、长期预测，用于满足公司在战略、管理和执行层的不同预测需求。

除此之外，需要根据预测目标进一步优化预测数据的质量和完备性，结合可获取的预测数据，选择合理的预测方法和技术手段，并提升预测的评估水平和方法，建立预测项目管理机制，保证预测工作能够有效地开展。

**学习标杆**

让需求预测从"开盲盒"到"白盒化"

## 任务二　设计需求预测的工作步骤

### 【学习目标】

知识目标：
- 掌握需求预测的使用范围和限制。
- 掌握常用预测方法的相关概念。
- 了解不同预测方法的优缺点。
- 熟悉需求预测的基本步骤。

能力目标：
- 能够识别和判断哪些场景适用于需求预测。
- 能够根据预测需求选择适合的预测方法。

素养目标：
- 培养学生制定计划和按计划执行的工作意识。

### 【任务导入】

为了更好地应对市场需求的变化，R 公司决定改进需求预测技术，以预测未来销售量并制定更好的销售策略。但是，在实施需求预测之前，需要制定一系列的工作步骤来确保预测的准确性和可靠性。在本任务中，需要根据公司的具体情况和市场的变化，设计一套符合 R 公司自身管理条件的需求预测的工作步骤，并绘制工作流程图。

**学习资源**

**如何理解需求预测的工作步骤**

### 【任务分析】

对具有一定规模的企业而言，需求预测在执行和结果输出方面，一定会涉及其他多个部门和岗位，那么在具体行动时，就需要有一个基本实施计划，以便有效地进行跨部门、跨岗位协同。

销售预测制定主要包括信息收集与分析、需求预测的制定、需求预测的评审修订和发送预测报告等几个主要工作环节。

需求预测的实施步骤并不能简单地理解为流程，在需求预测的实践过程中，很多时候是探索性的，意味着在实际实施中有很多环节可能需要反复调整。例如，当我们在建模预测时，发现预测结果始终存在问题，很有可能又会回到选择预测方法环节去调整，甚至有可能发现当初的目标无法实现而重新调整目标，这在实践中是时有发生的。需求预测通常是由预测部门在每月月初完成，主要内容包括上月实际销售情况、库存、生产以及未完成订单等，并提供一些销售分析数据和对预测准确性的统计分析给销售和市场人员，以便对未来需求进行预测。

### 【必备知识】

#### 一、需求预测的使用范围和限制

虽然需求预测是企业决策中的关键环节，但在企业实践中，需求预测有其使用范围和限制，并不适用于所有类型的企业或者业务。例如，某些大型工程项目型企业，全年工程项目数量有

限，这种类型的企业做需求预测并没有实质性的价值。我们在使用需求预测时，应当考虑以下使用范围和限制：

### （一）使用范围

#### 1. 市场规模

市场规模需求预测适用于市场规模较大的产品或服务，因为这样可以收集到足够的历史数据，进而更好地预测未来的需求。

#### 2. 产品生命周期

产品生命周期需求预测适用于成熟期或稳定期的产品或服务，因为这些产品或服务的市场需求趋势相对稳定。

#### 3. 周期性需求

周期性需求预测适用于有一定周期性需求的产品或服务，例如季节性商品、节假日商品等。

#### 4. 外部环境

外部环境需求预测适用于市场环境相对稳定的产品或服务。如果市场环境变化较大，需求预测可能会出现较大误差，需要及时调整预测模型。

### （二）限制

#### 1. 不确定性

未来的需求是不确定的，由于市场环境、消费者需求、竞争情况等因素的不确定性，需求预测无法做到百分之百准确。

#### 2. 数据不足

如果产品或服务市场规模较小，历史数据不足，可能会导致预测结果的不准确性。

#### 3. 新产品预测

对于新产品的需求预测，由于缺乏历史数据，无法建立有效的预测模型，预测结果可能会存在较大误差。

#### 4. 竞争压力

竞争环境变化较大时，需求预测的准确性可能会受到较大影响。

#### 5. 技术限制

需求预测的准确性受限于预测方法和模型的准确性，有时候需要结合人工判断和经验来进行。

## 二、需求预测的常用方法

在需求预测中，定性预测和定量预测是两种基本的需求预测方法。定性预测主要基于专家意见和经验判断，常用的方法包括市场调研、问卷调查、群体讨论等；而定量预测则基于数据和统计分析，可以使用时间序列分析、回归分析、人工神经网络等方法。

### （一）定性预测

定性预测是一种基于主观判断和经验的预测方法，通常使用专家意见、市场调查、用户反馈等非数值化数据进行预测。定性预测方法更适用于那些难以量化的变量，如市场趋势、政策变化、品牌形象等因素。定性预测的主要优点是便于获取和实施，缺点是存在主观性和不确定性，可靠性相对较低。

### （二）定量预测

定量预测是一种基于数学和统计的预测方法，主要使用历史数据、市场调查数据、销售数据等量化数据进行预测。定量预测方法更适用于那些可以量化的变量，如销售额、销售量、市场份额等。定量预测的主要优点是预测结果可靠性高,缺点是需要大量的数据和对各种模型深入了解分析。

### (三) 组合预测法

组合预测法是一种供应链需求预测策略,指的是将多个不同的预测模型或方法结合在一起,以获得更准确的需求预测结果。这种方法常常应用在需求预测中,因为它有助于克服单一预测模型的局限性,提高预测的准确性和稳定性。

## 三、需求预测的基本工作步骤

需求预测的基本工作步骤包括明确目标、收集数据、选择预测方法、建立预测模型、评估预测结果、提交预测报告。首先,需要收集历史数据,并进行数据清洗和处理。其次,通过趋势分析、回归分析、时间序列分析、人工神经网络等方法进行数据分析。再次,需要根据分析结果选择合适的模型,并对模型进行建立和调整。最后,需要对预测结果进行评估和验证,并不断优化预测模型,提高预测准确性。具体需求预测的基本工作步骤在任务实施部分进行介绍。

### 【方法工具】

运用流程图工具绘制工作流程,流程图工具可以采用迅捷画图、Visio(绘图软件)等。

### 【任务实施】

在企业实践中,销售预测制定主要包括信息收集与分析、需求预测的制定、需求预测的评审修订和发送预测报告等几个主要工作环节。通常包括以下几个具体步骤:

### 一、明确目标

明确预测的目标是进行有效预测的前提。有明确详细的预测目标,即确定预测对象,才能有的放矢地收集需要的信息,并且预测目标的确定应尽量明晰化、数量化,以利于预测工作的开展。在本任务中,重点是针对市场进行预测,以便为公司的销售策略、供应链计划等提供依据。

### 二、收集数据

首先,对预测对象进行充分、详细的调研,以提高预测精度。其次,通过调研可以获得所需要的预测数据和资料。再次,对调研、收集的数据和资料进行分类并统计,通过数据和资料的分析、统计来了解数据和资料的完整性。最后,分析数据和资料的特性并对样本数据进行修正,获得最终的数据。

### 三、选择预测方法

统计数据的特性是选择预测方法的基础,在适用的预测方法中又要选择精度高、易于实现的方法。由于预测方法有多种,且各有利弊,而物流系统的随机性和开放性导致预测的准确性更难把握。因此往往采用组合预测方法进行预测,即采用多种预测方法进行有机结合,获得理想的预测效果。

### 四、建立模型预测

在供应链需求的预测中,采用定量预测方法是实现客观预测、科学预测的必要手段。预测模型的建立不仅与收集的历史数据有关，而且供应链各因素的非线性特性又增加了建立数学模型工作的难度，拟合曲线的确定比较困难，需要对预测理论和预测模型有充分的了解。

## 五、评估预测结果

供应链需求的影响因素较多，很多影响因素不能量化处理，预测模型也不可能包括所有因子变量。因此，需要将定量与定性方法结合运用，对预测模型的结果进行分析和修正。在预测结果评估阶段，需要对预测结果进行评估和验证，并不断优化预测模型，提高预测准确性。常用的评估指标包括平均绝对误差、均方误差、平均绝对百分比误差等。

**学习标杆**

京东的供应链"第一性"

## 六、提交预测报告

将预测模型的结果进行分析、整理，形成直观的预测报告进行汇报。

# 任务三　制定需求预测实施计划

### 【学习目标】

**知识目标：**
- 掌握需求预测在企业管理中的典型应用场景。
- 了解需求预测项目实施管理的要点。
- 熟悉需求预测实施的主要工作内容。

**能力目标：**
- 能够设计需求预测项目实施计划。

**素养目标：**
- 培养学生建立项目管理的工作方法。

### 【任务导入】

R公司需要预测未来一年每个季度的销售额，以及每个产品类别的销售额占比。这个预测项目将涉及市场营销、财务、计划、生产、采购等部门，而且最终基于预测的各部门的相关计划与执行，还需要公司高层参与。

在本任务中，需要在预测实施前针对预测目标设计一个多部门协同的实施工作计划，以保障在实施过程中多部门高效协同，以便预测工作顺利进行。

**学习资源**

未雨绸缪之需求预测

### 【任务分析】

在企业实践中，需要根据预测目标的不同来设计合理的实施计划。虽然预测工作通常由预测部门实施，但是预测的数据来源和收集、预测过程中业务部门的参与以及业务部门对预测结果的应用与反馈，都需要企业组织中多个部门协同完成。通常，销售额的预测和执行会涉及以下主要部门：

### 一、市场营销部门

市场营销部门负责收集和分析市场需求、竞争对手情况、促销活动等信息，为需求预测提供数据支持。

## 二、财务部门

财务部门负责提供历史的销售数据、成本数据等信息,为需求预测提供数据支持,同时评估预测结果的可行性和风险。

## 三、预测部门

预测部门负责对预测数据的收集和整理,并结合预测目标对数据进行分析和挖掘,选择合适的预测模型和算法,建立预测模型并进行参数调整,评估预测结果并进行调整和优化,最终提出预测报告。

## 四、计划部门

计划部门根据需求预测结果,负责需求计划的制定。

## 五、生产部门

生产部门根据需求预测结果,制定生产计划和采购计划,确保产品的供应和库存的控制。

## 六、采购部门

采购部门根据需求预测结果,制定采购计划,确保原材料和零部件的供应。

## 七、研发部门

研发部门根据需求预测结果,制定营销决策、产品定价策略等,以及监控实施效果和反馈调整。

## 【必备知识】

### 一、需求预测对企业经营的价值

需求预测是供应链管理中的重要环节,对于企业的生产和营销决策具有重要意义,可以帮助企业优化供应链中的众多具体问题,提高客户满意度,降低生产成本,提高利润率。它通过对市场、客户和竞争对手等方面的信息进行收集和分析,预测未来的需求量和趋势,从而帮助企业制定生产计划、库存管理、采购计划、营销决策等。

准确的需求预测能够为企业在战略和管理层面的决策提供科学的参考依据,规避系统风险,优化组织。在执行层面,可以在生产、采购和销售等方面提高效率、降低成本、增加利润。同时,还能够提高客户满意度和品牌影响力,增强企业的市场竞争力。

#### (一) 对企业战略层面的价值

需求预测能够为企业生产能力规划、供应商开发以及资金规划提供决策参考依据。例如,根据预测,未来一两年,企业某款核心产品可能迎来技术进步的冲击,销量将大幅度下滑。这时,企业需要根据预测提前调整战略方向;需要对未来的生产能力进行调整;需要整合或开发供应商;需要规划未来的资金需求等。

需求预测在战略层面起作用。例如,为企业生产能力规划、供应商开发以及资金规划提供决策参考依据。如果我们预测的准确率提升8%,那么,资金成本将降低12%~25%,加上订单交付率、生产效率的提升,物流成本、库存成本、采购成本的下降,综合起来,企业整体利润将提升 8%~10%。

### (二) 对企业管理层面的价值

需求预测在管理层面的主要作用是能够为企业短期人员需求、生产能力分配及供应商产能储备提供数据支持。

例如，旺季到来，经预测，未来三个月的业绩会有 150% 以上的增长，这时，企业需要为这可能到来的 150% 增长提前规划和准备人员，准备产能以及物料（通知供应商产能储备）。因为有预测数据支撑，各项工作就可以提前准备，从而提升效率和降低成本。需求预测在企业的管理层面同样起作用。例如，为企业短期人员需求、生产能力分配及供应商产能储备提供数据支持，从而提升企业效率和降低整体成本。当我们预测的准确率提升 10% 时，物流成本将降低。

### (三) 对企业执行层面的价值

需求预测在企业决策中具有重要的影响，主要表现在以下几个方面：

**1. 营销决策**

需求预测可以通过对历史销售数据、市场调研数据、竞争对手数据等进行分析和挖掘，为企业提供市场需求的信息，预测未来的销售量和销售额，帮助企业制定合理的营销策略，包括制定销售任务、人员分派、产品定价、促销计划、广告计划等工作。

**2. 供应链规划**

供应链规划是指根据需求预测和供应能力制定供应链战略和规划，包括采购计划、生产排程、存货控制、物流计划等。通过需求预测，企业可以优化供应链的布局和流程，以提高供应链的效率和适应性，降低成本和控制风险。

**3. 产品规划**

产品规划是指通过调查研究，在研究市场、探寻客户需求、分析竞争对手、衡量外在机会与风险，以及在对市场和技术发展态势综合研究的基础上，根据公司自身的情况和发展方向，制定出可以把握市场机会，满足消费者需要的产品的远景目标（Vision）以及实施该远景目标的战略、战术的过程。产品规划的内容包括产品各类别结构规划、产品系列化规划、各机型定位规划、产品长度和宽度规划、产品生命周期规划等。科学的产品规划是企业紧跟市场变化，保证产品市场竞争力的基础。

**4. 财务管理**

需求预测可以为企业提供收入和利润的预测信息，帮助企业制定合理的财务预算和决策，包括投资、融资等方面，从而提高企业的财务稳定性和盈利能力。

**5. 人力资源**

需求预测可以为企业人力资源规划提供决策依据，帮助企业合理地制定招聘计划。

综上所述，准确的需求预测可以帮助企业在生产、采购、库存管理、营销决策、供应链优化和财务管理等方面作出明智的决策，从而提高企业的竞争力和盈利能力。

## 二、需求预测项目实施管理

在企业供应链管理中，需求预测是一项非常重要的活动，可以对企业的销售、采购、库存、生产、物流等诸多方面产生影响。然而，在企业实践中，最终目标并不是需求预测，而是为某项经营活动提供决策依据，所以需求预测实施的时候，通常会在数据收集、计划制定等方面涉及跨部门协作和人力投入，而不同类型的预测项目涉及业务范围和投入会有较大的差异。总体而言，无论预测项目规模大小，对企业来说都是有成本的。

由于需求预测通常是一个跨部门的活动，所以需要在实施前设计合理的实施管理办法，以保障需求预测能够顺利实施，并真正落实到各项业务执行当中。以下是预测项目实施管理的几项重点内容：

## （一）项目目标与范围

明确项目目标和范围，在规定的时间内，按照预定的质量标准，完成需求预测项目的各项工作任务，实现项目目标。项目的范围包括预测目标、数据收集、模型构建、预测实施、结果评估与优化等环节。

## （二）项目组织结构

通常在实施预测项目前期需要设立项目组，由专人负责整体项目实施，并配备适当的专业人员组成项目团队，负责具体的任务实施。项目组成员应具备相关领域的专业知识和技能，并具备良好的沟通和协作能力。

## （三）项目计划与进度

根据预测目标和范围制定详细的项目计划，包括任务分配、时间安排、资源分配等。项目进度应按照计划进行监控和调整，以确保项目按时完成。

## （四）项目沟通与协调

建立良好的沟通机制和协调机制，确保项目团队成员之间的信息流通和协作配合。沟通机制应包括会议制度、报告制度、信息共享等方面；协调机制应包括任务协调、资源协调、进度协调等方面。

## （五）制定考核办法

根据项目要求制定合理的考核方式与考核指标。通常，预测项目需要多个部门协同完成，一个好的考核办法有利于激励团队成员，保障项目能够按照计划推进，并保障预测项目的实施质量。

> **素养园地**
>
> 掌握沟通技巧和跨职能协作能力，是现代职场人的重要素质之一。

### 【方法工具】

需求预测中常用的方法和工具：
需求预测中常用的模型和工具主要包括趋势分析、回归分析等。

#### 一、趋势分析

趋势分析是一种基于趋势的预测方法，通过对历史数据的趋势进行分析，进而预测未来的趋势。这种方法对于长期趋势预测较为准确，但是对于短期的预测则有一定局限性。

#### 二、回归分析

回归分析是一种基于线性关系的预测方法，通过对相关变量之间的线性关系进行建模，来预测未来的变化。回归分析适用于对多个变量进行预测，例如，分析市场营销策略对销售额的影响等。

### 【任务实施】

根据本次需求预测的任务要求，在项目正式启动之前，我们需要制定一个实施计划，初步规划实施的主要步骤和需要各部门配合的主要事项，以确保在正式启动实施时，各部门高效协同完成预测工作。实施计划主要内容如下：

## 一、项目管理阶段

**1. 确定项目目标**

明确预测的目标、时间范围和预测粒度等要求。

**2. 确定项目团队**

明确需求预测负责人以及相关专业人员，同时，跨部门协作的项目要选派市场营销、财务、计划、生产、采购等部门的代表作为项目团队成员，以保障在实施过程中的各部门数据提供以及预测结果的汇报和反馈。

**3. 制定项目计划**

确定预测的时间节点、各部门任务分配、沟通机制以及相应的考核激励办法。

## 二、预测数据收集阶段

在预测数据收集阶段，初步规划需要相关部门配合提供相应的数据，主要涉及部门和数据需求如下：

### （一）市场营销部门

市场营销部门负责收集市场需求数据和消费趋势，分析市场竞争情况。需要提供的主要数据如下：

**1. 销售额**

2019年1月至2022年12月每月的销售额，以万元为单位。

**2. 销售渠道**

每个销售渠道的销售额占比，包括线上销售、线下销售、合作伙伴销售等。

**3. 市场份额**

2019年1月至2022年12月每月的市场份额占比，包括品牌内部和品牌外部市场份额。

**4. 广告投入**

2019年1月至2022年12月每月的广告投入金额，以万元为单位。

**5. 活动效果**

2019年1月至2022年12月每月各种市场活动的效果数据，包括活动参与人数、转化率、用户满意度等。

### （二）财务部门

财务部门负责收集过去的销售数据和财务数据，分析销售趋势和利润率。

**1. 营业额**

2019年1月至2022年12月每月的营业额，以万元为单位。

**2. 利润率**

2019年1月至2022年12月每月的利润率数据，包括毛利润率、净利润率等。

**3. 成本占比**

2019年1月至2022年12月每月的成本占比数据，包括销售成本占比、生产成本占比、物流成本占比等。

### （三）计划部门

计划部门负责收集生产计划和库存水平数据，分析生产能力和库存满足率。

生产计划数据，包括产品种类、生产数量、生产时间等信息。生产进度数据，包括生产进度、工艺流程、生产效率等信息。成品库存数据，包括库存量、存放位置、库龄等信息。产品销售数据，包括产品种类、销售数量、销售时间、销售渠道等信息。

### （四）生产部门

生产部门负责提供生产能力和生产成本数据，评估生产成本和交货时间等影响因素。

**1. 生产成本**

2019年1月至2022年12月每月的生产成本，包括原材料成本、人工成本、设备成本等，以万元为单位。

**2. 生产效率**

2019年1月至2022年12月每月的生产效率数据，包括每小时产量、生产周期、废品率等。

### （五）采购部门

采购部门负责提供原材料和供应商信息，评估供应链风险和成本影响。

供应商信息包括供应商名称、地址、联系人、联系电话、电子邮件地址等。采购计划包括采购物料名称、数量、采购日期、交货日期、预算金额等。供应链信息包括物料来源、运输方式、货运公司、预计到货日期等。供应商评估数据包括供应商的绩效评估、交货准时率、质量评估等。

## 三、需求预测和评估阶段

在需求预测和评估阶段，主要由预测部门主导、各部门配合进行，需求预测的基本步骤包括明确目标、收集数据、选择预测方法、建立预测模型、评估预测结果、提交预测报告。具体预测步骤已经在本教材项目二任务二的任务实施部分介绍。

## 四、结果分析和沟通阶段

项目团队汇总预测结果，并分析结果的一致性和准确性，提出分析报告。而对于涉及如销售计划、生产计划、采购计划、库存计划、财务计划等多个跨部门的预测报告，需要针对分歧的地方进行会议沟通，达成一致意见。若有无法协调的分歧，则需要组织召开高层会议决策，形成最终决议。

### （一）讨论分析结果

分析结果的差异和原因，并协商解决方案，形成一致性决议。对于存在分歧的部分，提交高层会议决策。

### （二）沟通预测结果

向企业管理层汇报预测结果，并与各部门协商下一步的营销、财务、计划、生产、采购等活动计划。

以上是本项目需求预测的实施计划，可以保障在实施过程中多部门高效协同，保障预测工作的顺利进行。

**学习标杆**

京东在供应链优化中的预测技术应用

## 实训项目

### 一、背景

某公司以前在做生产和备货的时候通常是由上季度末各区域业务部门提交需求数据，由计划部统计后制定后续的生产计划，但这一方式总是存在着各种意外因素，导致计划在实施时需要不断地调整，这使得后端的生产、采购、物控等部门总是不断抱怨。公司进行过多次讨论，希望能找到更科学合理的方法来改善这一问题，决定启动需求预测项目，由计划部统筹预测工作。假设你是一位刚入职计划部的新员工，将参与本次项目的实施。

## 二、项目目标

通过模拟实践,学生将学习如何在需求预测项目启动阶段,以需求预测项目实施筹备小组成员的身份,选择一个行业收集相关信息,并制定预测项目实施计划。

## 三、项目步骤

### (一)分组

将学生分成小组,每组三到四人,每个小组为一个独立的需求预测项目筹备小组,重点分析某个行业的某个产品族。

### (二)工作分工

小组成员选定一个组长,并通过小组讨论为每位小组成员制定具体工作内容。

### (三)工作目标

每个小组任选一个感兴趣的行业的某个产品族进行分析实施。

### (四)模拟操作

学生根据本教材项目一任务三中的制造型或贸易型企业组织架构,编写需求预测项目实施方案,方案中需要包含需求预测工作计划、工作流程和考核机制,项目实施需要考虑相关部门提供协助和参与。

### (五)分析总结

在撰写实施方案过程中,重点分析如何提高预测准确性,以及需要参与项目的相关部门和需要配合的工作内容。

## 四、实训评价

每个小组需要编写一份实施方案,讲解实施方案的工作内容和流程,并提出需要相关部门提供协助的具体内容和理由。

完成实训任务后,请填写实训项目考核评价标准表(见表2-1)。

表2-1 实训项目考核评价标准

| 专业 | | 班级 | | 学号 | | 姓名 | |
|---|---|---|---|---|---|---|---|
| 考核内容 | | | | 扮演的角色 | | | |
| 考核标准 | | 评价内容 | | | | 分值/分 | 评分/分 |
| | 教师评价 70% | 掌握相关理论知识、方法和技能 | | | | 15 | |
| | | 在预测实施计划模拟实践环节,对项目实施关联部门分工准确合理 | | | | 30 | |
| | | 实施方案目标明确,结构清晰,逻辑严谨,计划可执行性强 | | | | 30 | |
| | | 实施方案格式规范,能够结合项目实践情况提出改进意见 | | | | 25 | |
| | 小组成员互评 30% | 具有团队协作精神 | | | | 40 | |
| | | 积极主动承担并完成所分配的任务 | | | | 50 | |
| | | 创造亮点,为小组争取荣誉 | | | | 10 | |

## 自测习题

### 一、单选题

1. 什么是可预测的连续性原理？（　　）
   A. 事物发展具有合乎规律的连续性　　B. 事物的发展是偶然的
   C. 过去的行为不会影响现在和未来　　D. 变化趋势与时间无关
2. 需求预测的特征中，为什么说预测的不准确性是一种常见特征？（　　）
   A. 因为预测结果总是完全准确的
   B. 因市场变化、自然灾害等因素导致不确定性
   C. 因为预测只适用于短期，而不适用于长期
   D. 预测的不准确性是因为数据缺失
3. 定性预测的主要优点是什么？（　　）
   A. 可靠性相对较低　　B. 便于获取和实施
   C. 基于数学和统计方法　　D. 预测结果可靠性高
4. 下列哪个因素不会影响需求预测的精度和准确性？（　　）
   A. 季节性影响　　B. 市场竞争状况
   C. 生产设备的效率　　D. 政治和经济环境的变化
5. 需求预测项目实施管理中的关键内容包括以下哪项？（　　）
   A. 产品规划　　B. 项目目标与范围
   C. 财务管理　　D. 人力资源规划

### 二、多选题

1. 影响需求预测精度和准确性的主要因素有哪些？（　　）
   A. 数据质量和完整性　　B. 选用的预测方法和技术
   C. 预测时间跨度和粒度　　D. 企业的品牌知名度
2. 综合预测通常要比分解预测准确，这是因为（　　）。
   A. 分解预测容易受到单一因素的影响
   B. 综合预测能够平衡高估和低估的可能性
   C. 分解预测只能应用于短期
   D. 综合预测避免了不同因素的相互影响
3. 需求预测的评估指标通常包括哪些？（　　）
   A. 均方误差　　B. 平均绝对误差　　C. 时间序列分析　　D. 定性预测
4. 需求预测在企业执行层面主要表现在以下哪几个方面？（　　）
   A. 营销决策　　B. 产能规划　　C. 供应链优化　　D. 财务决策
5. 需求预测项目实施管理中，制定考核办法的目的是什么？（　　）
   A. 评估项目进度　　B. 保障项目质量　　C. 激励团队成员　　D. 平衡供应链水平

### 三、问答题

1. 为什么在需求预测中短期预测的准确性要优于长期预测？
2. 请解释组合预测法在需求预测中的应用及其优势。
3. 企业为何需要进行需求预测？请简要说明其在战略、管理和执行层面的价值。

# 项目三　运用定量分析法预测需求订单

### 项目背景

ABC 集团经过 30 多年的发展，从一家传统鞋履制造商发展成为一家著名的全球体育用品公司，产品包括运动鞋、服装及配饰，在全球有两万多家门店。在疫情的冲击下，由于商业停顿、商场闭店等原因导致门店歇业，想让这些歇业门店获得利润，就需要将用户的流量导入本品牌的私域中，与客户实现更多的沟通和互动。此外，由于服装类产品具有很强的季节性，并且流行周期很短，因此对供应链的反应能力提出了很高的要求。

在早期发展过程中，由于缺乏对市场的定量预测，该公司堆积了大量的库存，增加了企业的成本，进而影响企业的盈利和市场竞争力。在疫情的影响下，服装面料的产能不稳定，很难按时交货，这就加剧了供应链的不稳定性。因此，ABC 集团需要从客户需求端到管理端以及供应链端实施全面数字化，通过数字化、信息化、智能化等技术提高运营效率。ABC 集团为激发潜力，大力发展电子商贸业务及数字化转型，通过数字化转型积累更多数据资源，对客户需求进行更加准确的预测，进而实现更快速地响应消费者的差异化需求，提升客户满意度。

### 项目导航

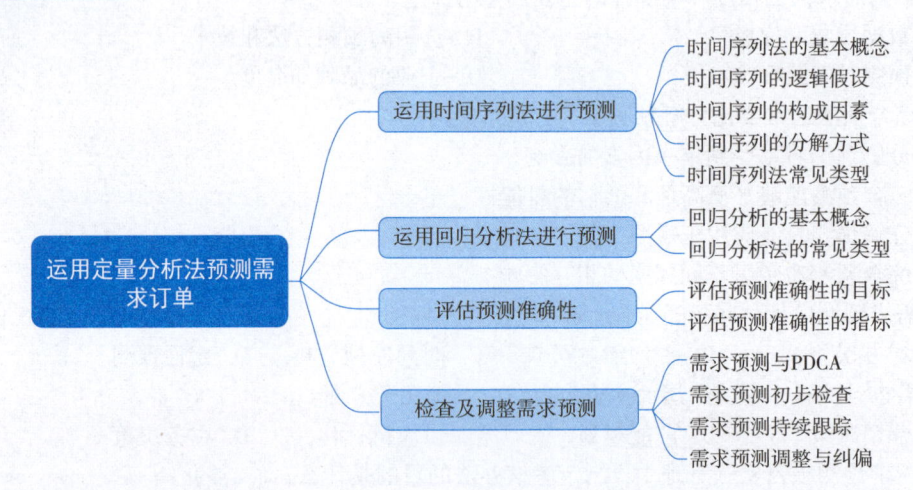

- 运用定量分析法预测需求订单
  - 运用时间序列法进行预测
    - 时间序列法的基本概念
    - 时间序列的逻辑假设
    - 时间序列的构成因素
    - 时间序列的分解方式
    - 时间序列法常见类型
  - 运用回归分析法进行预测
    - 回归分析的基本概念
    - 回归分析法的常见类型
  - 评估预测准确性
    - 评估预测准确性的目标
    - 评估预测准确性的指标
  - 检查及调整需求预测
    - 需求预测与PDCA
    - 需求预测初步检查
    - 需求预测持续跟踪
    - 需求预测调整与纠偏

## 任务一　运用时间序列法进行预测

### 【学习目标】

**知识目标：**
➢ 掌握时间序列的基本概念。

➢ 掌握时间序列的构成因素。

**能力目标：**
➢ 能够运用常见的时间序列预测方法进行预测。

**素养目标：**
➢ 培养学生的信息意识，通过对需求预测数据的分析提升对信息的敏感性。
➢ 培养学生的科学思维，引导学生用科学的逻辑思考来理解和处理数据。

### 【任务导入】

ABC 集团的历史订单数据包括本年度 1 月至 11 月的每月订单数量，共计 11 个月。根据历史订单数据，请运用时间序列分析方法对第 12 个月的订单数量进行预测。

**学习资源**

时间序列预测法

### 【任务分析】

本任务需要用到时间序列法进行预测，首先需要了解时间序列的含义以及常用的时间序列预测方法。常用的时间序列预测法包括简单平均数法、加权平均数法、移动平均法、加权移动平均法、指数平滑法、季节指数法等。本任务将主要介绍如何使用这些方法进行未来的需求数据预测。

### 【必备知识】

## 一、时间序列法的基本概念

时间序列是指将同一统计指标的数值，按其发生的时间先后顺序排列而成的数列。时间序列预测法是基于时间序列的预测技术（方法），通过对预测目标本身时间序列的处理，来研究目标依据时间变化的规律并用以预测未来的方法。

在时间序列中，每个观测值都与特定的时间点相关联。时间序列的观测值可以是各种类型的数据，如经济指标、股票价格、气温、销售量等。时间序列分析的目标是通过对时间序列数据的建模和分析，揭示出数据背后的规律和趋势，以便进行预测和决策。

根据时间序列的定义，时间序列的特点如下：

### （一）顺序

按时间发生先后顺序排列，顺序不能颠倒。时间序列的分析是建立在时间的连续性和顺序性上的，这意味着数据是按照时间的先后顺序排列的，每个观测值都对应着一个特定的时间点。

### （二）等距

相邻数值对应的时间点的间隔必须相等，如果时间点的间隔不相等，在运用时间序列法进行预测时就会出现偏差，如表 3-1 所示：

表 3-1　2021 年某企业服装销量

| 月份 | 需求量/万件 |
| --- | --- |
| 2021 年 1 月 | 107.5 |
| 2021 年 2 月 | 112.8 |
| 2021 年 3 月 | 118.6 |

续表

| 月份 | 需求量/万件 |
| --- | --- |
| 2021年5月 | 121.3 |
| 2021年6月 | 129.7 |
| 2021年第三季度 | 400.8 |
| 2021年第四季度 | 450.3 |

以上数据虽然按时间发生的先后顺序排列，但是数据存在不等距的情况，因此不符合时间序列的特点。部分数据按月份统计，部分数据按季度统计，因此该种数据无法进行时间序列的预测分析。

### （三）有空值要填充

如果等距的时间序列数据中部分数值无法获取，原始数据为空，需要运用一定的预测方法对其进行填充。

表3-1的数据中缺失了2021年4月的销量数据，如果可以获取则需要进行补充，如果无法获取则应该运用一定的预测方法进行填充。

## 二、时间序列的逻辑假设

时间序列分析是一种用来研究时间相关数据的方法，基于一些重要的逻辑假设。这些假设在我们进行时间序列分析时起到了关键的作用。时间序列预测逻辑假设如下：

时间序列的观测值之间存在一定的相关性，未来的需求模式将类似于过去的需求模式。这意味着过去的观测值对当前和未来的观测值有一定的影响。这种相关性可以是线性的，也可以是非线性的。通过分析时间序列数据中的相关性，可以揭示出数据背后的规律和趋势。

假设时间序列的观测值是由随机误差和系统性因素组成的。随机误差是指无法解释的随机波动，而系统性因素则是导致时间序列变化的根本原因。通过分析时间序列数据中的随机误差和系统性因素，可以更好地理解时间序列的本质和特点。

## 三、时间序列的构成因素

时间序列构成因素有四个，分别是长期趋势、季节变动、循环变动、不规则变动。

### （一）长期趋势（T）

长期趋势又称趋势变动，是指时间序列在较长持续期内表现出来的总态势。其是由现象内在的根本性的、本质因素决定的，支配着现象沿着一个方向持续上升、下降或在原有水平上起伏波动。

### （二）季节变动（S）

季节变动指由于自然季节因素（气候条件）或人文习惯季节因素（节假日）更替的影响，时间序列随季节更替而呈现的周期性变动。季节变动通常以"年"为周期，也有以"月、周、日"为周期的准季节变动。

### （三）循环变动（C）

循环变动指时间序列中以若干年为周期，上升与下降交替出现的循环往复的运动。如经济增长中"繁荣—衰退—萧条—复苏—繁荣"。

### （四）不规则变动（I）

由于偶然性因素的影响而表现出的不规则波动，也称为不规则变动。随机变动的成因包含自然灾害、意外事故、政治事件和大量无可言状的随机因素的干扰。

## 四、时间序列的分解方式

基于以上时间序列的构成因素，可以用加法或乘法两种分解方式对时间序列进行分解。

加法运算：即将趋势、季节、循环、不规则四种因素加总起来，表示为函数的形式为：
$$Y=f(T+S+I)$$

乘法运算：即将趋势、季节、循环、不规则四种因素相乘，表示为函数的形式为：
$$Y=f(T \times S \times I)$$

## 五、时间序列法常见方法

时间序列法可应用于各种领域，如经济学、金融学、气象学、销售预测等。不同的时间序列方法适用于不同的数据特点和问题需求，常见的时间序列分析方法包括简单平均数法、加权平均数法、移动平均法、加权移动平均法、指数平滑法、季节指数预测法等。下面将分别对这些时间序列分析方法进行介绍：

### （一）简单平均数法

简单平均数法是一种基本的时间序列预测方法，利用历史数据的平均值来预测未来的数值。该方法假设未来的数值与过去的平均值相似。

简单平均数法的优点是简单易懂，计算方便。然而，它的缺点是没有考虑数据的趋势、季节性和其他特征，只是简单地依赖历史平均值进行预测。因此，在应用简单平均数法时，需要注意数据的特点，并且只适用于稳定的时间序列数据。

简单平均数法的公式如下：

$$Y_n = \frac{X_1 + X_2 + \cdots + X_n}{n} = \frac{\sum_{i=1}^{n} X_i}{n}$$

### （二）加权平均法

加权平均法是关于时间序列的数值，根据它们各自对预测值的重要程度分别设置重要度权数，然后将它们加权平均来求得预测值的方法。在实际预测需求的场景中，近期的数据一般比远期的数据更具有参考价值，考虑到这个因素，在简单平均法的基础上给予近期数据更高的权重、远期数据更低的权重，这种计算方法可以一定程度上弥补简单平均法的不足。

加权平均法的计算公式如下：

$$y_{n+1} = \frac{w_1 x_1 + w_2 x_2 + \cdots + w_n x_n}{w_1 + w_2 + \cdots + w_n} = \frac{\sum_{i=1}^{n} w_i x_i}{\sum_{i=1}^{n} w_i}$$

### （三）移动平均法

简单平均法预测得出的结果有时是不准确的，因为简单平均法包含了过去所有的数据，而过去所有数据中有些数据是过时的，因此会导致结果不准确，而移动平均法可以解决这一问题。移动平均法的基本思路是，根据时间序列的推移，依次滚动、逐步推移计算包含固定期数的平均值，以预测未来的需求。这个固定的期数是提前设定的，称为移动期数，即需要取多少期进行平均。

移动平均法的计算公式如下：

$$y'_t = \frac{x_{t-1} + x_{t-2} + \cdots + x_{t-n}}{n} = \frac{\sum_{i=1}^{n} x_{t-i}}{n}$$

### (四)加权移动平均法

加权移动平均法是对观察值分别给予不同的权数,按不同权数求得移动平均值,并以最后的移动平均值为基础,确定预测值的方法。在简单移动平均法的基础上给予近期数据更高的权重、远期数据更低的权重,这种计算方法可以一定程度上弥补移动平均法的不足。

加权移动平均法的计算公式如下:

$$y_t = \frac{w_1 x_{t-1} + w_2 x_{t-2} + \cdots + w_n x_{t-n}}{w_1 + w_2 + \cdots + w_n} = \frac{\sum_{i=1}^{n} w_i x_{t-i}}{\sum_{i=1}^{n} w_i}$$

与移动平均法类似,公式中的 $n$ 为移动期数。

### (五)指数平滑法

指数平滑法,也是一种加权移动平均法。预测思路为根据上一期的实际值和上一期预测值导出下一期预测值。

下一期预测值=α×前一期实际值+(1-α)×前一期预测值

为了方便起见,可将指数平滑法的公式表示为:

$$S_{t+1} = \alpha A_t + (1-\alpha) S_t$$

公式中各符号含义:

$t$——本期时间。

$\alpha$——指数平滑系数。

$A_t$——第 $t$ 期的实际需求量。

$S_t$——第 $t$ 期的预测值。

$S_{t+1}$:第 $t+1$ 期或下一期的预测值,通过变形以上公式可变换为:

$$S_{t+1} = S_t + \alpha(A_t - S_t)$$

从以上公式中可以看出:下一期的预测值是上一期预测值加上一个修正的上一期预测的误差。平滑系数的大小决定了下一期预测值对前一期预测值的修正程度。

平滑系数 $\alpha$ 取值在 0~1 之间。

平滑系数 $\alpha$ 越大,近期实际需求值给的权重值越大,模型会对时间序列的变化做出越快的反应。但是 $\alpha$ 过大会使预测过于敏感,受随机因素的影响较大。

平滑系数 $\alpha$ 值越小,实际值权重就越小,预测值的权重相对越大,时间序列根本性变化需要的时间就越长。

综上,在选择平滑系数 $\alpha$ 时,需要一定程度的主观判断。

指数平滑法的优点表现为:数据需求量小,只需要少数数据即可对未来需求进行预测;计算方法简单易行,进行预测建模的操作相对比较简单。所有预测方法都各有优劣,指数平滑法的缺点表现为:预测的依据为历史数据,对促销活动引起的需求变化无法体现;指数平滑法平滑系数比较难确定;指数平滑法能较好地预测未来 1~3 期的需求,但对于更远时期的预测效果不佳。

### (六)季节指数预测法

时间序列构成因素中:长期趋势($T$)、季节变动($S$)、不规则变动($I$)可以通过相应的方法进行预测拟合。前面介绍的平均法以及平滑法主要针对没有明显的趋势和季节成分的时间序列进行预测。本任务主要介绍含有季节变动的时间序列如何进行预测。

季节指数预测法就是根据预测目标各年按固定周期（月度、季度或其他固定周期）编制的时间数列资料，以统计方法测定出反映季节性变动规律的季节指数，并利用季节指数进行预测的预测方法。

测定季节指数的方法大体有两类：

一类是不考虑长期趋势的影响，直接根据原时间数列计算季节指数（无趋势变动的季节指数预测法）。

另一类是考虑长期趋势的存在，先将长期趋势消除，然后计算季节指数（考虑趋势变动的季节指数预测法）。

在任务实施部分将介绍季节指数预测法的具体应用。

## 【方法工具】

### 一、方法

本任务主要围绕时间序列方法进行介绍，包括简单平均数法、加权平均数法、移动平均法、加权移动平均法、指数平滑法、季节指数预测法。

### 二、工具

本次任务可以选择的工具有 Excel（表格）或者 SPSS（Statistical Product and Service Solutions，数据统计与分析软件）。

## 【任务实施】

ABC集团通过线上线下销售渠道销售体育用品，某年1至11月篮球在某片区的销量情况如表3-2所示，接下来请分别用简单平均数法、加权平均数法、移动平均法、加权移动平均法、指数平滑法对该公司该年度12月份篮球在该片区的销量进行预测。

表3-2 ABC集团某片区1至11月销量数据

| 月份 | 1月 | 2月 | 3月 | 4月 | 5月 | 6月 | 7月 | 8月 | 9月 | 10月 | 11月 |
|---|---|---|---|---|---|---|---|---|---|---|---|
| 销售量/个 | 2 900 | 2 850 | 3 000 | 3 150 | 2 800 | 3 050 | 2 950 | 3 100 | 2 900 | 2 950 | 3 100 |

### 一、简单平均数法

$$Y_n = \frac{X_1 + X_2 + \cdots + X_n}{n} = \frac{\sum_{i=1}^{n} X_i}{n}$$

根据简单平均数法计算12月份篮球销量公式为：$Y_{12} = \frac{X_1 + X_2 + \cdots X_{11}}{11}$，在 Excel 中直接用 AVERAGE 函数求前11个月销量的平均值即可，具体计算过程如图3-1所示：

| 月份 | 销售量 | 简单平均法预测 |
|---|---|---|
| 1月 | 2900 | |
| 2月 | 2850 | |
| 3月 | 3000 | =AVERAGE( |
| 4月 | 3150 | $C$3:C4) |
| 5月 | 2800 | 2975 |
| 6月 | 3050 | 2940 |
| 7月 | 2950 | 2958 |
| 8月 | 3100 | 2957 |
| 9月 | 2900 | 2975 |
| 10月 | 2950 | 2967 |
| 11月 | 3100 | 2965 |
| 12月 | ? | 2977 |

Excel 实现简单平均数法的公式如图 3-1 所示,后续月份的预测值直接下拉即可。

12 月份的预测值对应的公式为:
= AVERAGE($C$3:C13)

图 3-1 简单平均数法示意图

## 二、加权平均数法

$$y_{n+1} = \frac{w_1x_1 + w_2x_2 + \cdots + w_nx_n}{w_1 + w_2 + \cdots + w_n} = \frac{\sum_{i=1}^{n} w_i x_i}{\sum_{i=1}^{n} w_i}$$

例如,运用加权平均数法计算 4 月份篮球销量,公式为:$y_4 = \frac{1\ x_1 + 2\ x_2 + 3\ x_3}{1+2+3}$,在 Excel 中直接用 SUMPRODUCT 和 SUM 函数求前 3 个月的加权平均值即可。一般近期给予较大的权重。以预测 4 月份数据为例,3 月份给最大的权重、其次是 2 月份、最小权重是 1 月份,赋权重时 3 月所赋权重分子是 3,2 月所赋权重分子是 2,1 月所赋权重分子是 1,分母为 1+2+3,其他月份预测公式以此类推。Excel 实现公式如图 3-2 所示:

| 权重数 | 月份 | 销售量 | 加权平均法预测 |
|---|---|---|---|
| 1 | 1月 | 2900 | |
| 2 | 2月 | 2850 | |
| 3 | 3月 | 3000 | |
| 4 | 4月 | 3150 | =SUMPRODUCT( |
| 5 | 5月 | 2800 | $A$3:A5,$C$3:C5)/ |
| 6 | 6月 | 3050 | SUM($A$3:A5) |
| 7 | 7月 | 2950 | 2976 |
| 8 | 8月 | 3100 | 2970 |
| 9 | 9月 | 2900 | 2999 |
| 10 | 10月 | 2950 | 2979 |
| 11 | 11月 | 3100 | 2974 |
| 12 | 12月 | ? | 2995 |

Excel 实现加权平均数法的公式如图 3-2 所示,后续月份的预测值直接下拉即可。

12 月份的预测值对应的公式为:
$$= \frac{\text{SUMPRODUCT}(\$A\$3:A13,\$C\$3:C13)}{\text{SUM}(\$A\$3:A13)}$$

图 3-2 加权平均数法示意图

## 三、移动平均法

$$y'_t = \frac{x_{t-1} + x_{t-2} + \cdots + x_{t-n}}{n} = \frac{\sum_{i=1}^{n} x_{t-i}}{n}$$

公式中的 $n$ 即为移动期数。假设本案例中的移动期数为 3,则 4 月份的预测值为 1、2、3 月销量的平均值,5 月份的预测值为 2、3、4 月销量的平均值,12 月份的预测值为 9、10、11 月销量的平均值。在 Excel 中直接用 AVERAGE 函数求预测当期前 3 个月销量的平均值即可,具体计算过程如图 3-3 所示:

| 月份 | 销售量 | 移动平均法预测 |
|---|---|---|
| 1月 | 2900 | |
| 2月 | 2850 | |
| 3月 | 3000 | |
| 4月 | 3150 | =AVERAGE(C3:C5) |
| 5月 | 2800 | |
| 6月 | 3050 | 2983 |
| 7月 | 2950 | 3000 |
| 8月 | 3100 | 2933 |
| 9月 | 2900 | 3033 |
| 10月 | 2950 | 2983 |
| 11月 | 3100 | 2983 |
| 12月 | ? | 2983 |

Excel 实现移动平均法的公式如图 3-3 所示，后续月份的预测值直接下拉即可。

12 月份的预测值对应的公式为：
=AVERAGE(C11:C13)

图 3-3　移动平均法示意图

## 四、加权移动平均法

与移动平均数法类似，公式中的 $n$ 为移动期数。假设本案例中的移动期数为3，预测第 $n$ 期的销量时，一般邻近 $n$ 期会给予较大的权重，因此 $n-1$ 期的权重分子为3，$n-2$ 期权重分子为2，$n-3$ 期权重分子为1，分母为1+2+3=6，Excel 实现过程中可以直接用数值相乘，也可以用 SUMPRODUCT 函数，具体计算过程如图 3-4 所示：

| 权重数 | 月份 | 销售量 | 移动加权平均法预测 |
|---|---|---|---|
| 1 | 1月 | 2900 | |
| 2 | 2月 | 2850 | |
| 3 | 3月 | 3000 | |
| | 4月 | 3150 | =SUMPRODUCT($A$3:$A$5,C3:C5)/SUM($A$3:$A$5) |
| | 5月 | 2800 | |
| | 6月 | 3050 | |
| | 7月 | 2950 | 2983 |
| | 8月 | 3100 | 2958 |
| | 9月 | 2900 | 3042 |
| | 10月 | 2950 | 2975 |
| | 11月 | 3100 | 2958 |
| | 12月 | ? | 3017 |

Excel 实现加权移动平均法的公式如图 3-4 所示，后续月份的预测值直接下拉即可。

12 月份的预测值对应的公式为：
$$=\frac{SUMPRODUCT(\$A\$3:\$A\$5,C11:C13)}{SUM(\$A\$3:\$A\$5)}$$

图 3-4　加权移动平均法预测示意图

## 五、指数平滑法

$$S_{t+1} = \alpha A_t + (1-\alpha) S_t$$

接下来简要介绍指数平滑法的计算过程，如图 3-5 所示。

第一步：确定初始值，假设初始值为第一期实际值 2 900。

第二步：确定平滑系数 $\alpha$，假设 $\alpha=0.3$。

第三步：计算第二期预测值，$S_2 = \alpha A_1 + (1-\alpha) S_1 = 2\ 900$。

第四步：计算第三期预测值，步骤与第二期相同。

第五步：注意计算各期预测值，直到算出第 12 期预测值即可。

在使用 Excel 的过程具体如下：

平滑系数如何确定？可以用定性分析的方法，也可以进行多次试算并对试算结果的误差水平进行对比。

在实际应用中以上方法如何选择将在本项目的任务三中进行详细介绍。

Excel 实现指数平滑法的公式如图 3-5 所示，后续月份的预测值直接下拉即可。

12 月份的预测值对应的公式为
= 0.3 * B12+（1-0.3）* C12 = 3006

图 3-5 指数平滑法示意图

## 六、季节指数法

### （一）无趋势变动的季节指数预测法

C 公司某产品 2013—2017 年各季度的销量情况如表 3-3 所示，现已知 2018 年第一季度的销量为 16.2 万件，请预测 2018 年第二季度到第四季度的销量。

表 3-3　2013—2017 年 C 公司某产品销量　　　　　　　　单位：万件

| 年度 | 第一季度 | 第二季度 | 第三季度 | 第四季度 |
| --- | --- | --- | --- | --- |
| 2013 | 13.8 | 19 | 27 | 18 |
| 2014 | 14.3 | 20.4 | 28.3 | 18.7 |
| 2015 | 13.1 | 18.6 | 24.8 | 17 |
| 2016 | 15.7 | 21.7 | 29.8 | 19.6 |
| 2017 | 15 | 21.4 | 27.9 | 18.5 |
| 2018 | 16.2 | | | |

第一步：判断是否具有季节性

按照时间序列时间的先后顺序将销量数据排序后，做出折线图，如图 3-6 所示，观察该产品销量的变动趋势。

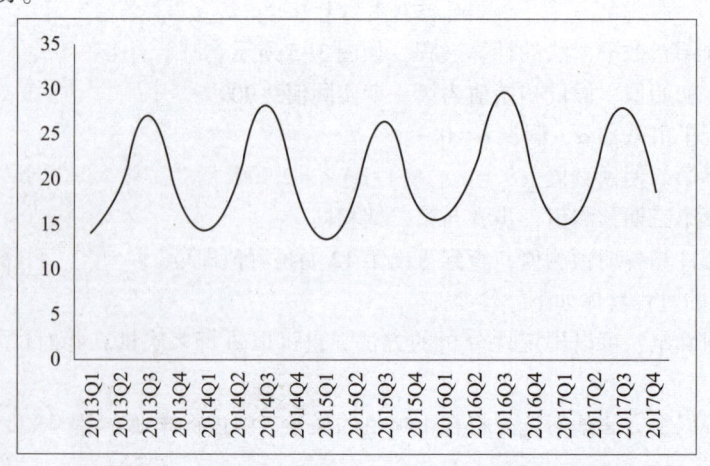

图 3-6　2013—2017 年 C 公司某产品销量趋势图

通过折线图可以看出该产品的销量具有明显的季节性,固定周期为1年。

**第二步:计算季节指数**

(1) 计算各季度销量的平均值 $A$。

(2) 计算出 2013—2017 年所有季度的平均值 $B$。

(3) 计算对应季度的季节指数:$S_n = A_n/B$。

计算结果如表 3-4 所示:

表 3-4　2013—2017 年 C 公司某产品销量　　　　　　　　　　单位:万件

| 年度 | 第一季度 | 第二季度 | 第三季度 | 第四季度 |
| --- | --- | --- | --- | --- |
| 2013 | 13.8 | 19 | 27 | 18 |
| 2014 | 14.3 | 20.4 | 28.3 | 18.7 |
| 2015 | 13.1 | 18.6 | 24.8 | 17 |
| 2016 | 15.7 | 21.7 | 29.8 | 19.6 |
| 2017 | 15 | 21.4 | 27.9 | 18.5 |
| A | 14.38 | 20.22 | 27.9 | 18.36 |
| B | 20.215 | | | |
| S | 71.14% | 100.02% | 138.02% | 90.82% |

季节指数是一种以相对数表示的季节变动衡量指标。季节指数>1 说明该季度的值高于平均水平,季节指数<1 说明该季度的值低于平均水平。表 3-4 中第一季度和第四季度的季节指数分别为 71.14%、90.82%,均小于 1,第二季度的季节指数为 100.02%,基本为 1,第三季度的季节指数为 138.02%,大于 1。

**第三步:销量预测**

(1) 通过 2018 年第一季度的销量值推算 2018 年销量平均值:16.2/71.14% = 22.77。

(2) 2018 年第二到第四季度各季度的季节指数乘以 2018 年销量平均值得出第二季度到第四季度的销量预测值。

第二季度的销量预测值为:22.77×100.02% = 22.78。

第三季度的销量预测值为:22.77×138.02% = 31.34。

第四季度的销量预测值为:22.77×90.82% = 20.68。

**(二) 考虑趋势变动的季节指数预测法**

上一案例中只考虑了季节性,没有考虑趋势。在有些数据预测的过程中既包含季节性,又包含趋势,这种情况也需要计算季节指数,通过季节指数将季节因素分离出来后再进行趋势预测。具体步骤如下:

第一步,计算每一季(每季度,每月等)的季节指数 $S$。

$$Y = TSI (乘法模型)$$

第二步,用时间序列的每一个观测值除以对应的季节指数,消除季节影响。

$$Y/S = TSI/S = TI (剔除季节指数后只剩趋势和扰动项)$$

第三步,为消除季节影响的时间序列建立适当的趋势模型(一般为一元线性回归模型)并用这个模型进行后续销量的预测。一元线性回归模型的具体求解过程将在下一任务"运用回归分析法进行预测"中进行详细介绍。

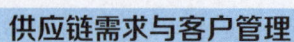

第四步，用预测值乘以季节指数，计算出最终的带季节影响的预测值。

知识链接

考虑趋势变动的季节
指数预测法操作视频

学习标杆

数据分析助力京东商城
库存管理和需求预测

## 任务二　运用回归分析法进行预测

### 【学习目标】

**知识目标：**
➢ 掌握回归分析的相关概念。
➢ 了解一元线性回归的求解过程。

**能力目标：**
➢ 能够运用 Excel 对一元线性回归方程求解。

**素养目标：**
➢ 在线性回归分析中培养学生一丝不苟、严谨求真的科学精神。

### 【任务导入】

除历史订单数据外，该企业还收集到一些相关的市场因素数据。目前收集到了 ABC 集团 2018 年 1 月到 2019 年 12 月宣传费用与销量的数据，请尝试分析 2020 年 1 月投入 29.5 万元宣传费用，预计销量是多少。

学习资源

回归分析预测法

### 【任务分析】

在考虑市场因素和宣传费用的基础上，可以利用回归模型，建立宣传费用与订单数量之间的关系，进行模型拟合和预测。在模型拟合的过程中将用到回归分析法，本任务需要大家在了解回归分析基本概念的基础上，建立一元线性回归预测模型，并进行需求预测。

通常影响企业销量的因素除宣传费用外还会有很多其他因素，这就会涉及多元线性回归。多元线性回归分析需要考虑自变量之间的相互影响，本任务将以二元线性回归为例对多元线性回归的分析步骤进行简要介绍。

### 【必备知识】

除了前面所讲的时间序列法之外，另一种被广泛应用的需求预测方法就是回归分析。根据分类方式的不同，回归分析的方法有数十种，首先介绍回归分析的相关概念。

## 一、回归分析的基本概念

### （一）回归分析的概念及特点

回归分析是对两个或两个以上变量之间的相关关系进行定量研究的一种统计分析方法，其有以下特征：

（1）回归分析研究的是两个或两个以上变量之间的关系，单一的变量不存在回归分析。

（2）回归分析研究的是相关关系，当两个变量之间不存在相关关系时，就没有进行回归分析的必要。

（3）回归分析是一种定量研究方法，是一种统计分析方法。

### （二）变量

在进行回归分析之前首先要确认变量。简单地说，变量是可以变化的量，是相对于常量的一个概念，在回归分析中，变量指存在不同值的各种指标。变量有很多个，回归分析之前的任务之一就是选择有用变量进行分析预测，在此基础上确认自变量和因变量。

（1）自变量也称解释性变量，或预测变量，自变量表示的是原因。以需求预测为目的的回归分析中自变量是为了计算预测值而引用的变量。

（2）因变量也称目标变量，指被测定或被记录的变量，在回归分析中因变量表示结果。因变量是由于自变量变动而引起变动的量。以需求预测为目的的回归分析中因变量是需要被预测的变量。

例如，某公司为提升销量进行广告投入，需要分析广告投入对产品销量的影响。其中广告投入是自变量，销量就是因变量。

再如，某公司以气温、折扣幅度来预测某冷饮的销量，其中气温、折扣是自变量，该冷饮的销量就是因变量。

### （三）相关性与相关系数

在回归分析中，相关性是指两个变量之间的相互影响程度或相互关联程度。变量之间相关性的方向和关联程度可能不同。

根据相关性的变化方向一般可以分为三种：正相关、负相关和不相关。

根据变量之间的关联程度不同可以分为：强相关、中相关、弱相关和不相关。

相关系数是衡量两个变量相关性的指标，最早由英国统计学家卡尔·皮尔逊设计并提出，用字母 $R$ 表示，其取值在 $-1$ 到 $+1$ 之间。相关性的变化方向及关联程度可以通过 $R$ 值进行判断。

通过表3-5可以看出，当 $R$ 为0时，两个变量绝对不相关。当 $R$ 大于0时，两个变量正相关，即"一个变量增加另一个也增加，一个变量减少另一个也减少"。当 $R$ 小于0时，两个变量负相关，即"一个变量增加另一个变量减少，一个变量减少另一个变量增加"。

表 3-5 相关系数与相关性方向

| $R$ 值范围 | 相关性的方向 |
| --- | --- |
| =0 | 不相关 |
| >0 | 正相关 |
| <0 | 负相关 |

通过表3-6可以看出：

（1）当 $R$ 的绝对值大于 0.7（包含）时，两个变量强相关。

（2）当 $R$ 的绝对值大于 0.5（包含）小于 0.7（不包含）时，两个变量中相关。

（3）当 $R$ 的绝对值大于 0.3（包含）小于 0.5（不包含）时，两个变量弱相关。

（4）当 $R$ 的绝对值小于 0.3（不包含）时，可以认为两个变量不相关，当 $R=0$ 时两个变量绝对不相关。

通过以上介绍，我们可以根据 $R$ 值分析出两个变量之间的关系。例如，$A$、$B$ 两个变量的相关系数为 $-0.8$，这说明 $A$、$B$ 两个变量之间是强负相关关系。

表 3-6  相关系数与相关程度

| $R$ 绝对值范围 | 相关程度 |
| --- | --- |
| [0.7,1] | 强相关 |
| [0.5,0.7) | 中相关 |
| [0.3,0.5) | 弱相关 |
| [0,0.3) | 不相关 |

根据相关系数可以判断两个变量之间相关关系的方向及强弱，那相关系数是如何计算出来的呢？

相关系数的计算公式如下：

$$R = \frac{\sum (x-\bar{x})(y-\bar{y})}{\sqrt{\sum (x-\bar{x})^2 (y-\bar{y})^2}}$$

式中，$x$ 代表 $A$ 变量对应的数值；$y$ 代表 $B$ 变量对应的数值；$\bar{x}$ 代表 $A$ 变量所有数值的均值；$\bar{y}$ 代表 $B$ 变量所有数值的均值。

以上为相关系数的计算公式，在实际操作中我们可以用 Excel 工具来辅助完成，Excel 计算相关系数的步骤如图 3-7 所示。

第一步：单击"公式"中的"插入函数"。

第二步：选择 CORREL 函数；该函数的含义为：返回 Array1 和 Array2 两组数值之间的相关系数。

第三步：Array1 选择第一组数值对应的区域，Array2 选择第二组数值对应的区域，单击"确定"按钮即可得到这两组数值的相关系数。

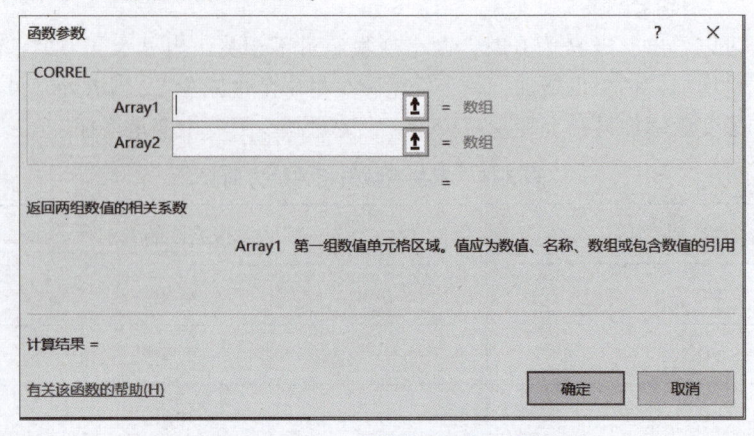

图 3-7  Excel 计算相关系数示意图

## 二、回归分析法的常见类型

虽然回归分析的方法有多种，但用于需求预测的回归分析一般采用线性回归，因此本教材主要对线性回归进行介绍。按自变量的个数不同，将线性回归分析分为一元线性回归分析和多元线性回归分析。

### （一）一元线性回归

**1. 一元线性回归概念**

一元线性回归分析是自变量的个数只有一个的回归分析，也就是因变量 $Y$（被预测的变量）依赖一个自变量 $X$（解释变量）的回归分析，一元线性回归是最简单的回归分析。

**2. 一元线性回归方程**

一元线性回归假设前提为：自变量和因变量之间存在线性关系，可以用一元方程的形式表现出来：

$$Y = aX + b$$

在该方程中 $Y$ 为因变量，$X$ 为自变量，$a$ 为斜率，$b$ 为截距。用图形的方式表示见图3-8。

$a$ 代表回归系数，该值越大说明自变量 $X$ 变动一个单位对因变量 $Y$ 的影响越大。前文中介绍了相关系数，此处回归系数与相关系数的方向是相同的。即：当 $X$ 和 $Y$ 为正相关关系时回归系数为正数，当 $X$ 和 $Y$ 为负相关关系时回归系数为负数。

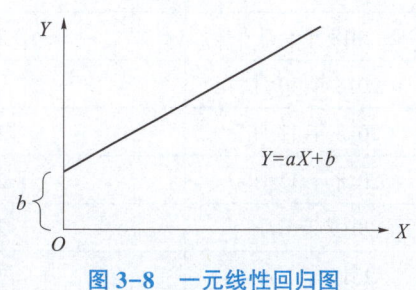

图3-8 一元线性回归图

### （二）多元线性回归

**1. 多元线性回归概念**

在实际需求预测的场景中，一个自变量（及一元线性回归）的模式是一种非常理想的情况，几乎不存在，线性回归分析在需求预测应用中主要还是多元线性回归。多元线性回归分析是自变量的个数为两个或两个以上的回归分析，也就是通过多个自变量 $X$（解释变量）对因变量（目标变量）进行预测的一种方法。

**2. 多元线性回归方程**

多元线性回归可以用多元方程的形式表现出来：

$$Y = a_1 X_1 + a_2 X_2 + \cdots + a_n X_n + b$$

在该方程中 $Y$ 为因变量，$X_1$、$X_2$、$\cdots$、$X_n$ 为自变量，$a_1$、$a_2$、$\cdots$、$a_n$ 分别为 $X_1$、$X_2$、$\cdots$、$X_n$ 的回归系数，代表每个自变量对因变量影响的大小，$b$ 为截距。

【方法工具】

### （一）方法

本任务主要围绕回归分析方法进行介绍，包括一元线性回归、多元线性回归。

### （二）工具

本任务可以选择的工具有 Excel 或者 SPSS。

【任务实施】

## 一、一元线性回归方程求解

ABC集团2018年1月到2019年12月宣传费用与销量的数据如表3-7所示，请尝试运用一

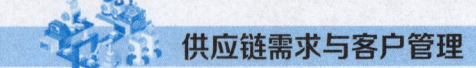

元回归预测的方式预测：2020 年 1 月投入 29.5 万元宣传费用，预计销量是多少？

表 3-7　ABC 集团 2018 年 1 月到 2019 年 12 月宣传费用与销量的数据

| 时间 | 宣传费用/万元 | 销量/千件 |
| --- | --- | --- |
| 2018 年 1 月 | 19.8 | 4 798 |
| 2018 年 2 月 | 20.3 | 4 789 |
| 2018 年 3 月 | 20.4 | 4 883 |
| 2018 年 4 月 | 20.8 | 5 190 |
| 2018 年 5 月 | 21.2 | 5 382 |
| 2018 年 6 月 | 21.9 | 5 218 |
| 2018 年 7 月 | 22.2 | 5 192 |
| 2018 年 8 月 | 22.5 | 5 356 |
| 2018 年 9 月 | 22.8 | 5 481 |
| 2018 年 10 月 | 23 | 5 346 |
| 2018 年 11 月 | 23.5 | 5 803 |
| 2018 年 12 月 | 23.7 | 5 739 |
| 2019 年 1 月 | 24.2 | 5 870 |
| 2019 年 2 月 | 24.6 | 5 942 |
| 2019 年 3 月 | 25 | 6 165 |
| 2019 年 4 月 | 25.4 | 6 090 |
| 2019 年 5 月 | 25.6 | 6 120 |
| 2019 年 6 月 | 26 | 6 250 |
| 2019 年 7 月 | 26.5 | 6 138 |
| 2019 年 8 月 | 27 | 6 255 |
| 2019 年 9 月 | 27.3 | 6 655 |
| 2019 年 10 月 | 27.5 | 6 740 |
| 2019 年 11 月 | 28 | 7 328 |
| 2019 年 12 月 | 28.2 | 7 430 |

本案例中销量为因变量 $Y$，宣传费用为自变量 $X$，通过前文所介绍的 Excel 中用于相关系数计算的 CORREL 函数，可以得出销量与宣传费用之间的相关系数为 0.959，这说明两者之间存在着较强的相关性。

接下来通过常用的 Excel 工具进行一元线性回归分析求解，进一步对 2020 年 1 月的销量做出预测。

### （一）用 LINEST 函数求解

LINEST 函数求解就是运用 Excel 中的 LINEST 函数求出回归方程的系数和截距。计算步骤如下：

第一步：选择需要计算回归系数 $a$ 和截距 $b$ 的单元格，选择公式并插入函数，如图 3-9 所示：

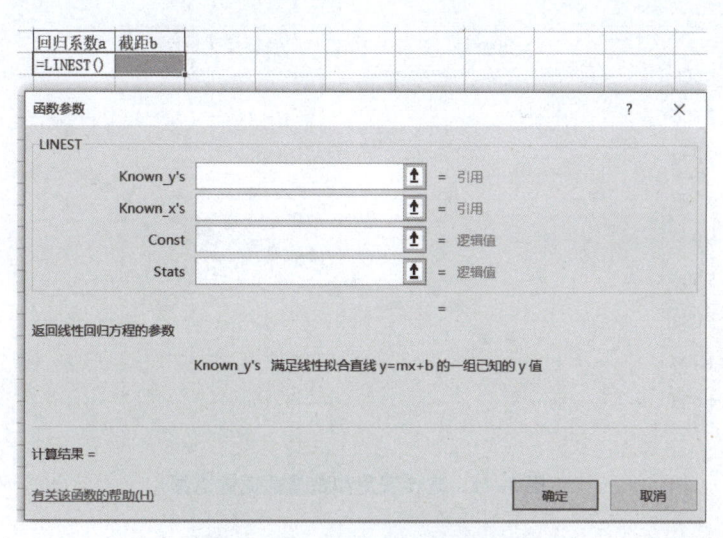

图 3-9　LINEST 求解函数调用

第二步：第一个参数选择因变量数据区域，此案例中因变量销量数据区域为 E3：E26；第二个参数选择自变量宣传费用数据区域为 D3：D26，如图 3-10 所示：

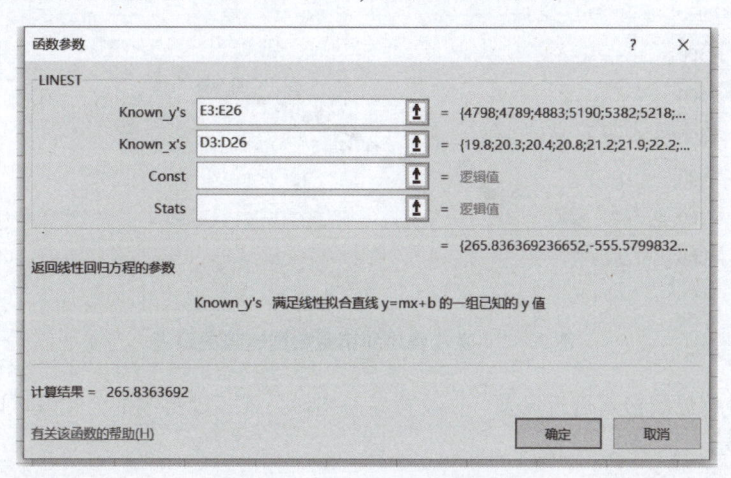

图 3-10　LINEST 求解数据引用

第三步：光标定位在编辑栏，同时摁住 Ctrl+Shift+Enter，则可以得到回归系数 $a$ 以及截距 $b$ 的结果，如表 3-8 所示：

表 3-8　LINEST 求解结果

| 回归系数 $a$ | 截距 $b$ |
| --- | --- |
| 265.84 | −555.58 |

据此可得出回归方程为 $Y=265.84X-555.58$。
2021 年 1 月投入宣传费用为 29.5 万元，则预计销量为 265.84×29.5−555.58＝7 287 千件。

### （二）使用 Excel 中的散点图功能自动求解

第一步：选择宣传费用和销量数据，插入散点图，结果如图 3-11 所示；
第二步：选中散点图中的一点，单击右键添加趋势线，散点图中增加了一条趋势线，如图 3-12 所示；

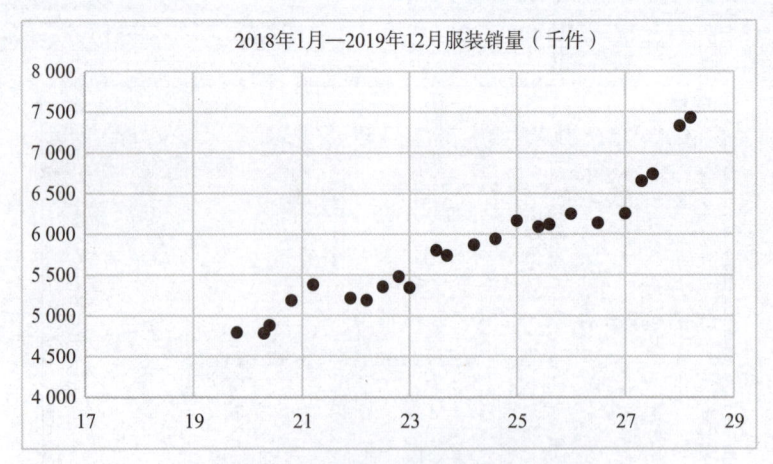

图 3-11　宣传费用和销量数据散点图

图 3-12　宣传费用和销量数据趋势关系图

第三步：对趋势线格式进行设置，在设置界面选择公式，趋势线的公式就可以显现出来，具体如图 3-13 所示：

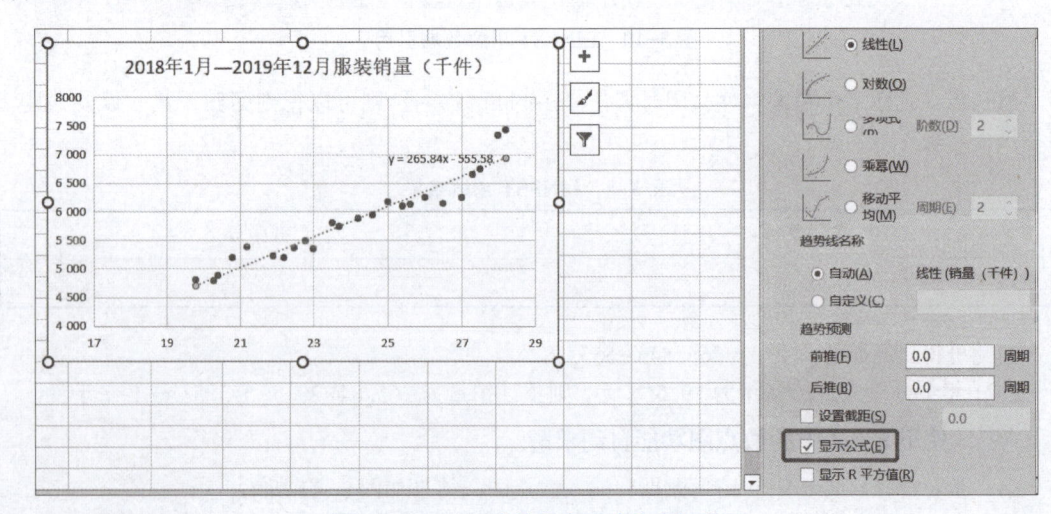

图 3-13　Excel 中的散点图功能求解结果

据此可得出回归方程为 $Y=265.84X-555.58$。

2021年1月投入宣传费用为29.5万元,则预计销量与用LINEST函数求解结果一致。为 $265.84×29.5-555.58=7\,287$ 千件。

### (三) 使用 Excel 数据分析工具

第一步:单击 Excel 菜单栏中的数据选择"数据分析",并从中选择"回归"选项,如图3-14所示:

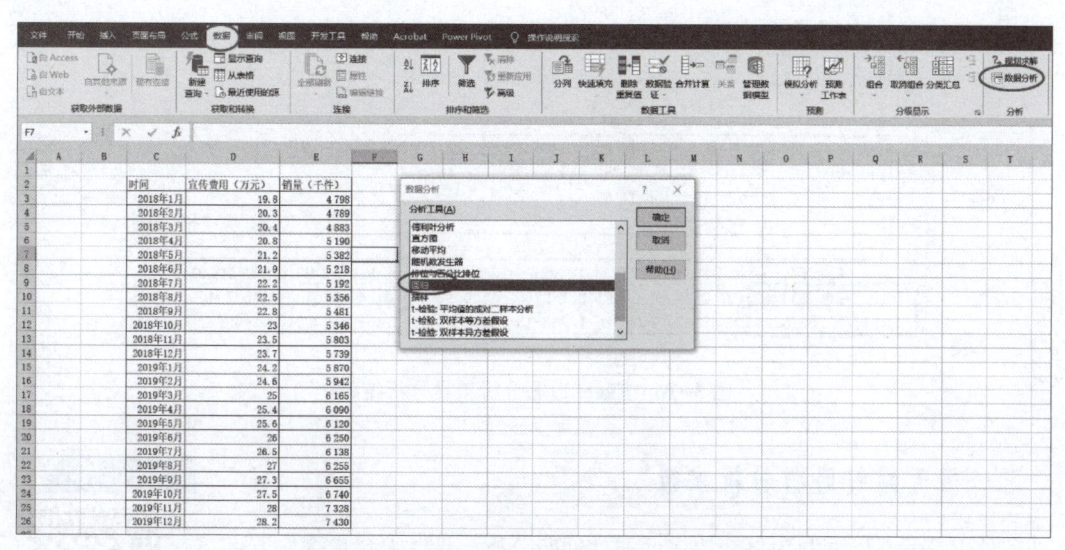

图 3-14　Excel 数据分析工具选择示意图

第二步:Y 值输入区域中选择因变量对应的区域,X 值输入区域中选择自变量对应的区域,如图 3-15 所示:

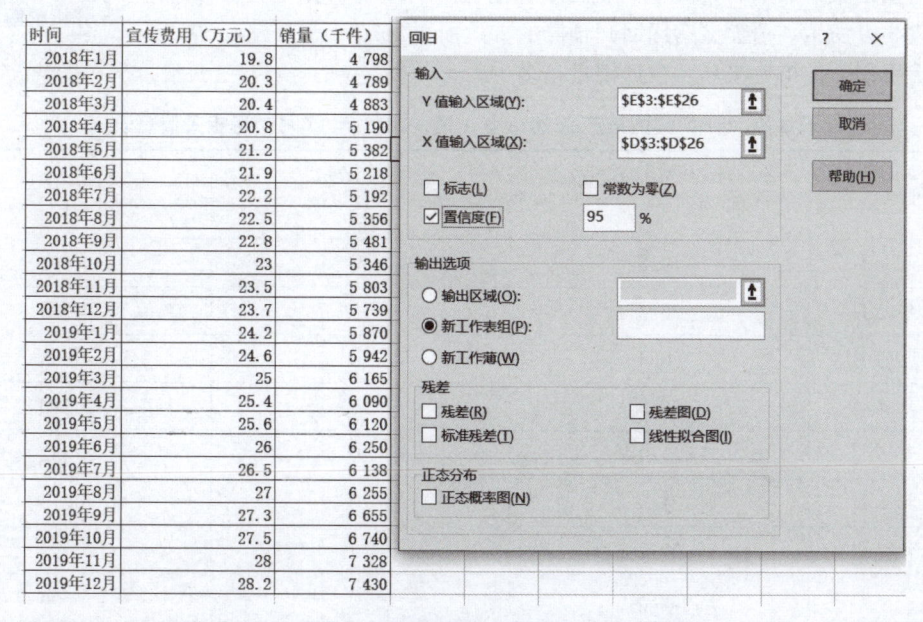

图 3-15　Excel 数据分析工具数据引用示意图

第三步:通过数据分析工具得出回归结果(如图 3-16 所示),据此可以得出回归方程:

$$Y = 265.84X - 555.58$$

2021年1月投入宣传费用为29.5万元，则预计销量与前两种方法求解结果一致，为265.84×29.5-555.58=7 287千件。

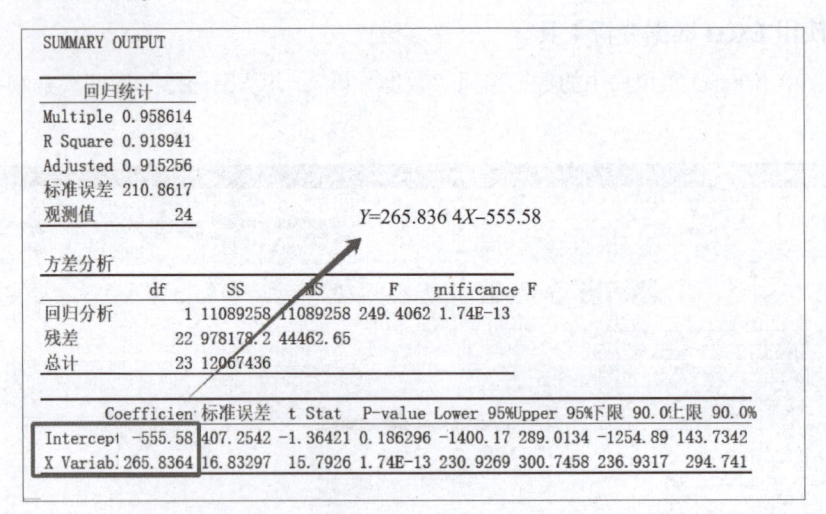

```
SUMMARY OUTPUT

    回归统计
Multiple  0.958614
R Square  0.918941
Adjusted  0.915256
标准误差   210.8617
观测值      24                Y=265.836 4X-555.58

方差分析
           df      SS         MS        F      mnificance F
回归分析    1   11089258   11089258   249.4062   1.74E-13
残差       22    978179.2    44462.65
总计       23   12067436

          Coefficien 标准误差   t Stat   P-value  Lower 95%Upper 95%下限 90.0上限 90.0%
Intercept  -555.58   407.2542  -1.36421  0.186296 -1400.17 289.0134 -1254.89 143.7342
X Variab    265.8364  16.83297  15.7926  1.74E-13  230.9269 300.7458 236.9317 294.741
```

图 3-16　Excel 数据分析工具分析结果

## 二、多元线性回归分析求解

此处以二元线性回归为例介绍多元线性回归分析，具体求解步骤如下：

### （一）收集和整理相关数据

在进行多元线性回归前，首先需要收集和整理相关数据。

ABC 集团某产品的销量除了与宣传费用有关外，还与折扣相关，详细数据如表 3-9 所示。请尝试运用回归预测的方式预测 2020 年 1 月投入 29.5 万元宣传费用，折扣为 30%，预计销量是多少。

**知识链接**

一元线性回归分析求解视频

表 3-9　ABC 集团某产品 2018 年 1 月—2019 年 12 月销量相关信息表

| 时间 | 宣传费用/万元 $X_1$ | 折扣/% $X_2$ | 销量/千件 $Y$ |
| --- | --- | --- | --- |
| 2018 年 1 月 | 19.8 | 5 | 4 798 |
| 2018 年 2 月 | 20.3 | 10 | 4 789 |
| 2018 年 3 月 | 20.4 | 10 | 4 883 |
| 2018 年 4 月 | 20.8 | 15 | 5 190 |
| 2018 年 5 月 | 21.2 | 20 | 5 382 |
| 2018 年 6 月 | 21.9 | 20 | 5 218 |
| 2018 年 7 月 | 22.2 | 15 | 5 192 |
| 2018 年 8 月 | 22.5 | 20 | 5 356 |
| 2018 年 9 月 | 22.8 | 20 | 5 481 |
| 2018 年 10 月 | 23 | 20 | 5 346 |

续表

| 时间 | 宣传费用/万元 $X_1$ | 折扣/% $X_2$ | 销量/千件 $Y$ |
|---|---|---|---|
| 2018年11月 | 23.5 | 25 | 5 803 |
| 2018年12月 | 23.7 | 25 | 5 739 |
| 2019年1月 | 24.2 | 20 | 5 870 |
| 2019年2月 | 24.6 | 20 | 5 942 |
| 2019年3月 | 25 | 20 | 6 165 |
| 2019年4月 | 25.4 | 20 | 6 090 |
| 2019年5月 | 25.6 | 30 | 6 120 |
| 2019年6月 | 26 | 20 | 6 250 |
| 2019年7月 | 26.5 | 30 | 6 138 |
| 2019年8月 | 27 | 20 | 6 255 |
| 2019年9月 | 27.3 | 30 | 6 655 |
| 2019年10月 | 27.5 | 35 | 6 740 |
| 2019年11月 | 28 | 35 | 7 328 |
| 2019年12月 | 28.2 | 35 | 7 430 |

### （二）确定变量

需求预测实践中，影响需求的外部因素有很多，这些外部因素有的重要，有的不重要。做多元线性回归分析进行预测时，不可能也没有必要把全部自变量都纳入回归方程，只需要采取措施将影响较大的自变量纳入回归方程即可。

做相关分析是判断自变量是否纳入多元线性回归方程的一种常见方法。

其步骤如下：

（1）列出所有影响因素即自变量。

（2）将每个自变量和因变量做相关分析，求出每个自变量和因变量的相关系数 $R$（这里可以采用 Excel 中的 CORRLE 函数进行计算，前文已进行说明）。

（3）确定纳入多元回归方程相关系数 $R$ 的标准。

（4）按确定的标准，将达到相关系数 $R$ 标准的变量纳入回归方程（可能涉及多重共线性，后面进行说明）。

假设现在有 3 个自变量 $X_1$、$X_2$、$X_3$，它们与因变量 $Y$ 之间的相关系数如表 3-10 所示，假设纳入多元回归方程相关系数 $R$ 的标准为：$R$ 的绝对值 $\geq 0.3$。

表 3-10 自变量纳入回归方程判断标准

| 因变量 | 自变量 | 相关系数 $R$ | 是否纳入回归方程 |
|---|---|---|---|
| $Y$ | $X_1$ | 0.7 | 纳入 |
|  | $X_2$ | 0.6 | 纳入 |
|  | $X_3$ | 0.2 | 不纳入 |

本案例中 $R^1=0.96$，$R^2=0.87$，因此可以纳入回归方程。

### （三）多重共线性分析

在多元线性回归中，如果某个自变量与其他自变量之间存在高度相关性，那么我们称这些自变量之间存在多重共线性。例如，在预测房屋价格时，如果我们将面积和卧室数量作为自变量，而这两个变量之间存在高度的相关性（即房屋面积越大，卧室数量通常也越多），那么这两个变量之间就存在多重共线性。

多重共线性普遍存在，适度的多重共线性不会对预测结果产生明显的影响；如果存在严重的多重共线性时，自变量之间会相互影响，进而影响到回归结果的真实性、准确性。

方差膨胀因子（Variance Inflation Factor，VIF）是用于评估多重共线性对线性回归模型影响的一种方法。当自变量之间存在高度相关时，方差膨胀因子会变得很大，这会导致模型的预测能力下降。

计算方差膨胀因子的公式为：$\text{VIF}=\dfrac{1}{1-R^2}$，式中 $R^2$ 是该自变量与其他自变量的多重相关性。当自变量之间存在高度相关时，$R^2$ 会接近 1，导致 VIF 变得很大。通常认为，当 VIF 大于 5 时，多重共线性可能对模型产生较大的影响。

本案例中，宣传费用 $X_1$ 与折扣 $X_2$ 之间的相关系数为 0.852，根据公式 $\text{VIF}=\dfrac{1}{1-R^2}$ 得出 VIF 结果为 3.65。VIF 小于 5 时，这个多重共线性可以接受，因此可以认定本案例中变量之间不存在多重共线性。

### （四）方程求解

多元线性回归方程求解过程与一元线性回归方程用 LINEST 函数、Excel 数据分析工具的求解方式类似，此处求解过程不再赘述，通过数据分析工具求解结果如图 3-17 所示：

```
SUMMARY OUTPUT

回归统计
Multiple R          0.965069418
R Square            0.931358982
Adjusted R Square   0.924821742
标准误差             198.6047871
观测值                24

方差分析
               df        SS           MS          F          Significance F
回归分析         2    11239114.91   5619557.455  142.4697595  6.08316E-13
残差            21    828321.0904   39443.86145
总计            23    12067436

            Coefficients  标准误差    t Stat       P-value      Lower 95%    Upper 95%   下限 95.0%   上限 95.0%
Intercept    232.0144703  557.1401083  0.416438283  0.681314857  -926.6218123 1390.650753 -926.6218123 1390.650753
X Variable 1 215.4986755  30.30360618  7.111321149  5.15356E-07   152.4788766  278.5184745  152.4788766  278.5184745
X Variable 2 19.54368742  10.02668927  1.949166559  0.064758166   -1.307954403 40.39532925 -1.307954403 40.39532925
```

图 3-17 多元线性回归方程求解结果

通过以上回归结果可得表 3-11 中的结果：

表 3-11　LINEST 函数回归结果

| 回归系数 $a_1$ | 回归系数 $a_2$ | 截距 $b$ |
| --- | --- | --- |
| 215.5 | 19.5 | 232 |

多元回归方程求解结果为：$Y = 215.5X_1 + 19.5X_2 + 232$。

在线性回归分析中，通常采用判定系数 $R^2$ 来检验回归方程的拟合优度。$R^2$ 的取值在 0~1 之间，越接近于 1 说明回归方程的拟合优度越高，即回归方程的精度越高；反之，越接近 0 说明回归方程的拟合优度越低，即回归方程的精度越低。

在实际应用中，判定系数 $R^2$ 会随着自变量 $X$ 个数的增加而增加。为了提高判定系数的准确性，需要对 $R^2$ 进行调整，调整后的 $R^2$ 又称为修正自由度的判定系数。

$$adjR^2 = 1 - (1 - R^2)\frac{(n-1)}{(n-k)}$$

式中，$k$ 为自变量个数，$n$ 为样本数量，从中可知，调整后的判定系数考虑了自变量个数和样本量，因此相对 $R^2$ 更准确。

本案例中调整后的 $R^2$ 数值为 0.92，表示该回归方程具有较高的拟合度。

**素养园地**

数字化在我国高质量发展中起着至关重要的作用，当今社会数字化已融入了生活中的方方面面。在学习专业知识的过程中需要不断提升个人的数据分析技能，进而助力专业技能的综合提升。

**学习标杆**

数据支持下的盒马鲜生新零售模式

## 任务三　评估预测准确性

**【学习目标】**

知识目标：
- 了解评估预测准确性的目的。
- 掌握预测准确性评估中常用的指标。

能力目标：
- 能够准确计算评估预测准确性的指标。

素养目标：
- 在评估预测准确性的过程中培养学生实事求是、耐心细致的工作作风和严肃认真的工作态度。

**【任务导入】**

针对前序任务中时间序列法的预测结果，进行预测评估。通过预测误差、百分误差、平均绝对误差、均方误差等指标衡量不同预测方法的准确性，进一步确定最优的预测方法。

**学习资源**

使用误差率进行需求预测绩效评估

**【任务分析】**

需求预测准确性是一个过程指标，企业做预测的最终目的是为了更好地对接需求与供应，提高客户服务的同时，控制库存水平，降低运营成本。如果不进行预测准确性的统计就无法了解目前预测水平的高低，也无法诊断出预测过程中存在的问题，进而会影响与企业 KPI（Key Performance Indicator，关键绩效指标）相关的指标。因此，预测准确性指标的统计是有必要的。

本任务主要介绍评估预测准确性的相关指标含义、计算方法，以及这些指标在需求预测中的具体应用。

### 【必备知识】

#### 一、评估预测准确性的目标

预测大部分情况下是不准确的，而预测准确性的提升将直接影响客户服务水平、库存周转率、运营成本等关键性指标。有些企业通常无法直接判断预测过程中存在的问题，但评估预测的准确性可以帮助预测人员判断出问题。另外，对预测人员而言，绩效评估可以作为一个衡量标准，帮助预测人员对自己的预测水平进行评估，了解当前的预测手段是否可以给预测带来提升。通常预测准确性的评估可以实现以下四个主要目标：

（1）追踪观察预测流程的变化情况。
（2）诊断某种预测法或者预测工具存在的问题。
（3）衡量需求波动性来辅助制定库存相关政策。
（4）追踪个人预测表现以进行优质预测奖励。

#### 二、评估预测准确性的指标

对于需求预测的评价，我们可以通过评估预测误差来判断预测的准确性。评估预测误差有三类指标：第一类是评估预测误差方向的指标，也就是评估其多预测还是少预测了，其典型的特征是误差数值有正有负，以数值的正负代表方向；第二类是评估预测误差幅度的指标，也就是评估预测与实际偏离了多少，偏差的大小是多少，这一类指标为了消除正负抵消的影响，一般采用绝对值或平方的方法来去除负数；第三类是同时评估预测误差方向和误差幅度的指标，是由第一类和第二类组合而成的指标。接下来主要介绍第一类和第二类指标：

（一）评估误差方向的指标

**1. 预测误差（Error，E）**

预测误差也称为预测偏差，指预测的需求值与实际的需求值之间的差值。一般有两种计算方法，方法一：预测误差=预测值-实际值；方法二：预测误差=实际值-预测值。在实际工作中两种计算方法均可使用，出于习惯考虑，建议大家按方法一进行计算，即：

$$预测误差(E) = 预测需求量(F) - 实际需求量(S)$$

当该值为正数时说明预测需求量高于实际需求量，当该值为负数时说明预测需求量低于实际需求量。

**2. 游动误差总和（Running Sum of Forecast Error，RSFE）**

预测误差计算的是单独某一期的误差，在实际需求预测的场景中，预测往往是一个持续的过程。这时需要计算一定时间段内总的预测误差。

游动误差总和又称预测误差滚动和，即某一段时间内的预测误差的总和，是预测误差的累计值，有正负之分，依次表示预测误差的偏离方向。具体计算公式如下：

$$游动误差总和\ RSFE = \sum_{1}^{n} 预测误差\ E = \sum_{1}^{n} (预测需求量\ F - 实际需求量\ S)$$

**3. 误差率（Percent Error，PE）**

前面两个指标是以绝对数表示误差，误差率则是以相对数（百分比）表示。最常见的识别偏差并评估准确性的工具是以简单的误差率计算为基础的，误差率可以告诉我们，预测数据与实际需求相差多少，以及预测数据是太高还是太低。误差率计算的公式如下：

$$误差率(PE) = \frac{(预测需求F - 实际需求S)}{实际需求S} \times 100\%$$

关于以上公式中分母应该是预测需求还是实际需求有一定争议。通过表3-12可以发现，在实际操作中采用不同的需求作为分母，其计算得出的误差率有时候会存在较大的差别。本教材从评估预测数据与实际需求相差的角度，采用分母为实际需求的方式。

表3-12 需求预测误差率表

| 时间 | 实际需求/箱 | 预测需求/箱 | 分母为预测需求下的误差率 | 分母为实际需求下的误差率 |
| --- | --- | --- | --- | --- |
| 2019年1月 | 1 166 | 645 | −80.78% | −44.68% |
| 2019年2月 | 671 | 935 | 28.24% | 39.34% |
| 2019年3月 | 1 310 | 1 098 | −19.31% | −16.18% |
| 2019年4月 | 1 021 | 1 269 | 19.54% | 24.29% |
| 2019年5月 | 1 094 | 869 | −25.89% | −20.57% |
| 2019年6月 | 1 215 | 871 | −39.49% | −28.31% |
| 2019年7月 | 946 | 637 | −48.51% | −32.66% |
| 2019年8月 | 867 | 827 | −4.84% | −4.61% |
| 2019年9月 | 1 591 | 619 | −157.03% | −61.09% |
| 2019年10月 | 1 179 | 1 139 | −3.51% | −3.39% |
| 2019年11月 | 939 | 958 | 1.98% | 2.02% |
| 2019年12月 | 1 012 | 971 | −4.22% | −4.05% |

通过表3-12可以看出，当实际需求和预测需求差别比较大的时候，采用不同分母计算得出的两种误差率，差别也会比较明显。回顾上文提到的四个预测准确性评估的主要目标：

（1）追踪观察预测流程的变化情况。
（2）诊断某种预测法或者预测工具存在的问题。
（3）衡量需求波动性来辅助制定库存相关政策。
（4）追踪个人预测表现以进行优质预测奖励。

首先，四项目标，只要每次都采用相同的公式，这种偏差影响就不大，但针对第二和第三项目标，这种差别还是存在一定影响的，尤其是在利用误差率作为诊断问题的一种方式的时候，由于分母不同造成的误差率量级区别很大，有可能导致判断失误。

其次，要注意实际需求的数值取"客户实际需要的产品数量"还是"公司实际交付给客户的产品数量"。因为在实际业务中，很可能由于库存不足，导致公司实际交付的数量与客户需要的实际数量不一致。预测应当站在真实需求的角度考虑，应当选择用户实际需要的产品数量作为实际需求数据。

误差率计算过程中还可能存在以下异常情况：

（1）当预测需求为0时，不论实际需求为多少（只要不为0的情况），根据公式误差率都是−100%。例如，预测需求为0，实际需求为1或者实际需求为200时误差率均为−100%，这显然是不客观的。

(2)当实际需求为 0 时,无法计算误差率。实际需求不为 0 但是趋近于 0 时,误差率会被大幅放大,这也是不客观的。

以上两种情况在做需求预测时为极低概率事件,在实践中具体问题具体分析即可。

偏差是需求预测的过程性指标,通常记录偏差的方法就是通过误差率图来检查。对于评估预测准确性的问题,也要以计算误差率为基础而开始,通过误差率的图表来研究偏差的相关问题。

如图 3-18 所示,图中纵轴代表的是误差率,0 代表需求的预测水平和实际水平相符,可以看出图中并没有 0 这个数据点,这说明预测中的偏差是普遍存在的。正值代表预测需求比实际需求高,也就是预测偏高,负值则代表预测需求比实际需求低,也就是预测偏低。预测偏高容易出现库存积压,偏低则会出现库存不够,无法满足用户需求。

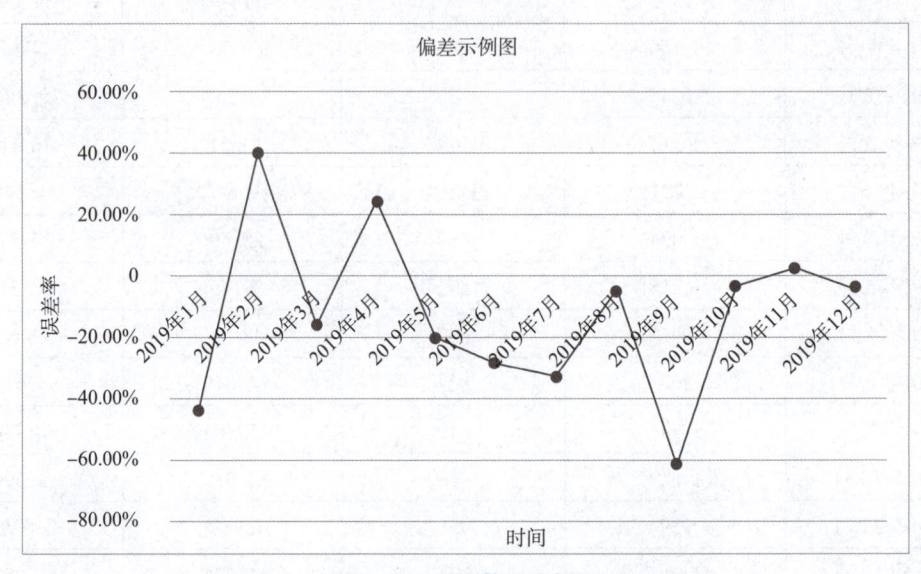

**图 3-18 预测偏差示例图**

**4. 平均误差率(Mean Percent Error,MPE)**

在实际业务场景中,需求预测一般是一个持续的过程,因此在计算误差时需要计算某一段时间内的预测误差。前文中所介绍的误差率是单独某一期的误差,平均误差率则是某一段时间内误差率的平均值。具体计算公式如下:

$$\text{平均误差率 MPE} = \frac{\sum \text{误差率 PE}}{N} = \frac{\sum \dfrac{\text{预测值} F - \text{实际值} S}{\text{实际值} S}}{N}$$

即 $N$ 期误差率的平均值。

## (二)评估误差幅度的指标

每期的预测误差可能有正有负,用平均误差计算预测水平时正负往往会抵消,致使数据失真。例如,有两组 3 期的预测误差数据,第一组预测误差分别为:10,15,20;第二组预测误差为 20,-50,30。第一组总误差为 45,第二组总误差为 0,如果以此来判断第二组的预测比第一组更准确,显然是与事实不符的。为了克服这种正负相抵消的缺点,可以通过绝对值或者求平方的方式。本教材主要介绍平均绝对百分比误差和均方误差两个指标。

**1. 平均绝对百分比误差(Mean Absolute Percent Error,MAPE)**

平均绝对百分比误差这一指标是将误差率先求绝对值,再平均,表示历史预测的平均误差率。其计算公式如下：

$$平均绝对百分比误差\ MAPE = \sum |误差率| \div N$$

在这个公式中，$N$ 是记录误差的时间段数，$|误差率|$ 是上述时间段的误差率绝对值。如表 3-13 中的数据：

**表 3-13　平均绝对误差计算表**

| 时间 | 实际需求/箱 | 预测需求/箱 | 误差率 | 误差绝对值 |
|---|---|---|---|---|
| 2019年1月 | 1 166 | 645 | -44.68% | 44.68% |
| 2019年2月 | 671 | 935 | 39.34% | 39.34% |
| 2019年3月 | 1 310 | 1 098 | -16.18% | 16.18% |
| 2019年4月 | 1 021 | 1 269 | 24.29% | 24.29% |
| 2019年5月 | 1 094 | 869 | -20.57% | 20.57% |
| 2019年6月 | 1 215 | 871 | -28.31% | 28.31% |
| 2019年7月 | 946 | 637 | -32.66% | 32.66% |
| 2019年8月 | 867 | 827 | -4.61% | 4.61% |
| 2019年9月 | 1 591 | 619 | -61.09% | 61.09% |
| 2019年10月 | 1 179 | 1 139 | -3.39% | 3.39% |
| 2019年11月 | 939 | 958 | 2.02% | 2.02% |
| 2019年12月 | 1 012 | 971 | -4.05% | 4.05% |
|  |  |  | -12.49%（平均误差率） | 23.43%（平均绝对误差百分比） |

平均绝对误差百分比的计算过程如下：

第一步：每期的预测值减去实际值得出误差值。

第二步：计算误差值的绝对值 [ABS（误差值）]。

第三步：计算绝对百分误差，每一期误差值的绝对值除以实际值。

第四步：计算平均绝对百分误差。

总共统计一年的每月预测数据，则 $N=12$，$\sum|误差率|$ 则是将 12 个月的误差率取绝对值再求和，表 3-13 中数据通过计算得 $\sum|误差率|=271.22\%$，则最终求出平均绝对百分比 = 281.22% ÷12 = 23.43%。

平均绝对百分误差 MAPE 计算评定的是单个 SKU 的需求预测误差，但在实际需求预测场景中，一般不会只对单个 SKU 进行预测。如果需要对多个或全 SKU 的需求预测误差进行综合评价，可以用加权平均绝对百分误差这个指标。

它是用单个 SKU 的实际需求金额占总需求金额的比值为权数，对全部 SKU 的 MAPE 进行加权平均，从而得出总体的需求预测误差水平。计算公式如下：

$$加权平均绝对百分误差\ WAPE = \sum \frac{MAPE_n \times D_n}{D_N}$$

$MAPE_n$——第 $n$ 个 SKU 的 MAPE。

$D_n$——第 $n$ 个 SKU 的需求金额。

$D_N$——产品族的总需求金额。

接下来对平均绝对误差百分比的优劣势做总结。

- 优势

（1）公式中使用绝对值，以保证预测误差率的正负值不会抵消，可以更加完整地评估一段

时间的预测有效性。

（2）可以根据需求，使用平均值绝对误差百分比对任意预测机制进行计分，在建立完整机制的基础上，对单品、品牌、产品族、客户、区域等层面的预测准确性都可以进行评估。

（3）可以对不同产品的平均绝对误差百分比进行加权。

- 劣势

（1）如果计算覆盖的历史数据太多，平均绝对误差百分比就会变得比较迟缓，无法有效地反映近期预测表现。行业内为了解决这一问题，会采用标准时间长度的回滚式平均绝对误差百分比作为标准的预测准确性指标，通常这一标准的时间长度为 12 个月。调整之后的平均绝对误差百分比能得到更好的平衡，既不会让某一个时间段过短影响整体结果，又不会因为时间段太长导致指标反应迟缓。

（2）平均绝对误差百分比可能会导致评估准确性指标无法实现，也就是管理者过度追求更好的指标，从而导致预测人员的绩效难以实现。所以，在指标设定的时候需要充分考虑相应阶段激励的合理性问题。

### 2. 均方误差（Mean Squared Error，MSE）

均方误差是一种应用很广的用于评判预测准确度的指标。其计算思路为：对每期预测值和实际值的差值进行平方，然后对多期的差值平方取平均值。具体计算公式如下：

$$MSE = \frac{(F-S)^2}{N}$$

均方误差通过将误差进行平方的方式解决了正负抵消的问题。该指标通过平均的方式，解决了随着期数增加误差平方和越来越大的问题。通过平方也放大了误差，这样做的好处是放大极端误差，误差较小时往往可以通过安全库存、适当赶工来应对，可以有效应对极端误差的出现。例如，预测量过低，安全库存很容易被击穿，导致产生高昂的赶工加急成本；预测量过高，容易造成大量的积压，进一步产生滞销库存。通过对误差进行平方，可以凸显出极端虚高或者虚低的预测值，这也是我们应该重点注意并避免的。

当然，均方误差也有其问题，就是极端值的影响。这些极端值的误差经过平方，会在更大程度上影响结论。对于这些极端值，不能简单地剔除；相反，应该首先研究它们为什么会出现，因为这可能掩盖了一些预测模型中没有考虑到的因素。均方误差结果为一个数值，因此单凭一个均方误差的结果无法判断预测准确性，只能通过比较不同预测方法的均方误差来判断不同方法预测的准确性。

【方法工具】

### 一、方法

本任务主要围绕需求预测的偏差及准确性展开。在本任务中主要涉及的方法是对比法，在评估需求预测偏差及准确性的过程中需要将预测值与实际值进行对比分析，进一步计算相关衡量预测偏差及准确性的指标；除此之外，还涉及不同预测方法之间的对比。

### 二、工具

精通 Excel（或者类似 Excel 表格处理软件，如 WPS），能够运用 Excel 进行需求预测准确性指标相关数据的处理和分析。

熟悉相关 ERP（Enterprise Resource Planning，企业资源计划）、MRP（Material Requirement Planning，物料需求计划）、WMS（Warehouse Management System，仓库管理系统）相关软件或系

统的操作，借助这些系统进行数据的收集和分析。

**【任务实施】**

ABC 集团通过线上线下销售渠道销售体育用品，某年 1—12 月在某片区的篮球实际销量情况通过移动平均法算得的预测值、指数平滑法算得的预测值如表 3-14 所示。请通过平均绝对百分比误差、均方误差两个指标来评估移动平均法和指数平滑法预测结果的准确性。

表 3-14　某年 1—12 月在某片区的篮球实际销量表　　　　　　　　单位：只

| 月份 | 1月 | 2月 | 3月 | 4月 | 5月 | 6月 | 7月 | 8月 | 9月 | 10月 | 11月 | 12月 |
|---|---|---|---|---|---|---|---|---|---|---|---|---|
| 销售量实际值 | 2 900 | 2 850 | 3 000 | 3 150 | 2 800 | 3 050 | 2 950 | 3 100 | 2 900 | 2 950 | 3 100 | 3 180 |
| 移动平均法-预测值 | 2 910 | 2 790 | 2 895 | 2 917 | 3 000 | 2 983 | 3 000 | 2 933 | 3 033 | 2 983 | 2 983 | 2 983 |
| 指数平滑法-预测值 | 2 900 | 2 900 | 2 885 | 2 920 | 2 989 | 2 932 | 2 967 | 2 962 | 3 004 | 2 972 | 2 966 | 3 006 |

## 一、平均绝对百分比误差计算过程

第一步：计算各期预测值与实际值的预测误差值（$E$）
　　　　预测误差值＝预测值－实际值（Excel 中直接输入公式即可）
第二步：计算各期的误差率（PE）
　　　　误差率＝预测误差值/实际值（Excel 中直接输入公式即可）
第三步：计算误差率绝对值
Excel 中误差率计算公式为：ABS（误差率）
第四步：计算误差率绝对值的平均数即平均绝对百分比误差（MAPE）
第五步：对比平均绝对百分比误差值
对应平均绝对百分比误差值较小的预测方法预测的准确率更高。
计算结果如表 3-15 所示：

表 3-15　平均绝对百分比误差计算结果

| 月份 | 1月 | 2月 | 3月 | 4月 | 5月 | 6月 | 7月 | 8月 | 9月 | 10月 | 11月 | 12月 |
|---|---|---|---|---|---|---|---|---|---|---|---|---|
| 销售量实际值/只 | 2 900 | 2 850 | 3 000 | 3 150 | 2 800 | 3 050 | 2 950 | 3 100 | 2 900 | 2 950 | 3 100 | 3 180 |
| 移动平均法-预测值/只 | 2 910 | 2 790 | 2 895 | 2 917 | 3 000 | 2 983 | 3 000 | 2 933 | 3 033 | 2 983 | 2 983 | 2 983 |
| 1-误差值/只 | 10 | -60 | -105 | -233 | 200 | -67 | 50 | -167 | 133 | 33 | -117 | -197 |
| 2-误差率 | 0.3% | -2.1% | -3.5% | -7.4% | 7.1% | -2.2% | 1.7% | -5.4% | 4.6% | 1.1% | -3.8% | -6.2% |
| 3-误差率绝对值 | 0.3% | 2.1% | 3.5% | 7.4% | 7.1% | 2.2% | 1.7% | 5.4% | 4.6% | 1.1% | 3.8% | 6.2% |
| 4-平均绝对百分比误差 | 3.79% ||||||||||||

续表

| 月份 | 1月 | 2月 | 3月 | 4月 | 5月 | 6月 | 7月 | 8月 | 9月 | 10月 | 11月 | 12月 |
|---|---|---|---|---|---|---|---|---|---|---|---|---|
| 指数平滑法-预测值/只 | 2 900 | 2 900 | 2 885 | 2 920 | 2 989 | 2 932 | 2 967 | 2 962 | 3 004 | 2 972 | 2 966 | 3 006 |
| 1-误差值/只 | 0 | 50 | -115 | -231 | 189 | -118 | 17 | -138 | 104 | 22 | -134 | -174 |
| 2-误差率 | 0.0% | 1.8% | -3.8% | -7.3% | 6.7% | -3.9% | 0.6% | -4.4% | 3.6% | 0.8% | -4.3% | -5.5% |
| 3-误差率绝对值 | 0.0% | 1.8% | 3.8% | 7.3% | 6.7% | 3.9% | 0.6% | 4.4% | 3.6% | 0.8% | 4.3% | 5.5% |
| 4-平均绝对百分比误差 | 3.56% ||||||||||||

通过表3-15可知，指数平滑法预测值的平均绝对百分比误差值较小，因此，与移动平均法相比指数平滑法的预测准确性更高。

## 二、均方误差计算过程

第一步：计算各期预测值与实际值的预测误差值（$E$）
　　　　预测误差值=预测值-实际值（Excel中直接输入公式即可）
第二步：计算误差值的平方（$E^2$）
　　　　误差值的平方在Excel中直接输入公式$E$^2
第三步：计算误差值平方的平均数即均方误差（MSE）
第四步：对比均方误差值
对应均方误差值较小的预测方法预测的准确率更高。
计算结果如表3-16所示：

表3-16　均方误差计算结果

| 月份 | 1月 | 2月 | 3月 | 4月 | 5月 | 6月 | 7月 | 8月 | 9月 | 10月 | 11月 | 12月 |
|---|---|---|---|---|---|---|---|---|---|---|---|---|
| 销售量实际值/只 | 2 900 | 2 850 | 3 000 | 3 150 | 2 800 | 3 050 | 2 950 | 3 100 | 2 900 | 2 950 | 3 100 | 3 180 |
| 移动平均法-预测值/只 | 2 910 | 2 790 | 2 895 | 2 917 | 3 000 | 2 983 | 3 000 | 2 933 | 3 033 | 2 983 | 2 983 | 2 983 |
| 1-误差值/只 | 10 | -60 | -105 | -233 | 200 | -67 | 50 | -167 | 133 | 33 | -117 | -197 |
| 2-误差值的平方 | 100 | 3 600 | 11 025 | 54 444 | 40 000 | 4 444 | 2 500 | 27 778 | 17 778 | 1 111 | 13 611 | 33 678 |
| 3-均方误差 | 17 922 ||||||||||||
| 指数平滑法-预测值/只 | 2 900 | 2 900 | 2 885 | 2 920 | 2 989 | 2 932 | 2 967 | 2 962 | 3 004 | 2 972 | 2 966 | 3 006 |
| 1-误差值/只 | 0 | 50 | -115 | -231 | 189 | -118 | 17 | -138 | 104 | 22 | -134 | -174 |
| 2-误差值的平方 | 0 | 2 500 | 13 225 | 53 130 | 35 589 | 13 911 | 304 | 18 987 | 10 722 | 505 | 18 027 | 30 276 |
| 3-均方误差 | 16 431 ||||||||||||

通过表 3-16 可知，指数平滑法预测值的均方误差值较小，因此与移动平均法相比指数平滑法的预测准确性更高。

**学习标杆**

京东的需求预测自动化

## 任务四　检查及调整需求预测

**【学习目标】**

知识目标：
➢ 熟悉需求预测中常见的异常情况。

能力目标：
➢ 能够对初步的预测结果进行检查。
➢ 能够对预测结果进行调整。

素养目标：
➢ 培养学生细致认真的工作作风以及精益求精的工匠精神。

**【任务导入】**

某公司 A 产品 9 月份的需求预测值为 30 000 件，假设根据历史数据分析每天的需求均相对平稳（日均需求量为 1 000 件），请利用 Excel 设置一个简单的追踪模型，当累计实际销量偏离当天累计需求预测量达到 40%时发出预警。

**学习资源**

预测检查调整与纠偏

**【任务分析】**

通过模型得出预测值后并不代表需求预测的结束，需求预测是一个长期的不断完善的过程。因此需要对预测结果进行反馈和检查，根据实际情况和市场变化，对需求预测进行调整和优化。同时，将预测结果与实际订单进行对比，及时发现和解决偏差，确保生产计划和库存管理的准确性和效率。

**【必备知识】**

通过收集并处理各项数据资料、选择合适的预测方法、建立模型进行预测并得出预测结果以后，预测的工作并没有结束。因为基本上所有的预测都是不准确的，基于此，我们要努力的方向是尽量提高准确性，尽快发现问题并纠错。因此，需求预测人员还需要进行检查、分析和调整。

## 一、需求预测与 PDCA

整个需求预测就是一个 PDCA (Plan 计划、Do 执行、Check 检查、Act 纠正) 不断循环的过程，如图 3-19 所示：

P（计划）：在这一阶段，确定目标和问题，并制定解决方案。需求预测中，确定需求预测目标的过程对应这一阶段的计划过程。

D（执行）：在这一阶段，根据计划执行操作，包括实施计划、收集数据、记录过程和结果。需求预测中，选择预测方法、建立预测模型进行预测的过程对应这一阶段的执行过程。

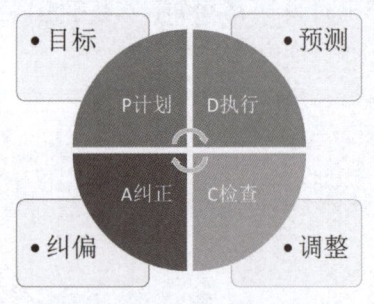

图 3-19 PDCA 循环过程

C（检查）：在这一阶段，评估执行的结果和数据，与计划的目标进行比较。需求预测中检查分析预测结果、调整预测的过程均对应这一阶段的检查过程。

A（纠正）：在这一阶段，根据检查的结果采取行动。包括根据结果调整计划、纠正问题、改进过程和实施变更。需求预测中纠正偏差的过程对应这一阶段的纠正过程。

前面的课程中介绍了通过收集并处理各项数据资料、选择合适的预测方法、建立模型进行预测并得出预测结果的过程。至此，虽完成了 PDCA 中的计划和执行部分，但预测的工作并没有结束，需求预测人员还需要进行检查、分析和调整。

所有预测都是有误差的，在供应链运营过程中，为了更好地满足客户需求、控制库存、做到快速响应，预测又是必须的，因此在完成预测后需要对需求预测与实际需求进行跟踪，以进行及时纠正。本任务的内容主要介绍需求预测 PDCA 中对应的检查、调整和纠正部分。

## 二、需求预测初步检查

检查初步预测的结果主要分两个方面：一方面是检查数据的正确性；另一方面是检查预测结果是否有明显的异常。

### （一）检查数据的正确性

例如，按月份统计销量数据进行预测时缺失了某一月份的数据，需求预测人员比较难发现，这时可以通过数据校验的方式进行提示。例如，当进行预测时发现一年按月统计的数据只有 11 个，可以设置提醒，提示缺少一个月份的数据，或者直接提示缺少具体哪一个月份的数据。

有些需求预测时自变量可能会涉及年龄信息，在年龄设置的过程中我们尽量设置为整数，且限制一个取值范围，比如 0~150 岁。这样一来，如果在数据录入时录为小数，或者手误将年龄输入成其他变量（>150）会有提示。

即使没有发现以上异常，在进行数据预测前、预测时、预测后也需要养成检查数据正确性的习惯，越早检查出原始数据存在的问题越容易纠正，在以后的学习和生活中也需要这种精益求精的态度。

### （二）检查预测结果是否有明显的异常

还会有部分情况导致无法发现原始数据的问题，因此在得出预测初步的结果以后也需要进行检查，而不是直接使用预测结果。这部分往往是根据以往经验做出的判断。

一是如果发现异常，需要分析异常的原因并解决异常。

例如，前面例子中我们发现年龄数据中有 1 500 岁的情况，这时要追溯原因，可能是我们在匹配数据时将另外一个指标的数据直接匹配过来，这种情况下其他指标也可能存在问题。另外一种可能是数据格式录入错误，我们要对相应的数据格式进行进一步检查；还有可能是我们把 5

月份的数据录入7月份、6月份的数据录入8月份，因此出现了偏差。

二是对预测的初步结果进行分析，评估初步结果的有效性。

例如，"双十一"为传统的购物狂欢节，某产品进行了比日常更大幅度的宣传与促销，然而通过建立预测模型后发现11月的销量明显低于其他月份，这时要分析该模型是否有效。

## 三、需求预测持续跟踪

需求预测偏差在供应链中表现出的结果是短缺或过剩。因为供应链的库存有冗余，信息传递有延迟，等我们知道时已经来不及调整了。例如短缺，当接到客户的催货电话时，安全库存基本已经消耗殆尽；例如过剩，当发现滞销库存逐步增加时，客户的产品设计变更可能已经落地两三个月了，无法再消耗滞销库存了。

大多数变化不是突然发生的，而是有个过程。如果我们跟踪需求，识别变化，及时了解变化背后的根本原因，就可以及早发现问题，及早纠偏。公司业务一直处于变动中，变是绝对的，不变是相对的。我们无法将所有变化事无巨细都发出预警，因此供应链运营过程中要有安全库存、产能冗余，能够应对大多数的变动。实际上，我们真正需要应对的就是那些变化幅度大、变化金额高的关键需求变化。我们需要的是一套监测系统，跟踪需求变化，及时识别这样的变动，驱动供应链的前端和后端尽快响应。

跟踪需求预测的过程就是监控每个产品、每个客户的需求，发现显著变化的端倪，及时与计划、销售、市场、产品管理等部门进行沟通，确认是一次性变化还是需要调整预测。例如，客户导入了竞争对手，对我们产品的需求会减少，这种情况借助需求历史就可以分析得出。及早识别后，可以敦促销售尽快跟进客户，即使挽救不了市场份额，也可以调低产能，把现有的库存消耗掉。假如等到客户的需求没有时才发现异常，就会出现大量滞销库存。

需求预测做得较好的企业一般会设计一套预警机制，通过监测实际需求，尽早探知那些关键的需求变化，及时驱动销售判断未来的需求走向，调整需求预测，并和供应链一道采取应急措施。

## 四、需求预测调整与纠偏

随着客户产品生命周期的缩短，客户的产品频繁更迭，也就意味着关键原材料的频繁更迭，短缺、过剩的风险都很大。当多个客户需求发生变化时，给需求预测部门提出的挑战就是没法及时探知变动、调整预测，避免导致短缺与过剩并存。供应链管理中需要发现的是最大、最关键的偏差。在对偏差进行分析时，要找到最本质的原因，将主要精力放在关键且影响大的偏差与原因上。

调整预测分为两类：第一类是定量调整，即采用定量的方法进行调整，例如调整定量预测方法。第二类是定性调整，即邀请内外部专家，对经定量调整后的初步预测进行定性调整。如，2020年年初爆发了新型冠状病毒疫情，如果我们依然用2018年和2019年口罩销量的数据来预测2020年口罩销量的数据明显是不合理的。预测本身就是不准确的，通过历史数据进行的预测结果会有一些偏差和局限性，因此大部分情况下需要我们通过定量加定性的方式进行预测，使预测结果更准确，以便供应链能够更快速地反应，更好地服务客户。接下来的项目七将对定性预测进行较为详细的介绍。

预测纠偏主要是纠正两方面的偏差。

### （一）预测方向的偏差

方向的偏差就是实际的增减方向与预测的增减方向相反了。例如，某公司预测其主推产品某个月的销量会增长20%，而实际该产品该月的销量下降了15%，这就是预测方向的偏差。

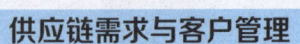

### （二）预测幅度的偏差

幅度的偏差指数量上的偏差，也就是实际需求量与预测需求量的差距超出了一定范围。例如，预测某大区某产品的销量环比上个月增长15%，但在该月开始的前10天销量环比增长量已达到20%，这就是预测幅度的偏差。

### （三）预测纠偏的步骤

**1. 发现偏差**

只有发现偏差才能进行纠正，发现偏差的前提是跟踪实际需求。

**2. 纠正偏差**

发现偏差后的当务之急就是纠正偏差，主要分为以下三步：

第一步：分析偏差原因（可能是市场变化，也可能是内部执行问题）。

第二步：根据原因采取相应的措施（如果认为偏差是例外情况并能够承受，可以暂不采取措施；如果认为偏差是市场的真实体现，那就有必要提高或降低预测；如果预测进行了调整则必须要告知相关部门，这是供应链运营中非常重要的整体协同性的体现，也是保证供应链顺畅稳定的前提）。

第三步：记录与修正，需求预测是一个持续改善的过程，需求预测人员需要将预测偏差及纠偏的过程及相关数据记录下来，以便后续汇总分析。

在供应链管理中，并不是所有的偏差都需要及时调整，有时完全可以不进行调整，保持原有的预测以观后续发展。例如，某款产品的需求量在预测周期的一个阶段突然增加很多倍，经分析发现是一个大客户的偶然行为，这种情况几年也碰不上一次，这时就不需要调整预测，密切关注实际需求走向即可。

## 【方法工具】

### 一、方法

本任务主要围绕需求预测的检查及调整展开，在本任务中主要涉及的方法是PDCA，也被称为Deming循环或质量改进循环。它是一种管理方法和问题解决方法，用于持续改进和优化过程、产品和服务。其中P代表计划，D代表执行，C代表检查，A代表纠正。本任务主要对应PDCA中的C和A，即检查和纠正。

### 二、工具

精通Excel（或者类似Excel表格处理软件，如WPS），能够运用Excel对预测结果进行检查和调整。

## 【任务实施】

某公司的A产品9月份的需求预测值为30 000件，假设根据历史数据分析每天的需求均相对平稳（日均需求量为1 000件），请利用Excel设置一个简单的追踪模型，当累计需求预测量偏离当日累计实际销量达到40%时发出预警。

接下来通过 Excel 中的简单函数建立一个简单预测跟踪模型，该模型的主要作用是发现预测偏差并发出预警，表格结构如表 3-17 所示：

**表 3-17　预测跟踪模型表**

| A | B | C | D | E | F | G | H |
|---|---|---|---|---|---|---|---|
| \multicolumn{6}{c|}{预测跟踪表} | \multicolumn{2}{c}{当天日期} |
| 产品名称 | 单位 | 全月预测 | 截至当日预测 | 截至当日实际 | 偏离值 | 偏离预警 | 备注 |
| A 产品 | 件 | | | | | | |
| B 产品 | 箱 | | | | | | |

## 一、跟踪表的基本逻辑

### （一）全月预测

全月预测是指对应产品当月一整个月的预测值。

### （二）截至当日预测

截至当日预测是指按照整月的预测值，截到本月当日累计的预测量。本案例中每天需求量相对平稳，因此每天需求量为月预测需求量除以当月天数，如当月为 8 月则天数为 31 天。假设当天的日期为 8 月 29 日，则累计天数为 29 天，截至当日预测量＝29×当月预测需求量/31。对应 Excel 中的公式如下：

计算当天日期的公式"＝today( )"。

计算截至当日预测量公式"＝DAY($H$2)/DAY(EOMONTH($H$2,0))×C4"。

### （三）截至当日实际

截至当日实际是指到当天日期为止实际的需求量，该数值一般可直接对应企业的客户管理系统（取客户实际需要的产品数量）。

### （四）偏离值

偏离值是指截至当日预测-截至当日实际值。

### （五）偏离预警

偏离预警是指按照一定的规则进行预警设置，例如，本案例中累计需求预测量偏离当日累计实际销量达到 40%时发出预警，因此对应 Excel 公式为：

＝IF(ABS(F4)/E4>0.4,"严重偏离","")

## 二、跟踪表计算结果

本案例中，A、B 两个产品在 2023 年 8 月的预测量分别为 31 000 件和 15 500 箱。根据该预测量，截至 8 月 29 日 A、B 产品的预测值分别为 29 000 件和 14 500 箱。A 产品截至 29 日实际需求量为 13 000 件，B 产品截至 29 日实际需求量为 9 900 件，预测值相对于实际值发生了严重偏离，因此 A、B 两个产品均发出了偏离预警，如表 3-18 所示：

表 3-18　预测跟踪计算结果

| A | B | C | D | E | F | G | H |
|---|---|---|---|---|---|---|---|
| 预测跟踪表 |||||| 当天日期 | 2023/8/29 |
| 产品名称 | 单位 | 全月预测 | 截至当日预测 | 截至当日实际 | 偏离值 | 偏离预警 | 备注 |
| A产品 | 件 | 31 000 | 29 000 | 13 000 | 16 000 | 严重偏离 | |
| B产品 | 箱 | 15 500 | 14 500 | 9 900 | 4 600 | 严重偏离 | |

## 三、偏差分析及结果反馈

预测是不准确的，在供应链管理的过程中需要追求准确度相对较高的预测，这就需要不断地跟踪。需求预测大部分时间是在纠正偏差，需求预测就是一个发现偏差、纠正偏差的过程。

通过本任务大家了解了如何通过预测跟踪表的设置发现偏差，在实际业务场景中大部分发现偏差的逻辑是与此一致的。但是，发现偏差并非需求预测的终点，我们还需要对偏差进行分析、反馈，最终目的是纠正偏差，提升需求预测的准确性。

需求预测人员需要采取专业的方法进行偏差分析，并与相关部门沟通讨论，找出发生偏差的真正原因，理解偏差，进而采取纠正措施，修正预测模型，再继续进行跟踪，持续与循环。

除此之外，需求预测人员还需要有主动反馈的意识。例如，监测到某一款产品需求的增降幅突然升高或突然下降，预测人员需要主动、及时地找到销售部门，详细了解这次突升或突降的原因，以及是偶然变化还是真实的需求变动。如果是真实的需求变动，则需要调整和纠正预测。

在需求预测的过程中我们都需要不停地学习，不停地跟进时代的变化，掌握最新技术，不停地实践与总结，以提升自己的综合能力。

**学习标杆**

钱大妈11周年庆·鲜行致远，引领行业高质量发展

## 实训项目

### 2024年某品牌玩具销量预测分析

为了对怡亚通2024年度在某个三线城市线上销售某品牌玩具的情况进行分析，以便制定未来的库存计划，部门经理要求周涛整理前五年的销售数据，并根据历史销售数据对2024年某品牌玩具每月的需求量进行预测。

周经理整理的该市2019—2023年A品牌玩具销量数据如表3-19所示：

表 3-19　2019—2023年某市A品牌玩具销量数据　　　　　　　　　　单位：台

| 月份 | 2019年 | 2020年 | 2021年 | 2022年 | 2023年 |
|---|---|---|---|---|---|
| 1月 | 209 | 483 | 499 | 380 | 830 |
| 2月 | 198 | 92 | 171 | 565 | 102 |
| 3月 | 763 | 729 | 1 274 | 1 538 | 1 477 |
| 4月 | 981 | 1 112 | 1 370 | 2 071 | 1 904 |
| 5月 | 1 198 | 1 353 | 1 346 | 2 293 | 2 271 |
| 6月 | 1 482 | 1 411 | 1 623 | 2 398 | 2 855 |
| 7月 | 1 018 | 1 145 | 1 680 | 1 933 | 2 261 |
| 8月 | 1 034 | 1 211 | 1 816 | 1 946 | 2 069 |

续表

| 月份 | 2019 年 | 2020 年 | 2021 年 | 2022 年 | 2023 年 |
|---|---|---|---|---|---|
| 9 月 | 1 030 | 1 232 | 1 658 | 2 064 | 2 167 |
| 10 月 | 1 054 | 1 243 | 1 863 | 1 673 | 2 134 |
| 11 月 | 924 | 1 355 | 1 911 | 2 024 | 2 215 |
| 12 月 | 1 326 | 1 639 | 2 172 | 2 980 | 2 862 |
| 合计 | 11 217 | 13 005 | 17 383 | 21 865 | 23 147 |

（1）在有了以上数据后，需要考虑在预测中应用的方法。预测的方法有哪些？分别适用什么情形？

（2）请根据以上数据画出销量变动的趋势图，根据趋势图对该玩具销量变动趋势进行简要分析。

（3）请根据对趋势图的分析说明选择的预测方法，并说明选择该预测方法的原因。

（4）根据你所选择的预测方法，按照该方法的规范预测步骤对 2024 年 1—12 月的销量进行预测。

完成实训任务后，请填写实训项目考核评价标准表（见表3-20）。

表 3-20　实训项目考核评价标准

| 专业 | | 班级 | | 学号 | | 姓名 | |
|---|---|---|---|---|---|---|---|
| 考核标准 | 教师评价 | 评价内容 | | | | 分值/分 | 评分/分 |
| | | 定量预测方法分析的准确性 | | | | 30 | |
| | | 销量变动趋势图绘制的规范性、准确性 | | | | 20 | |
| | | 对趋势图分析的准确性 | | | | 20 | |
| | | 预测方法选择的准确性 | | | | 10 | |
| | | 2024 年 1—12 月的销量预测的规范性、准确性 | | | | 20 | |

### 自测习题

一、单选题

1. 关于时间序列说法不正确的是（　　）。

A. 时间序列的先后顺序不能颠倒

B. 时间序列相邻数值对应的时间点的间隔必须相等

C. 时间序列中统计指标的数值单位必须相同

D. 时间序列的先后顺序可以颠倒

2. 关于回归分析的概念和特点以下说法中不正确的是（　　）。

A. 回归分析是对两个或两个以上变量进行研究的一种统计分析方法

B. 单一的变量也可以进行回归分析

C. 回归分析研究的是相关关系

D. 回归分析是一种定量研究方法

3. 关于变量下列说法正确的是（　　）。

A. 因变量也称解释性变量　　　　　　B. 自变量也称目标变量

C. 自变量表示的是原因　　　　　　D. 变量只能有一个

4. 以下哪个不是评估误差方向的指标？（　　）

 A. 预测误差　　　　　　　　　　B. 游动误差总和

 C. 平均误差率　　　　　　　　　　D. 均方误差

5. 关于需求预测下列说法正确的是（　　）。

 A. 需求预测可以达到100%准确

 B. 所有的需求预测都是有误差的

 C. 预测不能做到完全准确，因此没必要做需求预测

 D. 需求预测偏差发现的早晚对供应链运营结果没有影响

## 二、多选题

1. 时间序列构成因素分别是（　　）。

 A. 长期趋势　　　B. 季节变动　　　C. 循环变动　　　D. 不规则变动

2. 常见的时间序列分析方法包括（　　）。

 A. 定性分析法　　B. 指数平滑法　　C. 移动平均法　　D. 季节指数法

3. 关于相关性与相关系数以下说法错误的是（　　）。

 A. 只有当相关系数大于0时，两个变量才存在相关关系

 B. 相关系数的绝对值越大，两个变量的相关性越大

 C. 两个变量相关系数可能为2

 D. 两个变量相关系数为0时，表示两个变量绝对不相关

4. 关于回归分析以下说法错误的是（　　）。

 A. 回归分析属于定量分析方法

 B. 回归分析中只能有一个自变量

 C. 回归分析只能通过SPSS求解

 D. 当X和Y为正相关关系时回归系数为正数

5. 以下哪个指标主要用于评估误差幅度？（　　）

 A. 平均绝对百分比误差　　　　　B. 加权平均绝对百分误差

 C. 均方误差　　　　　　　　　　D. 误差率

## 三、简答题

1. 简述无趋势变动的季节指数法的计算步骤。

2. 简述通过Excel对一元线性回归方程求解的几种方法。

3. 预测准确性的评估可以实现的主要目标是什么？

4. 请列出平均绝对百分比误差和均方误差两个指标的计算公式。

5. 简述需求预测过程中的PDCA。

6. 简述纠正偏差的步骤。

# 项目四　运用定性分析法进行预测调整

## 项目背景

作为体育用品行业领导品牌，ABC集团为消费者提供具有功能性、专业及科技驱动的体育用品，涵盖大众体育项目，例如跑步、综训和篮球等，及其他小众体育项目的多个领域。

ABC集团2023年的经营质量及各项经营指标逐步向好，所有品牌库存水平及店效都有明显改善。尽管过去几年面对经营环境的严峻挑战，集团仍然致力于投资未来，坚持长远的战略布局，做出多项举措。为把握未来的发展潜力，ABC集团大力发展电子商贸业务及数字化，执行线下渠道结构变革，加大精细化运营和库存管理。

消费者对体育用品有一定的功能性与时尚性要求。同时，消费者对面料和服装款式的偏好变化较快，ABC集团的产品开发能力能否适应市场消费者的偏好将会影响产品销售表现。为了满足入门乃至专业跑者的需求，ABC集团推出一系列专业跑鞋，从产品开发到上市的整个过程，ABC集团不仅会基于历史数据进行定量分析，还会邀请相关专家进行定性分析，为产品上线后的顺畅运行奠定基础。

## 项目导航

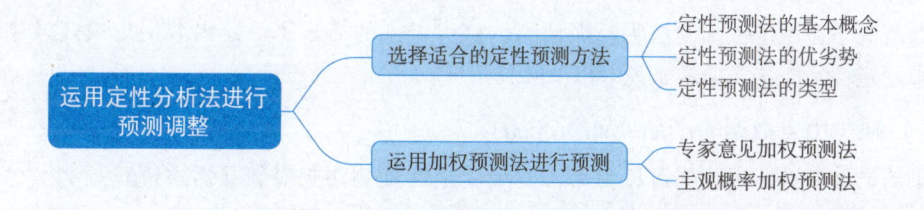

```
                                            ┌─ 定性预测法的基本概念
                    ┌─ 选择适合的定性预测方法 ─┼─ 定性预测法的优劣势
运用定性分析法进行    │                        └─ 定性预测法的类型
预测调整           ─┤
                    │                        ┌─ 专家意见加权预测法
                    └─ 运用加权预测法进行预测 ─┤
                                            └─ 主观概率加权预测法
```

## 任务一　选择适合的定性预测方法

### 【学习目标】

**知识目标：**
➤ 熟悉定性预测方法的主要类型。
➤ 掌握德尔菲法的步骤。

**能力目标：**
➤ 能够根据不同的业务场景选择合适的定性预测方法。
➤ 能够运用德尔菲法进行需求预测。

**素养目标：**
➤ 使学生掌握需求预测所必需的定性分析的基本知识和基本应用能力，初步形成解决实际问题的能力，为从事相关工作打下基础。

### 【任务导入】

某企业在开发一款全新的产品，该产品在市场上没有对标产品，也没有历史销售数据可以参考。为了更好地为该新品的首批订单备货，该企业拟对该产品上新 30 日的需求进行预测。请你选择一种合适的需求预测方法预测该企业中新品上新 30 日的需求量。

**学习资源**

**定性预测法**

### 【任务分析】

本任务中的产品是一款全新产品，市场上没有对标产品，因此也没有历史数据可以参考。首批订单备货数量没有参考依据，因此在预测过程中需要用到定性分析法。首批订单备货数量过少，就无法快速响应满足客户需求；首批订单备货量过多，则会导致库存积压。因此，选择合适的定性预测方法进行需求预测显得尤为重要。

### 【必备知识】

如果说前文介绍的定量预测法是通过对历史数据的分析来解释过去，那么定性预测法则侧重于预测未来。定性分析法不是单纯地拍脑袋预测，而是以人的判断为基础的管理过程。

## 一、定性预测法的基本概念

定性预测法（也叫主观预测法或者判断预测法），是对经验人士的意见、知识以及直觉进行收集整理并转化为预测结果的方法。

什么情况下适用定性预测法呢？当预测员认为未来的需求不一定沿着历史模式发展时，就有必要采用定性预测法。通常来说有以下几种情况：

### （一）缺少历史数据的产品（如新产品）

由于新产品没有历史数据可以参考，要采用定性预测法来对新品需求进行预测。尽管可能会有类似的产品对新品预测提供指导，但是也需要通过定性预测来判断哪一个"旧"产品最适合用来当作预测参考，以及该新品预测对"旧"产品需求数据的可复制程度。

### （二）新情况的出现改变现有的需求模式（疫情初期口罩需求）

例如，2020 年疫情爆发前整个社会对口罩的需求量非常少，2020 年年初疫情爆发后口罩的需求量大幅度增加，也就是新型冠状病毒的出现改变了原有口罩的需求模式，这时就不能仅仅依据历史数据判断口罩的需求量，而是需要采用定性判断进行补充。

### （三）历史需求数据与未来需求的预测相关性不大（波音飞机）

例如，在项目型业务中，公司会为了大客户的需求进行投标，那么投标的结果就是中标或者没中标两种。尽管可以通过一些分析工具对各种情况下中标的可能性进行分析，但是时间序列法和回归分析能提供的帮助不大。所以，预测员能够从定量预测法中获得的有用信息很少，更多的信息来自那些与客户打交道的同事的反馈，也就是定性预测法。

定性预测法是主观的预测方法，以人的判断为基础，但不是单纯地拍脑袋预测，是一个管理过程，侧重于预测未来，而不是解释过去。

## 二、定性预测法的优劣势

### (一) 定性预测法的优势

**1. 定性预测法最主要的优势就在于它能够预测需求模式将要发生的变化**

时间序列法无法预测需求模式本身的变化,回归分析法无法预测自变量和需求之间关系的变化。这些变化是否发生以及变化的性质如何,可以通过公司内外的经验人士根据自身知识以及经验的储备来进行定性分析获得。定性预测结果是十分有价值的信息。

**2. 定性预测法的优势还在于能够充分利用那些十分有经验的管理者、销售人员、市场人员、渠道成员以及其他专家的直觉和判断**

### (二) 定性预测法的劣势

**1. 定性预测法不确定性高**

定性预测法无法提供具体的数值和概率,而是提供一种主观的预测结果。这使得预测结果难以进行准确的量化和评估。定性预测法中包含的大量复杂的市场信息会给预测员造成困惑。预测员无法或者无意愿获取这样大量的数据信息,所以定性预测结果往往没有对相关信息进行充分考虑。

**2. 依赖专家**

定性预测法需要依赖专家的知识和经验,而专家的可用性和意见可能存在一定的限制和偏差。如果专家的知识和经验不足或不准确,预测结果可能会受到影响。

**3. 成本问题**

定性预测法存在的另一个问题就是成本问题,这里的成本既指财务成本,也指时间成本。内部定性预测信息的来源包括高管、市场部或者品牌管理部以及销售团队。在预测流程组织不够高效的情况下,预测过程会占用较多的时间,而这些时间就是员工的机会成本,可能会导致他们参与定性预测的积极性不高。

**4. 定性预测数据受到各方"博弈"的影响**

定性预测法的主要缺点是主观性较强,依赖于专家的主观判断和意见。这可能导致预测结果受到个人偏见和误差的影响。

预测过程需要协调各方人员参加,在这之中就会存在"博弈"问题。每个人都有自己或者自己所在组织的目标,例如,销售人员认为预测结果会影响销售指标,预测值越低可能销售指标就会越低,一旦超额还可以拿到奖金,那么销售人员的预测结果可能会偏低。站在产品经理或者品牌经理的角度,当新产品的预测数据太低时,可能无法正常上市,因此当产品经理或品牌经理对新品进行预测时,预测值就可能偏高。

## 三、定性预测法的类型

定性预测法自20世纪50年代被发明以来,被广泛应用于各领域,如军事预测、人口预测、医疗保健预测、经营和需求预测、教育预测等。此外,还用来进行评价、决策和规划工作。

常用的定性预测方法有:市场调研法、小组意见法、德尔菲法。

### (一) 市场调研法

通常情况下,大部分公司会雇用专业的市场调研(Market Research)公司来指导这种类型的预测。你也许曾经在市场营销课上接触过这种市场调查,可能也接到过各种电话,询问对某种产品的偏好及个人收入、生活习惯等情况。

市场调研主要用于产品研究，以获得开发新产品的创意，了解客户对现有产品的好恶，了解特定层次的客户偏好哪些竞争性商品等。同样，收集数据的方法主要有问卷调查和上门访谈两种。

例如，某公司对经营地区进行下一年度产品购买意向调查，挑选了 200 户进行调研，问卷发放签已向被调查者说明所要调查的商品的性能、特点、价格，市场上同类商品的性能、价格等情况。

第一步：设计调查问卷。
第二步：发放问卷收集数据。
第三步：统计问卷数据。
第四步：依据数据，计算结果。

假设统计结果如下：最后的调查结果汇总情况是：肯定购买者有 3 户，有 80%购买可能性的有 8 户，还未定的有 30 户，可能不买的有 95 户，肯定不买的有 64 户。在 200 户调查中，购买比例的期望值如下：

$$E = \frac{\sum P_i x_i}{\sum x_i} = \frac{100\% \times 3 + 80\% \times 8 + 50\% \times 30 + 20\% \times 95 + 0 \times 64}{200} = 21.7\%$$

预测地区有 10 万户，则总需求量：21.7%×10＝2.17（万）。

通过用户调查法获取的信息可以为参与预测的相关人员提供参考和借鉴，促使他们做出更准确的判断、更完备的预测。

## （二）小组意见法

小组意见法也叫意见交换法，是指熟悉预测的事物或营销现象的有关人员座谈讨论、交换意见、综合判断，预测对象未来变化趋向的一种预测方法。意见交换法是以个人直接判断为基础，通过相互交换意见，能够集思广益相互启发、相互补充。该方法较好地克服了个人直观判断的局限性，有助于摆脱直观判断的局限性，提高预测结果的准确性。多用于定性分析，例如，用于产品生命周期预测、未来市场发展趋势预测、商品市场占有率预测。也可以把定性分析与定量分析结合起来，对预测对象做出定量估测。

根据预测主体的不同，小组意见法主要包括部门主管意见法、销售人员意见汇集法。

### 1. 部门主管意见法

部门主管意见法是将相关部门的主管人员（如销售、市场、供应链管理、财务等）利用会议的方式聚集到一起，对预测事项共同讨论并得到一致的意见，从而得出预测结果的一种预测方法。

当缺乏历史数据或历史数据对未来参考性不强时，部门主管意见法就可以充分利用主要管理人员的直觉、经验与知识，并经由不同主管之间的讨论达成共识，最终得出预测结果。

该方法需要借助主管的直觉和经验，并且需要相互讨论，这个过程中不可避免会受到某些权威人士的影响（如更高级别的领导、更有影响力的公司、更器重的岗位等），让其他参与者难以维持独立的判断，或不愿意充分展现自己的观点，从而使预测结果造成人为性失真。

### 2. 销售人员意见汇集法

销售人员意见汇集法是指利用企业销售人员的知识储备与经验，对未来进行预测的一种定性预测方法。

销售人员意见汇集法的优点主要是销售人员离市场（客户）近，身处市场的第一线，他们对自己所在区域、所负责产品的市场情况十分熟悉，比其他人对市场有更敏锐的洞察力；从预测的准确性来说，比其他人以定性方式给出的预测可靠性更强。

销售人员意见汇集法的主要缺点是销售人员（含基层人员及分区的主管）对客户或市场的了解往往仅限于其负责或相关的客户或市场，对整体的需求缺乏系统的认识或宏观的视野，无法做出更全面的预测。

销售人员组合法的另一个缺点是销售人员的预测可能过于主观。一种常见的情况是，如果企业有一定政策性的策略，可能会严重影响销售人员的判断，或故意错误判断。例如，某企业以各区域的预测数据为该区域的销售目标，然后以销售目标为重要参考因素来分配销售资源。这种情况下，显然会造成销售人员为了争取更多的资源而人为放大需求预测；如果企业将预测数据作为考核指标的参考，会使销售人员预测时更加谨慎，从而可能缩小预测值。

### （三）德尔菲法

德尔菲法是指隐去了参与研究的各位成员的身份，轮番征询专家意见，最终得出预测结果的一种集体经验判断法，被认为是定性预测中最重要、最有效的一种方法。接下来对德尔菲法的特点进行详细介绍：

#### 1. 专家

在数据非常有限的情况下做决策时，大部分时候只能靠判断。执行判断的主体就是专家。但是，专家一般只对某个领域比较精通，其接触面相对较窄。而新产品、新技术的开发涉及面非常广，因此需要邀请多方面的专家来进行判断，以提高准确性。

#### 2. 匿名

正如小组意见法中提到的那样，一个高层人员的陈述或观点很可能比低层人员更受重视。更糟糕的情况是，低层人员经常因为畏惧而不敢表达自己的真实想法。为了避免出现这种情况，德尔菲法采用了匿名的方式。

#### 3. 背靠背回复

背靠背回复设置的目的是进一步减少职能与职能、人与人之间的博弈。大家面对面讨论时，一方面会受到其他人的影响，另一方面不愿意首先发言。通过背对背回复的方式可以减少互相影响、互相博弈，让大家更能够做出客观的判断。

#### 4. 多轮反馈和修正

多轮反馈和修正是指每个专家匿名、背靠背做出判断，由专人搜集、整理、汇总，提供给全体成员，成为下一轮判断的基础。在最新信息的基础上，专家们调整自己的决策，一般会更加一致，表现在预测上就是预测值的离散度更小。如此循环，最终达成一定程度的共识，得出最终的预测结果。

德尔菲法的优点在于能够利用专家的经验和知识，提供多样化的观点，并通过反馈和调整来达成共识。可以在缺乏历史数据或无法建立准确的数学模型的情况下进行预测。此外，德尔菲法还可以帮助决策者更好地理解问题的复杂性和不确定性，并提供决策的依据。

然而，德尔菲法也存在一些限制。首先，依赖于专家的主观判断和经验可能会受到个人偏见和情绪的影响。其次，由于专家的回答是匿名的，可能存在信息不对称和沟通障碍的问题。再次，德尔菲法需要耗费时间和资源，特别是在多轮调查和反馈的情况下。

总的来说，德尔菲法是一种有用的定性预测方法，可以在复杂和不确定的情况下提供有价值的预测结果。通过结合不同的专家意见和经验，并与其他预测方法相结合，可以提高预测的准确性和可靠性。

## 【方法工具】

### 一、方法

定性预测方法主要包括市场调研法、小组意见法、德尔菲法。

### 二、工具

调查问卷：在运用定性分析法进行预测时会遇到市场调研、收集专家意见的情况，此时可以借助问卷星制作调查问卷，提升调研及意见收集的效率。

思维导图：是一种表达发散性思维的有效图形思维工具，在定性预测过程中可以借助XMind工具制作思维导图，进行逻辑梳理。

## 【任务实施】

某企业在开发一款全新的产品，该产品在市场上没有对标产品，也没有历史销售数据可以参考。此处将采用德尔菲法对该全新产品上新 30 日的需求进行预测。

其操作过程如下：

**1. 问题定义**

首先，确定需要预测的问题和目标。问题应该明确、具体，本任务中需要预测该新品上新 30 日的需求量。

**2. 专家选择**

选择一组合适的、在相关领域具有丰富经验和知识的专家。围绕这个产品进一步确定该新品预测的专家团队，主要包括以下岗位：

（1）产品经理。

由产品经理担任项目经理，对该产品全权负责。产品经理在新品上市中扮演中关键角色。

（2）设计师。

设计师负责该产品的设计，熟悉产品的定位，熟悉特定设计对需求的影响（比如颜色、辅料的选择）。

（3）店铺经理。

店铺经理熟悉消费者的需求模式，有能力对不同产品做出横向比较。

（4）研发负责人。

研发负责人熟悉产品、熟悉用户需求，了解用户认知特性。

（5）销售负责人。

销售负责人经验丰富，熟悉客服团队的反馈，能帮助做多个产品的横向比较。

（6）供应链负责人。

供应链负责人熟悉产品的成本、最小起订量、供应商的阶梯报价等，也熟悉关键原材料的共用性和供货提前期，能够从供应端帮助进行需求预测。

（7）总经理。

总经理深度介入产品开发、企业运营、定价决策等，经验丰富，在新品的预测中扮演关键角色。

**3. 专家培训**

确定了专家团队后，组织者应该把专家召集到一起培训德尔菲专家判断法，展示产品的样品，明确专家需要进行的预测，提供产品相关信息（例如，类似产品的信息，产品的定位、原

项目四　运用定性分析法进行预测调整

材料等）以提高预测质量。

**4. 调查设计**

设计调查问卷，包括问题描述、选项和评分标准。问题应该是开放性的，以鼓励专家提供详细的意见和判断。选项可以是定量的，也可以是定性的，以便专家能够表达自己的观点。

**5. 第一轮调查**

将调查问卷发送给专家做第一轮调查，并要求他们提供自己的意见和判断。专家应匿名回答，以避免受到其他专家的影响。

**6. 反馈和调整**

反馈和调整是指在收集专家的回答后，对结果进行整理和分析。然后，将结果反馈给专家，并要求他们重新评估自己的意见。这个过程可以进行多轮，直到达成一致意见或达到预定的终止条件。

**7. 结果汇总**

最后，将专家的意见进行汇总和分析，以得出最终的预测结果。可以使用统计方法，如平均值、中位数或众数，来汇总专家的意见。

**学习标杆**

安踏集团的数字化转型之路

## 任务二　运用加权预测法进行预测

### 【学习目标】

**知识目标：**
- 了解专家意见加权预测法的基本概念。
- 了解主观概率加权预测法的基本概念。
- 掌握专家意见加权预测法的步骤。
- 掌握主观概率加权预测法的步骤。

**能力目标：**
- 能够根据具体场景选择合适的加权预测方法。
- 能够运用合适的加权预测法进行需求预测。

**素养目标：**
- 培养学生的定量和定性相结合分析问题的能力。
- 培养学生辩证思维以及具体问题具体分析的能力。

### 【任务导入】

某企业给出了 A 产品过去 3 年的销售历史数据，在已知数据以及产品预测期促销活动、竞品情况的前提下，邀请了 A 产品的产品管理人员、销售负责人、物控经理对销量进行预测，且根据 3 位专家以往的预测情况给出了不同权重。现在需要对该产品下一季度（第 13 期）的销量进行预测。

**学习资源**

专家意见加权评估法

### 【任务分析】

前面的课程中对定量和定性预测方法进行了详细介绍，在实际进行需求预测过程中，需要定量和定性预测法相结合进行销量预测。加权预测法是一种定量与定性相结合的方法，以加权

· 83 ·

的方法汇总计算各专家意见和判断。本任务将主要介绍专家意见加权预测法和主观概率加权预测法。

## 【必备知识】

### 一、专家意见加权预测法

专家意见加权预测法的基本思路是给予不同专家不同的权重，将各专家的预测值乘以对应权重，进行加权平均得出最终预测结果。主要步骤包括数据准备、邀请专家、给专家评权、专家独立预测、加权得出预测结果。

#### （一）数据准备

收集、整理预测相关的数据与信息，并进行处理和分类，打包汇总发给每一位专家。

数据准备是该方法中的关键一步，因为专家一般都是相对比较忙的，邀请专家参与预测评估不能占用他们太多时间，所以一些数据和信息需要提前准备（例如，历史销量数据、促销安排信息等），以提高专家预测的效率。

#### （二）邀请专家

邀请具有一定经验和能力的专业人员、管理人员、销售人员或其他内外部专家，组成定性预测专家团队。

被邀请专家至少对产品需求有一定的了解。比如，某产品由于竞品降价，公司需要对该产品的未来需求进行定性预测，这时可以邀请对产品、市场有经验的人担当专家。如果邀请一位程序开发方面的专家，尽管该专家在程序开发方面有优势，但对产品需求不了解，在预测中也无法发挥作用。

#### （三）给专家评权

给接受邀请的每位专家评分，给出专家的加权权重，这是最重要的一步。

给专家评分可以从三个方面考量：

一是专家的能力和经验程度，也就是专家的水平如何。

二是专家以往预测的业绩，也就是他以前预测的结果如何。

三是专家的参与程度，即专家花费了多少心思。

三个方面综合给出专家的最终得分和权重。

专家的权重之和需为100%。

例如，邀请了3位专家，综合考虑专家1的权重为60%，专家2的权重为20%，专家3的权重为10%。

以上3位专家权重是否存在问题？

3位专家的权重之和为90%，这种权重分配方式是不正确的。通过调整，专家1的权重为65%，专家2的权重为25%，专家3的权重为10%，3个专家权重之和为100%，此时就正确了。

#### （四）专家独立预测

将预测相关的数据和信息发给每位专家，请他们依据经验、直觉和判断独立地给出预测结果。

这里的关键词为"独立"，专家的意见需要他们独立给出，不能受其他人员或外部因素的影响。

## （五）加权得出预测结果

收集专家意见，按第三步得出的专家加权权重，加权平均计算得出最终预测结果。

具体步骤为：将每位专家的预测数乘以他们的权重，得到每个人的预测与权重乘积，再将全部专家的预测与权重乘积相加求和，得到专家意见加权评估法的最终预测结果。

## 二、主观概率加权预测法

主观概率加权平均法是以主观概率为权数，对各种预测意见进行加权平均，求得预测结果的方法。主要步骤包括确定主观概率、邀请专家、专家独立预测、综合计算预测结果。

### （一）确定主观概率

根据过去的实际资料和对过去推测的准确程度来确定各种可能情况的主观概率。例如，需要预测某产品下一期的销量值，根据历史经验最低销售量权重为15%，最高销售量权重为15%，最可能销售量为70%（权重之和为100%），其中15%、15%、70%为主观概论值。

### （二）邀请专家

该部分与"专家意见加权预测法"中的邀请专家部分类似，此处不再赘述。

### （三）专家独立预测

在运用主观概率加权预测法中，邀请的专家需要对下一期的最低销量值、最高销量值、最可能销量值进行独立预测。

其他部分与"专家意见加权预测法"中的专家独立预测部分类似，此处不再赘述。

### （四）综合计算预测结果

假定在销量预测过程中选取的预测专家团队共8人，8位专家通过3次独立判断得出了最终的最低销售量、最可能销售量、最高销售量的数值，具体预测结果如表4-1所示：

表4-1　8位专家对某产品销量3次独立预测结果　　　　　　　　　单位：台

| 专家编号 | 第一次判断 最低销售量 | 第一次判断 最可能销售量 | 第一次判断 最高销售量 | 第二次判断 最低销售量 | 第二次判断 最可能销售量 | 第二次判断 最高销售量 | 第三次判断 最低销售量 | 第三次判断 最可能销售量 | 第三次判断 最高销售量 |
|---|---|---|---|---|---|---|---|---|---|
| 1 | 500 | 750 | 900 | 600 | 750 | 900 | 550 | 750 | 900 |
| 2 | 200 | 450 | 600 | 300 | 500 | 650 | 400 | 500 | 650 |
| 3 | 400 | 600 | 800 | 500 | 700 | 800 | 500 | 700 | 800 |
| 4 | 750 | 900 | 1 500 | 600 | 750 | 1 500 | 500 | 600 | 1 250 |
| 5 | 100 | 200 | 350 | 220 | 400 | 500 | 300 | 500 | 600 |
| 6 | 300 | 500 | 750 | 300 | 500 | 750 | 300 | 600 | 750 |
| 7 | 250 | 300 | 400 | 250 | 400 | 500 | 400 | 500 | 600 |
| 8 | 260 | 300 | 500 | 350 | 400 | 600 | 370 | 410 | 610 |
| 平均数 | 345 | 500 | 725 | 390 | 550 | 775 | 415 | 570 | 770 |

根据8位专家第三次预测的结果计算平均值，可以得出最低销售量预测值为415，最高销售量预测值为770，最可能销售量预测值为570。

将 8 位专家的预测结果计算平均值为相对简单的处理方式（可以理解为每位专家的权重相同），如果 8 位专家对应不同权重则可以根据前文介绍的"专家意见加权预测法"思路计算最低销售量、最可能销售量、最高销售量值。

最后根据前面确定的主观概率，加权平均计算最终的销量预测值为：
415×15% + 570×70% + 770×15% = 577

**知识链接**

如何转换权重

### 【方法工具】

#### 一、方法

本任务在预测过程中用到的方法主要是加权平均法。

#### 二、工具

调查问卷：在运用加权预测法进行预测时会遇到需要收集专家意见的情况，此时可以借助问卷星制作调查问卷，提升意见收集的效率。

数据处理软件：精通 Excel（或者类似 Excel 表格处理软件，如 WPS），能够运用 Excel 进行加权计算，得出需求预测结果。

### 【任务实施】

A 产品过去 3 年的销售数据如表 4-2 所示：

表 4-2　A 产品过去 3 年的销售数据　　　　单位：台

| 期间（季度） | 1 | 2 | 3 | 4 | 5 | 6 | 7 | 8 | 9 | 10 | 11 | 12 | 13 |
|---|---|---|---|---|---|---|---|---|---|---|---|---|---|
| 实际值 | 541 | 605 | 847 | 790 | 1 120 | 1 540 | 1 516 | 1 548 | 1 627 | 1 739 | 1 283 | 1 443 | ? |

在已知数据以及产品预测期促销活动、竞品情况的前提下，邀请 A 产品的产品管理人员、销售负责人、物控经理对该产品下一季度（第 13 期）的销量进行预测。这 3 位专家的独立预测结果和评权如表 4-3 所示：

表 4-3　专家对应权重

| 专家 | 预测结果/台 | 权重 |
|---|---|---|
| 产品管理员 | 1 430 | 20% |
| 销售人员 | 1 570 | 50% |
| 物控经理 | 1 480 | 30% |

最后根据各位专家的独立预测结果及对应的权重，加权平均计算得出最终定性预测结果。具体步骤如下：

$$\acute{S}_{t+1} = \sum_{i=1}^{n} P_i \times w_i$$

各符号的含义如下:

$\hat{S}_{t+1}$——第 $t+1$ 期销量的预测值。

$P_i$——第 $i$ 个专家的预测值。

$w_i$——第 $i$ 个专家的权重。

$i$——所有的专家个数。

根据以上公式的计算,第 13 期的预测值为:

$$\hat{S}13 = 1\,430 \cdot 20\% + 1\,570 \cdot 50\% + 1\,480 \cdot 30\% = 1\,515$$

> **素养园地**
>
> 我国目前已经从高速发展向高质量发展转变,数字化转型是高质量发展的必经之路。在数字化转型的过程中,我们不仅要加强数据分析技能,还要加强专业技能领域相关知识的学习,通过定量和定性相结合的方法对相关问题进行综合分析。

**学习标杆**

从制造到智造:宁德时代的数字化转型之路

**实训项目**

某公司拟推出一款新兴产品,现在市场上还没有类似产品出现,所以没有历史数据可以参考。公司需要对可能的销售量做出预测,以决定产量。于是该公司成立专家小组,并聘请 5 位专家对全年可能的销售量进行预测。5 位专家提出个人判断,经过三次判断后得到的结果如表 4-4 所示:

表 4-4　5 位专家对新品销量判断结果　　　　　　　　　　单位:万件

| 专家编号 | 第一次判断 最低销售量 20% | 第一次判断 最可能销售量 60% | 第一次判断 最高销售量 20% | 第二次判断 最低销售量 20% | 第二次判断 最可能销售量 60% | 第二次判断 最高销售量 20% | 第三次判断 最低销售量 20% | 第三次判断 最可能销售量 60% | 第三次判断 最高销售量 20% |
|---|---|---|---|---|---|---|---|---|---|
| 1 | 275 | 415 | 425 | 250 | 385 | 420 | 265 | 390 | 445 |
| 2 | 170 | 275 | 509 | 195 | 300 | 390 | 205 | 350 | 410 |
| 3 | 185 | 310 | 507 | 215 | 310 | 460 | 230 | 340 | 485 |
| 4 | 180 | 345 | 432 | 200 | 320 | 405 | 210 | 350 | 425 |
| 5 | 150 | 325 | 402 | 180 | 315 | 415 | 190 | 330 | 435 |
| 平均数 | 192 | 334 | 455 | 208 | 326 | 418 | | | |

(1) 请根据案例背景选择 5 位合适的专家进行预测。

(2) 本案例运用了德尔菲法进行预测,请说明具体的预测步骤。

(3) 请根据 5 位专家第三次的判断结果计算最低销售量、最可能销售量、最高销售量的平均数。

(4) 请根据最低销售量、最可能销售量、最高销售量对应的概率,加权平均计算最终的销量预测值。

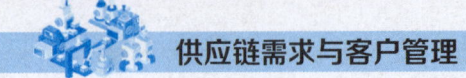

完成实训任务后，请填写实训项目考核评价标准表（见表4-5）。

表4-5 实训项目考核评价标准

| 专业 | | 班级 | | 学号 | | 姓名 | |
|---|---|---|---|---|---|---|---|
| 考核标准 | 教师评价 | 评价内容 | | | | 分值/分 | 评分/分 |
| | | 专家选择的合理性 | | | | 25 | |
| | | 德尔菲法预测步骤准确、完整 | | | | 25 | |
| | | 第三次判断结果平均值计算的准确性 | | | | 15 | |
| | | 最终预测值计算步骤的规范、完整性 | | | | 25 | |
| | | 最终预测结果的准确性 | | | | 10 | |

## 自测习题

**一、单选题**

1. 以下（ ）不属于定性预测法。
   A. 德尔菲法　　　　　　　　　B. 部门主管意见法
   C. 销售人员意见汇集法　　　　D. 回归分析法

2. 关于专家意见加权预测法说法正确的是（ ）。
   A. 该方法是一种定量预测方法
   B. 该方法是一种定性预测方法
   C. 该方法是一种定量和定性相结合的预测方法
   D. 以上说法均不正确

3. 以下哪种情况不适用于定性分析方法？（ ）
   A. 某企业上市的新产品
   B. 可获取充足的历史数据，且历史数据具有季节变动趋势
   C. 新情况的出现改变现有的需求模式
   D. 历史需求数据与未来需求的预测相关性不大

4. 在预测未来需求时，如果预测员认为未来的需求不一定沿着历史模式发展，哪种预测方法最适用？（ ）
   A. 定量预测法　　B. 定性预测法　　C. 回归分析法　　D. 时间序列法

5. 某新产品即将上市，拟通过专家意见加权预测法进行销量预测，共邀请了甲、乙、丙三位专家，以下所给的权重哪个一定是错误的？（ ）。
   A. 甲20%、乙40%、丙40%　　　B. 甲20%、乙30%、丙40%
   C. 甲30%、乙20%、丙50%　　　D. 甲30%、乙30%、丙40%

**二、多选题**

1. 以下哪项属于定性预测法的劣势？（ ）
   A. 无法提供具体的数值和概率
   B. 需要依赖专家的知识和经验
   C. 预测结果受到个人偏见和误差的影响
   D. 主观性较强

2. 以下哪项属于德尔菲法的特点？（　　）
   A. 采用匿名的方式　　　　　　B. 背靠背回复
   C. 多轮反馈和修正　　　　　　D. 专家随机选择
3. 专家意见加权预测法中关于给专家评权说法正确的是（　　）。
   A. 根据领导的级别评权，级别越高权重越大
   B. 给予专家不同的权重时，各专家的权重之和应该为1
   C. 给专家评权时可以考虑专家的经验程度
   D. 给专家评权时可以考虑专家以往的预测业绩
4. 主观概率加权平均法是以主观概率为权数，对各种预测意见进行加权平均，求得预测结果的方法。以下哪项属于主观概论加权平均法的主要步骤？（　　）
   A. 邀请专家　　　　　　　　　B. 专家独立预测
   C. 专家小组讨论　　　　　　　D. 综合计算预测结果
5. 以下关于销售人员意见汇集法的优缺点说法正确的是（　　）。
   A. 销售人员对自己所在区域、所负责产品的市场情况十分熟悉
   B. 销售人员对客户需求的预测一定是客观准确的
   C. 销售人员为了争取更多的资源而认为要放大需求预测
   D. 企业将预测数据作为考核指标的参考时，销售人员的预测就可能缩小预测值

### 三、简答题

1. 简述什么情况下适用定性预测法。
2. 简述德尔菲法的预测步骤。
3. 简述专家意见加权预测法的流程。
4. 简述给专家评权重的考虑因素有哪些。

# 项目五　应用数智化技术进行需求预测

## 项目背景

Y公司是一家成立于2013年、主营海南椰子鸡火锅的连锁企业，主打椰风料理，从客群诉求出发，深度洞察都市一族对健康和美味的双重需求。独创的烹饪工艺，坚守还原食材本味且不过度添加的"裸烹哲学"，打造清淡鲜甜的椰子鸡火锅品类，丰富了火锅市场，也迎合了当下时尚养生火锅的潮流。

在食材的品质上，公司追求精益求精，目前拥有示范性椰树种植基地和文昌鸡养殖基地，从食材供应源头上保证了出品品质。通过把每一道工序标准化，严格把控品质关，把极致匠心印刻在品牌的骨子里。

公司历经10年的发展，目前已在全国开设40余家品牌连锁直营店，每年热销椰子鸡超过100万份，整体发展势头强劲。公司致力于为消费者提供更具特色的美食产品，经过不断地创新研发，已经成为符合都市人群口味的时尚健康餐饮品牌。

## 项目导航

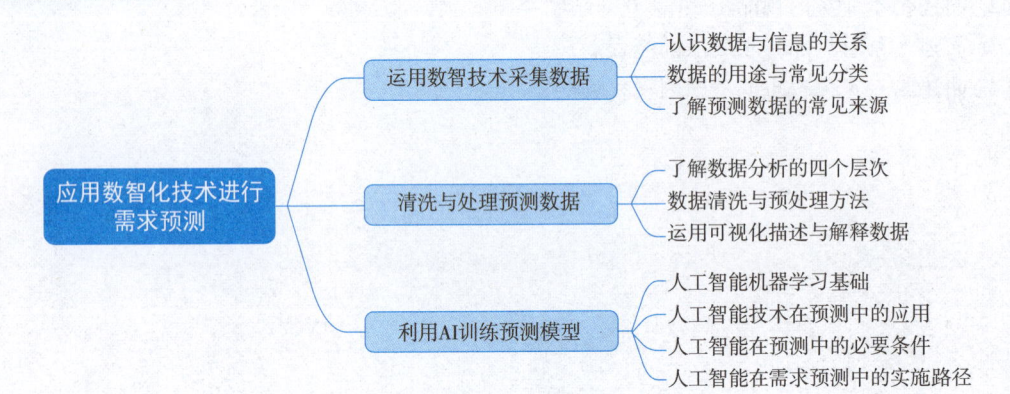

应用数智化技术进行需求预测
- 运用数智技术采集数据
  - 认识数据与信息的关系
  - 数据的用途与常见分类
  - 了解预测数据的常见来源
- 清洗与处理预测数据
  - 了解数据分析的四个层次
  - 数据清洗与预处理方法
  - 运用可视化描述与解释数据
- 利用AI训练预测模型
  - 人工智能机器学习基础
  - 人工智能技术在预测中的应用
  - 人工智能在预测中的必要条件
  - 人工智能在需求预测中的实施路径

## 任务一　运用数智技术采集数据

### 【学习目标】

**知识目标：**
- 掌握数据的主要用途和常见分类。
- 熟悉预测数据的主要来源和获取途径。

**能力目标：**
- 能够根据预测需求寻找适合的数据来源。
- 能够运用工具获取和收集需求预测数据。

项目五　应用数智化技术进行需求预测

**素养目标：**
➢ 培养学生收集和管理业务数据的工作意识。

### 【任务导入】

Y 公司打算在深圳开设分店，但在开设分店之前，需要对当前市场上同类型的椰子鸡火锅商家有基本面的了解。在本任务中，我们需要通过某些途径收集到相关的数据，力争在帮助 Y 公司后续选址时，起到一定的辅助参考作用。

**学习资源**

当供应链遇到物联网技术　　数据采集与存储技术

### 【任务分析】

#### 一、选择采集目标

通常在进行实地考察之前，我们可以通过网络上一些公开的信息，先进行基本面的了解。通过网络查询可以发现，在某些餐饮类的点评网站存在着大量的商家推广活动信息，我们可以考虑从这些信息入手，先采集这些商家的基本面数据。

#### 二、采集工具选择

网页数据采集有很多种方法，可以用 Python（计算机编程语言）写爬虫代码来实现采集，也可以采用网页采集器来实现数据采集，在本任务中，我们可以选择采集器来进行数据采集。

#### 三、采集页面分析

在执行采集任务之前，需要对网页结构特征进行初步分析，这样有助于后续设置采集规则。通过对目标网站的分析，我们可以发现主要是由各家店铺的信息构成主要展示页面，每个商家的信息组成了一个"块"，而每一个页面都是由一定数量的商家的"块"组成的，如图 5-1 所示：

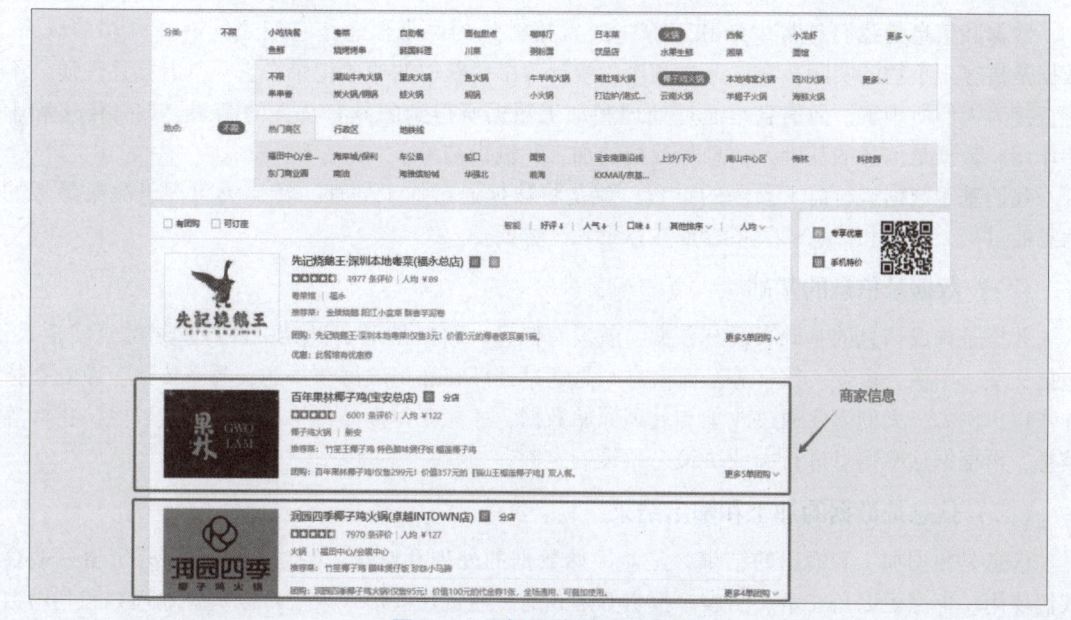

图 5-1　目标网站页面示意图

而通过查询可以发现，由于同类型的商家众多，一页没有办法展现所有的商家信息，所以网站将这些商家分成了很多页面，通过单击"下一页"来翻页，如图5-2所示，即当我们查看完当前页面的所有商家信息之后，要通过单击下一页去翻页查看后面的商家信息。

图5-2 目标网站翻页示意图

通过以上分析，我们基本确定了本次采集任务的数据来源是通过公开的网页信息来获取，同时，也基本确定了实现这些数据采集的基本工作思路。

### 【必备知识】

随着信息技术的快速发展，数字化成为当前社会和企业发展的重要方向，而数据作为数字化的基础，被称为信息时代的"石油"，如何更好地采集和挖掘数据，使之发挥更大的价值，成为当今时代重要的命题。

### 一、认识数据与信息的关系

数据和信息是我们日常生活和工作中经常接触到的两个概念，它们之间有着密切的联系。数据是指客观事物的实际存在，通过测量、统计等手段获取的原始记录，它只具有描述性质，不能直接为人们所理解。而信息是通过处理和加工数据所得到的具有意义的结果，具有传递和影响作用。数据是信息的基础，信息是数据的加工和输出结果。

我们基于数据进行需求预测的过程，就是将数据通过加工处理，转化为可用于决策参考的信息的过程，数据和信息的关系表现在以下几个方面：

#### （一）数据是信息的基础

数据是构成信息的基础，没有数据，就没有信息。数据是现实世界中客观事物的真实记录，包括文字、图像、声音、数字等。而信息则是通过处理和加工数据获得的，具有传递、影响和指导作用。例如，人们需要通过收集和处理原始数据，才能获得商品价格、人口数量、经济指标等信息，再根据这些信息进行商业决策、政策制定等。

#### （二）信息是数据的加工和输出结果

信息是数据加工和输出的结果，是对原始数据的处理和解读，使之变得更加有价值并适合人们使用。信息可以是文字、图表、报告等形式的，通过这些形式人们可以更好地理解和利用数据。例如，在股票市场里，交易商需要通过收集各种市场数据、分析市场行情，从中得出买卖股

项目五　应用数智化技术进行需求预测

票的决策，这就是通过对数据进行加工和输出得到的信息。

### （三）数据是信息的建设要素

数据是信息的建设要素，在信息建设中起基础性和先导性作用。可以说，数据是信息系统的基础，没有数据就无法开展信息处理。例如，在医疗管理中，医生需要通过测量病人的体温、血压、脉搏等数据，来确定病情以及后续的治疗方案，这就是基于数据构建的医疗信息系统。

### （四）信息会反哺数据

信息也会反哺数据，多次得到信息后我们会发现信息中有很多规律、特点等，这对我们再进行数据收集和处理时有很大的参考价值。例如，在分析交通事故时，人们可以获得过去几年某地区的交通事故数据，通过对这些数据的分析和抽样调查，可以得出不同时间段、不同道路上，发生交通事故的频率、原因、事故造成的人员伤亡情况等信息，从而提高交通管理的效率和安全性。

但是，数据不能简单地理解为可以存储和传输的信息，数据和信息是有区别的。从信息论的观点来看，描述信源的数据是信息和数据冗余之和，即数据=信息+数据冗余，如图5-3所示。

数据是数据采集时获取的，信息是从采集的数据中获取的有用信息。由此可见，信息可以简单地理解为数据中包含的有用内容。也可以说数据在未被接收对象获取前可以称为数据，一旦被对象获取，即可称为信息。

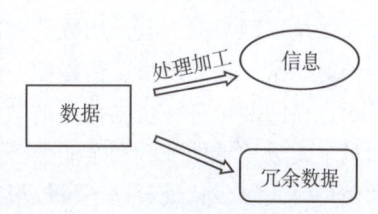

图5-3　数据与信息的关系图

## 二、数据的用途与常见分类

为了更好地认识数据、掌控数据、利用数据，我们需要对数据进行分类。因为不同类型的数据需要采用不同的数据处理和分析方法。从不同的角度出发，数据的分类将会不同，我们在预测数据的使用时可能会涉及相关的概念，以下重点介绍几种常见的分类方式，如图5-4所示：

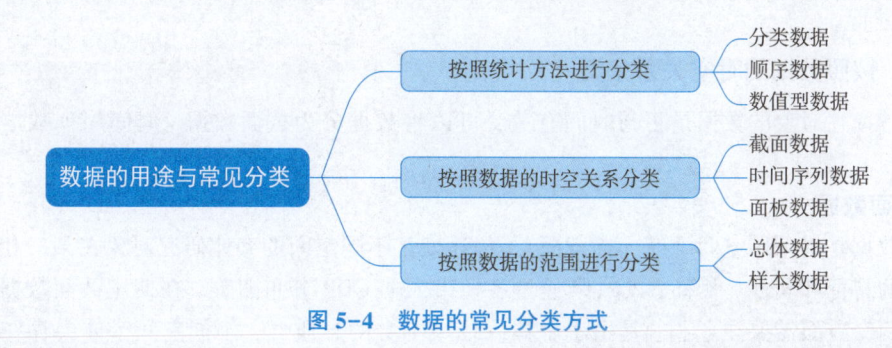

图5-4　数据的常见分类方式

### （一）按照统计方法进行分类

按照数据计量的尺度由低级到高级、由粗略到精确的标准，可以分为分类数据、顺序数据、数值型数据。

**1. 分类数据**

分类数据也称为定类数据，是指按照客观现象的某种属性对其进行分类或分组计量，各类

· 93 ·

各组之间属于并列、平等并且互相排斥的关系。分类数据通常用文字表示。例如，一个班级的同学按照性别划分为男性和女性，或者按照宿舍划分等。分类数据的值不反映各类的优劣、量的大小或顺序，有时候为了便于数据处理，而采用数字代码表示各个类别，但这种数字并无大小之分，也不能进行任何数学运算。例如，用"1"和"0"分别表示"男生"和"女生"。

### 2. 顺序数据

顺序数据也称为定序数据，是指对客观现象按照等级差或顺序差进行分类或分组计量。与分类数据不同，顺序数据划分的各类各组之间有优劣、量的大小或先后顺序之分。例如，同学期末考试的成绩可以分为优秀、良好、中、合格和不合格五个等级，也可以按照年龄、年级进行划分等。顺序数据的值也可以用数字代码表示，此时，数字大小表明优劣、先后的意义，但不能进行任何数学运算。例如，企业评估出的风险控制事项，其风险等级可采用"1""2""3""4"分别表示风险由低到高。

### 3. 数值型数据

数值型数据是指使用定距标尺和定比标尺计量得到的数据，两者都属于数值型数据。

一是定距数据。它是用数值对现象各类别之间间距进行精确计量测度，通常用于测度现象的绝对总量，比如产量、销售额、员工人数等方面的数据。定距数据属于总量数据，根据其数值是否存在间断可进一步划分为离散型和连续型数据。只能用整数来表示的数据称为离散型数据，如员工人数、零件个数和企业数等；连续的、可以进行无限分割的数据称为连续型数据，如工资和销售收入等。总量数据还可以根据反应的时间状态不同，分为时点数据和时期数据。时点数据描述现象在某一时刻的状态，不能简单加减。如各月月末的库存额是时点数据，各月相加就没有意义；时期数据反映现象在一段时间内累积形成的结果，可以累加计算，比如一季度产量与二季度产量相加表示上半年产量。

二是定比数据。它是在定距数据的基础上，确定相应的比较基数，然后将两种相关的数据加以对比而形成的比值，分为相对数数据和平均数数据两种。相对数数据，通常用于测度现象的结构、比重、速度、密度、强度等数量关系，如销售增长率、资金周转率、利润率等方面；平均数数据反映的是总体的平均水平，如人均产量、员工平均年龄等方面。相对数数据和平均数数据不能像总量数据那样直接进行加减，在数学运算时必须结合具体情况，依据特定规则进行。

## （二）按照数据的时空关系分类

按照被描述对象的数据是否与时间有关，可以将数据分为截面数据、时间序列数据和面板数据。

### 1. 截面数据

截面数据是指采用空间维度（横截面），描述处于不同空间的个体研究对象在某一相同时间点表现出的特征和属性。例如，2021年全国各地市人均GDP分布图等。在使用截面数据研究问题时，有两个方面需要注意：一是由于个体或地域本身的异质性，不同空间个体会存在较大差异，这种差异是不可避免的。二是截面数据要求数据的统计标准及取样时间必须一致。

### 2. 时间序列数据

时间序列数据是指在不同时间连续观察同一对象所取得的数据。时间序列数据采用时间维度描述对象发展变化的轨迹和规律。例如，某行业12个月的销售量数据等，如图5-5所示。我们在利用时间序列数据时，一是要求数据的统计标准在各个观察时间上必须一致，二是对象在不同时间上的空间范围要一致。

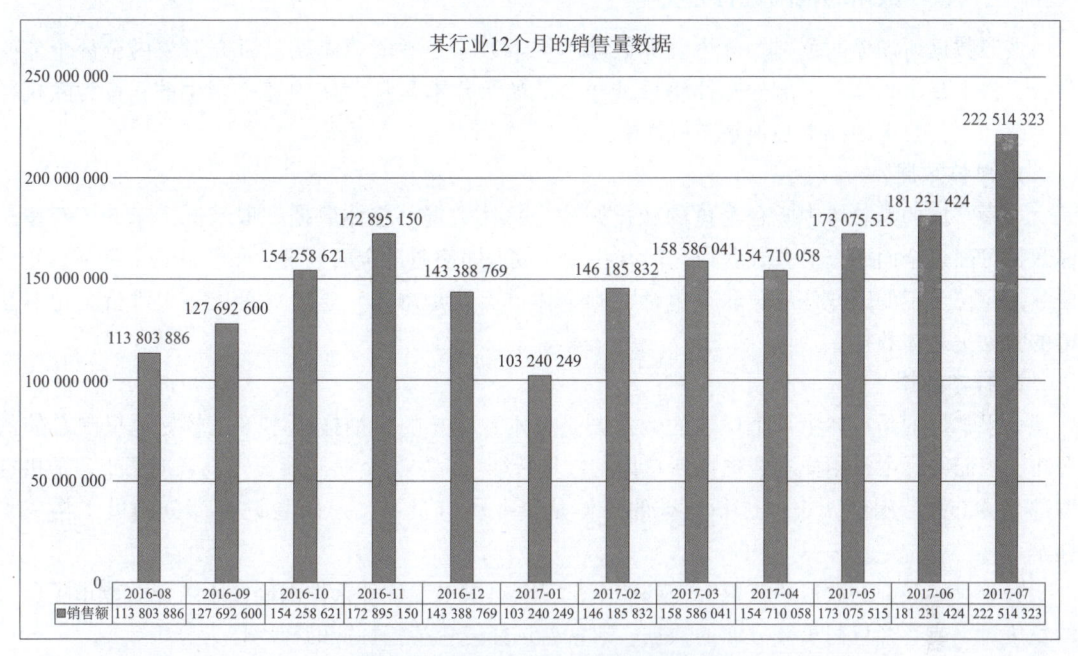

图 5-5　某行业 12 个月销售量数据

### 3. 面板数据

面板数据是指由时间序列数据和截面数据交叉形成的，是从时间和空间两个维度对处于不同空间的个体研究对象在不同时间连续观察取得的数。由于对此类数据进行分析时多采用面板模型，故被称为面板数据。例如，某公司 5 个大区 4 个季度的销售量数据等，如图 5-6 所示。面板数据既可以分析个体之间的差异情况，又可以描述其动态变化的特征。

| 区域/季度 | Q1 | Q2 | Q3 | Q4 |
|---|---|---|---|---|
| 华南区 | 1 256 | 1 198 | 1 158 | 1 298 |
| 华东区 | 1 152 | 1 178 | 1 218 | 1 316 |
| 华北区 | 1 251 | 1 059 | 1 139 | 1 229 |
| 西南区 | 956 | 998 | 1 038 | 1 178 |
| 华中区 | 1 219 | 1 103 | 1 089 | 1 108 |

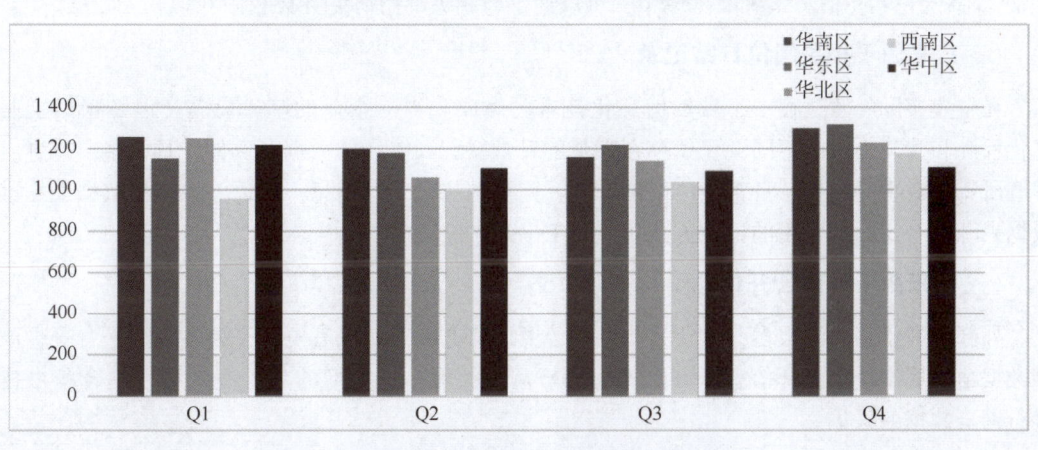

图 5-6　某公司 5 个大区 4 个季度的销售量数据

### （三）按照数据的范围进行分类

按照数据所涵盖的范围，分为总体数据和样本数据。所谓总体就是研究对象内全部个体的集合；样本是由总体中一部分个体组成的集合。如果样本是从总体中随机产生的，称为随机样本，统计工作要求的样本必须是随机样本。

**1. 总体数据**

如果掌握的是总体中所有个体的数据则称为总体数据。总体数据一般情况下未知，有些总体数据可通过全面调查的方式获得，但有些总体数据即使通过全面调查也不能获得。例如，企业要掌握每位员工的家庭住址及联系电话，则全体员工就是总体，通过对每位员工进行登记所获得的数据是总体数据。

**2. 样本数据**

如果掌握的是总体中一个样本的数据则是样本数据。随机抽样样本可以较好地反映总体的分布，因而统计中常用样本数据推断总体的数量特征。例如，企业开展员工满意度调查，随机选取部分员工进行问卷调查，这一调查的总体是企业所有员工，而问卷调查部分的员工构成了样本。

在企业实践中，数据的获取会受到技术、安全、成本等各种条件限制，不可能获取市场所有的竞争对手或者客户需求等方面的数据，通常会选择符合某些特征的样本作为分析数据。

## 三、了解预测数据的常见来源

需求预测数据源是指用于进行需求预测的数据来源，当我们确定预测目标时，需要综合考虑用于预测数据的来源和获取预测数据的可行性及成本。预测的方向很多，也就意味着不同的方向需要获取不同的数据。在企业实践中，通常可用于预测的数据存在于多个地方，在进行需求预测时，需要从多个数据来源渠道收集数据，以便更好地分析和预测需求。数据的来源通常可以归纳为以下几个方面：

### （一）来源于企业信息系统

来源于企业信息系统的数据是指企业内部的数据源，如销售订单、出库记录、生产记录、库存记录、客户信息、供应商信息等。这些数据一般在企业日常运营过程中，通过如 ERP、CRM、WMS 等系统积累在信息系统数据库中，可以通过与相关部门协商开放权限获取相关数据。

### （二）来源于相关岗位日常记录

在企业实际经营过程中，虽然信息化技术已经成为当前企业的基础设施，但是根据企业信息化程度和管理方式的不同，仍然存在大量的日常登记和统计的数据。例如，日常客户投诉、线下调研竞争对手的定价、日常供应商的管理、商品销售记录等信息，所以，该类型数据也是重要数据来源之一，而最常用的记录方式仍然是 Excel 表格。

### （三）来源于外部公开信息

外部公开信息来源很多，主要是指某些公开的官方网站，或者电商平台、社交平台等，该类型数据通常属于企业公开信息，可以根据分析需求获取，这类型的数据通常可以结合爬虫技术进行网页数据的采集。

### （四）来源于数据服务平台

通常该类型数据来自第三方数据服务平台或者数据服务商，例如，市场数据、经济指标、气象数据等。这些数据根据平台类型不同，有些可以免费获取，而大多商业数据则是通过 API（Application Programming Interface，应用程序编程接口）接口付费的方式获取。

在进行需求预测时，需要根据具体的需求选择合适的数据源，并进行数据清洗、数据整合等处理，以便更好地进行数据分析和预测。同时，还需要考虑数据的准确性、完整性、时效性等问题，以确保预测结果的可靠性和准确性。

> **素养园地**
>
> 随着大数据、人工智能等技术和工具的发展，掌握一些工具的应用，可以有效地帮助我们提高工作效率，扩宽能力边界。

## 【方法工具】

预测数据通常需要基于一定规模的数据量，所以除了人工的方式，在企业实践中通常会借助一些技术手段来实现数据的快速采集与存储，下面将介绍几种常见的数据采集方法与工具。

### 一、网络采集器

爬虫技术是一种获取互联网上数据的技术，也被称为网络爬虫、网页抓取或网络蜘蛛。爬虫技术是通过模拟人工浏览器访问网页并自动获取网页中的数据，可以将数据从网页上自动抓取下来，减少了手动复制粘贴的工作量。爬虫技术可以分为三个步骤：抓取网页、解析网页、存储数据。

实现网络爬虫的技术方法很多，可以通过编写爬虫程序来实现，但这种方式技术门槛相对较高。随着网页采集需求的增加，有许多专业公司提供了基于爬虫框架的网页数据采集器，如图 5-7 所示，通过图形化界面设计封装了常见采集的功能，只需要通过配置采集规则即可以实现网页数据的采集，极大地降低了网页数据采集的技术门槛，使得非技术人员也可以实现部分常见网页数据的采集工作。

图 5-7 网页数据采集器界面示意图

## 二、应用程序编程接口（API）

API 是一种应用程序接口，提供了不同应用程序之间的通信方式。通常开放的数据服务平台，或者企业上下游合作方的信息系统，均采取 API 接口的方式对外提供数据服务。在通过 API 采集数据时，需要根据服务方提供的接口文档编写采集程序来获取数据，如图 5-8 所示：

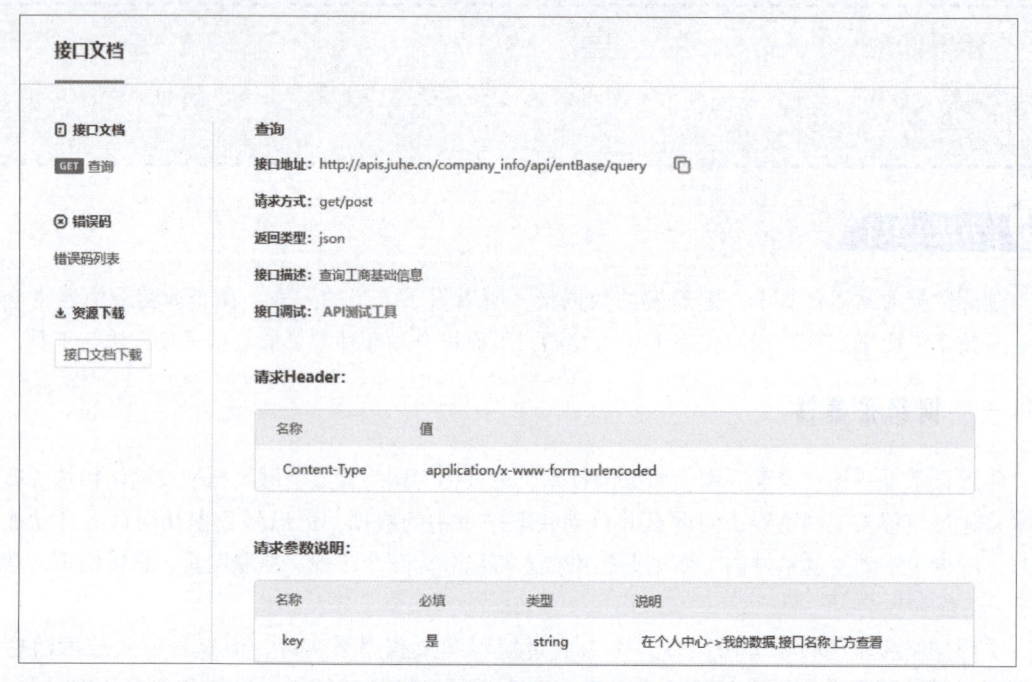

**图 5-8　API 接口文档示例**

具体来说，通过 API 接口采集数据有以下几个主要步骤：

**1. 获取授权**

有些 API 需要进行授权才能获取其数据，需要根据 API 提供商的要求进行授权操作。

**2. 发送请求**

采集者需要根据 API 文档的要求，发送请求获取数据。API 一般支持多种数据格式，采集者需要根据自己的需求选择相应的格式。

**3. 处理响应**

API 会返回请求结果，采集者需要对返回的数据进行解析和处理。API 返回的数据可以是 JSON、XML 等格式，需要使用相应的工具进行解析和处理。

**4. 存储数据**

采集者需要将获取到的数据进行存储，可以使用数据库、文件等方式。

需要注意的是，在使用 API 进行数据采集时，需要遵守 API 提供商的使用规则，不得进行未经授权的数据采集。同时，API 的使用也需要考虑数据隐私和安全等方面的问题。

## 三、数据集成（ETL）技术

ETL 技术是指 Extract（数据抽取）、Transform（数据转换）和 Load（数据加载）三个环节的集成技术。在数据采集中，ETL 技术通常用于数据的预处理和清洗工作。该项技术常用于企业内部信息系统中的数据库数据抽取。

具体来说，ETL 技术的运用分为以下几个步骤：

### 1. 数据抽取

数据抽取是指从不同的数据源（如数据库、文件、API 等）中提取需要采集的数据，将数据抽取出来。

### 2. 数据转换

数据转换是指对采集到的数据进行预处理和清洗，包括数据清洗、数据转换、数据聚合等操作。例如，去除重复数据、格式转换、数据过滤等。

### 3. 数据加载

数据加载是指将经过处理的数据存储到目标数据仓库或数据存储中。可以采用数据库、文件等方式进行数据存储。

例如，某企业预测人员需要根据订单数据进行用户特征分析。这时，需要基于订单数据计算一些相应的分析指标，如每个用户的消费频次、销售额最大的单品、用户复购时间间隔等。这些指标都要通过计算转换得到，这时候 ETL 的作用就显现出来了。

通常 ETL 的设计过程需要用到大量的代码，且重复利用率较低。一些低代码可视化 ETL 工具基于大量项目实施习惯，封装了常用的数据清洗转换规则，可以快速地建立起 ETL 工程，屏蔽复杂的编码任务，提高速度、降低实施难度，极大程度地降低技术门槛，只需简单地拖拽配置即可玩转数据处理，使得数据处理过程更高效，如图 5-9 所示：

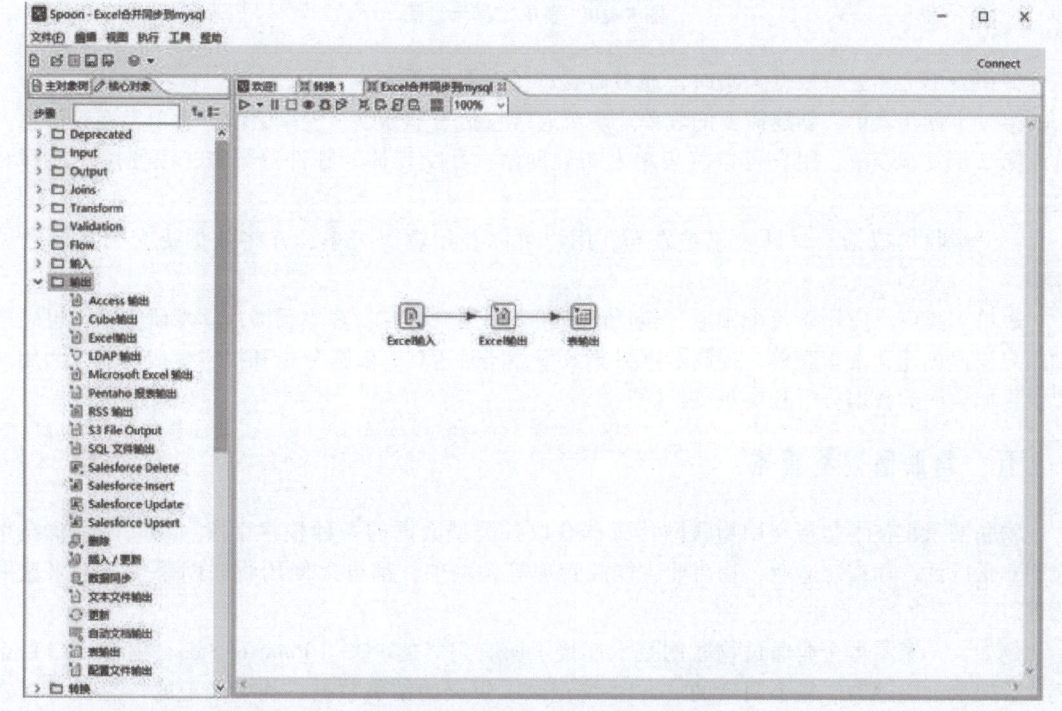

图 5-9　低代码 ETL 工具示意图

ETL 是商业数据分析（BI）项目中的一个重要环节，分析人员从数据源抽取出所需的数据，经过数据清洗，最终按照预先定义好的数据模型，将数据加载到数据仓库中去，为后续的数据分析提供数据支撑。

需要注意的是，在使用 ETL 技术进行数据采集时，需要考虑数据的安全和隐私问题。特别是在数据转换和加载的过程中，需要进行数据脱敏、加密等操作，保护数据的安全性。同时，在数据采集的过程中也需要考虑数据质量的问题，如缺失值、异常值等问题，需要进行相应的处理。

## 四、表单工具

表单工具是一种方便收集、管理和分析数据的工具,如图 5-10 所示,可以帮助用户快速创建并发布各种类型的在线表单,如调查问卷、反馈表单等。这些表单可以用于数据收集、客户反馈、市场调查、用户研究等。

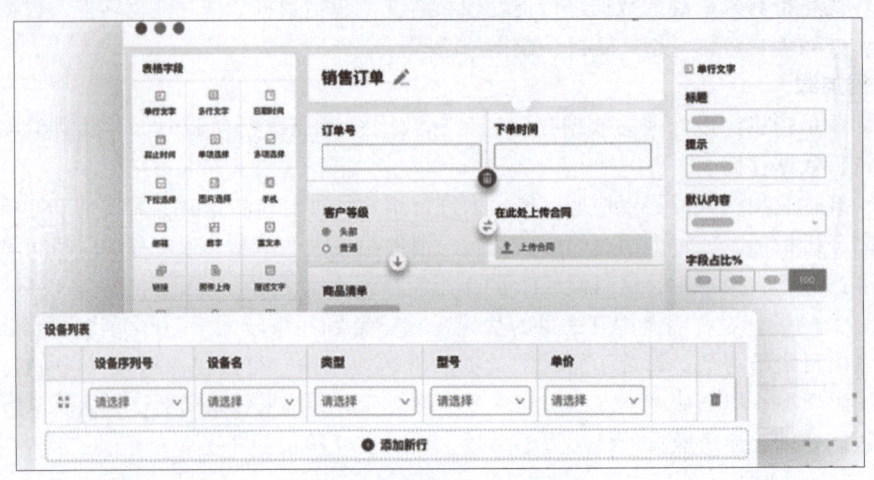

图 5-10 表单工具示意图

使用表单工具进行数据采集时,通常需要进行以下步骤:

第一步创建表单:创建需要的表单。表单通常包括表单标题、表单字段、表单类型等信息。

第二步发布表单:用户可以将表单发布到网站、社交媒体、邮件等渠道,以便用户填写和提交。

第三步收集数据:一旦表单被发布,用户可以开始填写表单,并将数据提交到后台数据库中。

表单工具广泛应用于各个领域,包括市场调查、用户研究、客户反馈、学术研究等,可以帮助用户快速创建和发布表单,提高数据采集效率,同时还具有数据分析和报告生成功能,为用户提供更加全面的数据分析和决策支持。

## 五、物联网采集技术

物联网采集技术是指利用物联网传感器获取各类型数据的一种技术手段。物联网采集技术应用非常广泛,如在制造业、物流业、能源管理等领域中,都可以使用物联网采集技术来获取数据。

例如,一家零售企业通过物联网技术连接了所有门店的 POS(Point of Sale,销售终端)系统和货架上的传感器。每个门店的 POS 系统记录了每天的销售数据,而货架上的传感器可以实时监测商品的库存情况和顾客的购物行为。

通过物联网技术,可以实时采集获取传统信息系统难以获取的数据。

### 【任务实施】

在本任务中,我们将根据分析目标,选择合适的数据源,运用数据采集器工具完成竞品数据的采集工作,具体实施步骤如下(扫描二维码获取)。

| 实施步骤 | 学习标杆 |
|---|---|
| 任务实施：竞品数据采集 | 京东重塑供应链：预测500万种商品销售（上） |

## 任务二　清洗与处理预测数据

### 【学习目标】

**知识目标：**
- 掌握数据分析的作用和典型应用场景。
- 掌握数据清洗与处理的常用方法。
- 了解数据可视化的作用和主要分类。

**能力目标：**
- 能够根据不同的分析目标选择适合的分析方法。
- 能够运用工具对数据进行清洗与加工处理。
- 能够运用分析图形描述与解释业务数据。

**素养目标：**
- 培养学生建立运用数据分析业务的科学工作态度。

**学习资源**

需求预测数据收集及处理　　预测报告中的图表应用

### 【任务导入】

在上个任务中，为了分析当前区域市场内同类商家的基本情况，我们爬取了某平台上竞品商家的基本信息数据，但发现这些数据相当混乱，有些地方文字和数字混在一起，有些地方又缺了很多数据，要直接使用简直无从下手。如果我们希望从这样的原始数据中发现一些有用的信息，那么就必须根据我们的期望，对这些数据进行清洗和加工处理，把"脏数据"洗干净。

### 【任务分析】

在拿到原始数据之后，需要先思考以下问题，这样有助于明确我们的工作目标：

#### 一、我们期望获得那些信息？

在这个任务中，我们希望先把深圳主打椰子鸡的火锅店整理出来，看下这些店的客单价分别属于哪个消费层次，他们又分别集中在哪些区域，受到关注的程度如何。这样，后续我们可以结合自己公司的定位找到主要竞争品牌，以及这些品牌目前主要的店铺开在哪些地方。

## 二、源数据中是否有我们需要的信息？

虽然原始数据表很杂乱，但是通过分析目标网站和采集下来的原始数据表我们可以发现，表格中包含了店铺名称、评论条数、人均消费金额、区域或店铺详细地址等信息，如图 5-11 所示，通过这些信息我们基本可以通过清洗和处理得到想要的数据。

| 标题 | 店铺 | 查看 | 价格 | 地址 | 地址2 | 推荐 | 推荐4 | 推荐6 |
|---|---|---|---|---|---|---|---|---|
| 先记烧鹅王·深圳本地粤菜(福永总店) | | 3977条评价 | ¥89 人均 | 粤菜馆 | 福永 | 金牌烧鹅 | 阳江小盆菜 | 酥香芋泥卷 |
| 百年果林椰子鸡(宝安总店) | 分店 | 6001条评价 | ¥122 人均 | 椰子鸡火锅 | 新安 | 竹笙王椰子鸡 | 特色腊味煲仔饭 | 榴莲椰子鸡 |
| 润园四季椰子鸡火锅(卓越INTOWN店) | 分店 | 7970条评价 | ¥127 人均 | 火锅 | 福田中心/会展中心 | 竹笙椰子鸡 | 腊味煲仔饭 | 珍珠小马蹄 |

图 5-11 采集火锅店原始数据样本示意图

## 三、当前的原始数据中主要有哪些问题？

通过仔细观察原始数据的情况，可以发现原始表格中虽然含有基本信息，但还有很多问题。例如，有些店铺看名字和主打商品就知道不是主打椰子鸡火锅的店铺，这些不属于我们重点研究的对象；评论条数、价格都是文字和数字混杂在一起的，后续分析做比较和计算时没法直接用；还有地址栏有两个而且填写很随意等，这些问题在后续清洗中都需要进行针对性的处理。

### 【必备知识】

### 一、了解数据分析的四个层次

美国著名的 IT 研究与顾问咨询公司 Gartner（高德纳）在 2013 年总结、提炼出了一套数据分析的框架，如图 5-12 所示，把数据分析分成了四个层次，分别是描述性分析、诊断性分析、预测性分析、处方性分析。

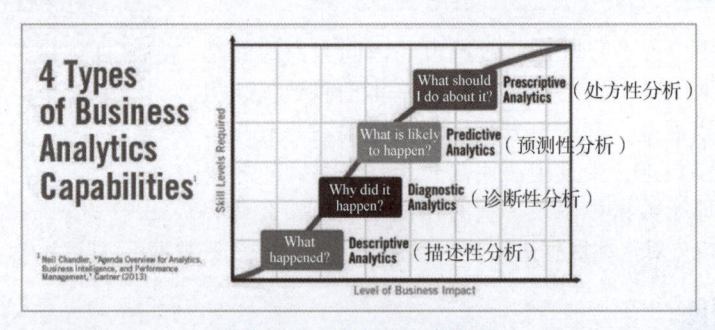

图 5-12 数据分析框架

### （一）描述性分析：发生了什么？

描述性分析是指通过一些核心指标数据的前后对比，告诉业务方（或者老板）目前业务的现状是怎样的，如常见的流量、转化率、收入、成本等指标。这些指标往往是比较宏观和概括性的，对比完就能对整体的情况有认知。在公司里，大家经常会用 Tableau（桌面系统简单的商业智能工具软件）做日报/周报，其实主要承担的就是描述性的汇报。

例如，某连锁奶茶企业想了解新开发的 A 单品在深圳市南山区七个网点的受欢迎情况，就

可以通过对这些网点一周内 A 单品的订单数据进行分析,描述出这些网点 A 单品的销售情况,如表 5-1 所示:

表 5-1 一周内 A 单品各区域门店订单统计表　　　　　　　　　　单位:单

| 网点 | 海岸城店 | 科技园店 | 华侨城店 | 蛇口店 | 南头店 | 西丽店 | 大学城店 |
|---|---|---|---|---|---|---|---|
| 订单数 | 365 | 458 | 436 | 415 | 398 | 325 | 112 |

再结合可视化的工具,能够有效地增强描述性分析所提供的信息,如图 5-13 所示:

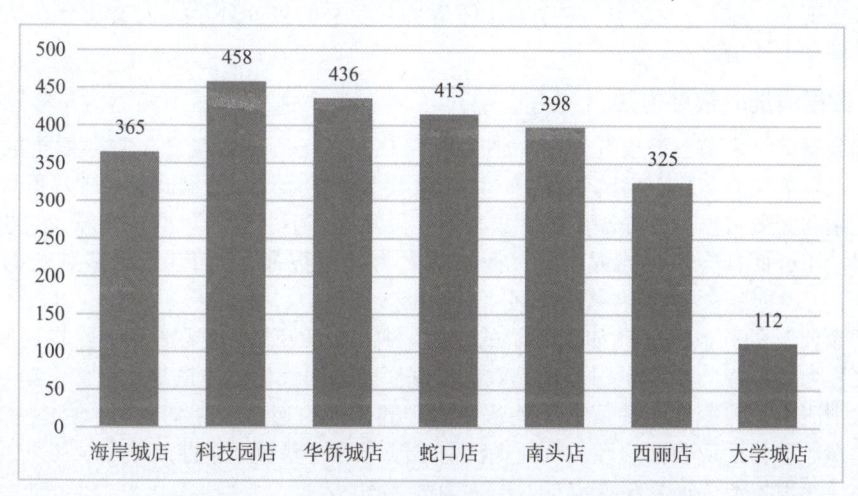

图 5-13 一周内 A 单品各区域门店订单统计柱形图

通过图 5-13 可以直观地看出 A 单品在各门店的具体销售情况和差异,此处只是初步描述了各区域 A 单品订单的实际情况。

这个过程就是最基础的"描述性分析",主要目的是将数据以一种可理解且有意义的形式展现出来,这是在数据分析中最常见的分析方法,同时也构成了其他数据分析方法的基础,在业务中,其提供了重要指标和业务的衡量方法。

**(二)诊断性分析:为什么会发生?**

除了知道业务变好/变坏这个结果外,我们还需要通过数据进一步做诊断性分析,了解为什么会这样。

在诊断性分析中,需要分析业务结果和很多因素的相关性。当然,怎么能较快速地定位分析哪些因素和结果的关系,就要基于对业务的理解。大家可以一起头脑风暴分析业务数据,也可以去调研,或者深度访谈一些业务关键角色,让他们给一些信息,我们才可能知道从哪些维度去分析数据更合理。

**(三)预测性分析:后续可能会发生什么?**

预测性分析就是提前评估后续可能会发生什么。在工作场景中,经常利用现有数据进行测算、评估业务接下来的发展。例如,需要提前测算业务年度成本、年度目标、未来收益的大小等。

本教材中的供应链需求预测,就是预测性分析的典型应用场景。

**(四)处方性分析:该怎么做?**

处方性分析通常是接着诊断性分析的,在找到业务变化的原因后,就需要考虑策略改善。

首先要定位出业务原因。在诊断性分析这一步,需要在数据上找到影响结果的因素,这时就需要在业务层面上思考原因。

例如,为了提高用户的购买需求,制定了促销计划并发放了优惠券,但是后续发现优惠券使

用得很少，单量也没有上升，这是数据维度的原因。

那么在业务层面上为什么用户都不用优惠券呢？这时候有些猜测的原因可以通过数据来论证，而有些原因就需要去做用户调研。如果是优惠券的额度太小，就需要适当调整优惠力度。只有准确找到了业务原因，才能用策略从根本上解决问题。

## 二、数据清洗与预处理方法

数据分析通常需要根据分析目标，通过数据采集、数据预处理、数据分析、数据可视化几个关键步骤来实现分析过程，数据清洗与预处理是承上启下的重要环节，需要建立在掌握一定方法和工具的基础上才能实现。

### （一）数据清洗的常见方法

在理解数据清洗之前，需要先了解"脏数据（Dirty Read）"的概念。脏数据指的是那些无效、错误、冗余等没有实际意义的数据，一般是由数据重复录入、数据同时处理等不规范的操作而产生的冗余和无效数据，比如缺失值、重复值、异常值、不一致的数据格式等。这些数据不仅不能被直接使用，而且会产生错误引导，所以称之为"脏数据"，而获取这些脏数据的过程叫"脏读"。

含有"杂质"的脏数据，就如同脏了的衣服一样，而依照某种规则和手段将这些"杂质"去除，使之变为"干净"数据的过程就是数据清洗，就如同我们用方法把衣服洗干净一样。

在需求预测中，数据清洗是一个至关重要的步骤，因为通过数据清洗可以将这些问题解决或减轻，提高数据的质量和准确性，从而提高需求预测的精度和可靠性。

具体来说，数据清洗通常包括以下几个方面的工作：

**1. 缺失值处理**

缺失值一般通过插补、删除等方式处理，以保证数据的完整性和准确性。

**2. 重复值处理**

重复值处理是指去除数据中的重复记录，避免对结果产生不必要的影响。

**3. 异常值处理**

异常值可通过分析数据的分布情况加以处理，以减少噪声对结果的影响。

**4. 数据格式化**

将数据统一为相同的格式，便于数据的处理和分析。

**5. 数据类型转换**

将不同类型的数据进行转换，如将字符串类型转换为数值类型，方便后续的数据分析和建模。

综上所述，数据清洗是需求预测中非常重要的一步，通过对数据进行清洗可以提高数据的质量和准确性，减少对预测结果的影响。

### （二）数据加工的常见方法

数据清洗完成后，到了加工处理环节，加工的目的是基于需要分析的内容对数据进行定向加工。一般包含数据抽取、重组、转换、计算、匹配分类等常见操作，以便于获得我们所需的最终数据。

**1. 数据重组**

数据重组是指将原始数据按照一定规则重新组织、排序或重新排列的过程。通过数据重组，可以改变数据的结构、布局或顺序，使其更适合后续的数据处理和分析，如数据分列、合并字段或某字符的提取等。

**2. 数据转换**

数据转换是指将数据从一种格式或内容转换为另一种格式或内容的过程。例如，行列转换或将某字符替换为新字符等。数据转换可以帮助我们更好地理解和分析数据。

#### 3. 数据计算

数据计算是指对数据进行各种数学运算、统计分析或计算操作的过程。这些计算可以包括基本运算（如加、减、乘、除），统计分析（如平均值、标准差、相关系数等），以及更复杂的计算（如预测模型、回归分析等）。数据计算可以帮助我们发现数据的规律和趋势，提取有用的信息。Excel 中常用的有数据透视表和函数公式。

#### 4. 数据匹配和分类

数据匹配是指将不同数据源中的相关数据进行匹配和关联的过程。通过比较不同数据集中的共同字段或特征，可以将它们进行匹配，以便进行更全面和准确的数据分析。数据分类是指将数据根据一定的规则或标准进行分组或分类，以便更好地理解和处理数据。数据匹配和分类可以帮助我们整合和组织数据，以便进行更深入的分析和挖掘。

### （三）数据规约的常见方法

数据规约是指通过选择、抽取、变换等操作对数据进行压缩和简化，减少数据冗余，提高数据处理和分析效率。在数据规约阶段，通常也需要进行一些数据清洗和转换的操作。这是因为数据集成和转换可能会引入新的问题和不一致性，因此，需要在数据规约阶段再次进行清洗和转换，以确保数据的一致性和准确性。数据预处理是一个迭代的过程，需要在不同的阶段进行不同的处理和清洗操作。

通过数据规约可以消除数据的不一致性和冗余性，并减少数据分析过程中的错误和歧义，从而提高数据分析的准确性和效率。

## 三、运用可视化描述与解释数据

近年来，随着大数据和人工智能的快速发展，可视化技术变得越来越重要。可视化技术的概念是将数据通过图形、图像或其他可视形式展示出来，以便人们能够更直观、更清晰地理解和分析数据，如图 5-14 所示。相比于纯文字或数字，图形能够更快速地传达信息。可视化可以帮助人们发现数据中的模式和趋势。通过将数据呈现在图形中，人们可以更容易地发现规律和异常。此外，可视化还可以帮助人们进行决策和沟通。通过可视化，人们能够更好地向他人展示数据结果，并从中得出结论。

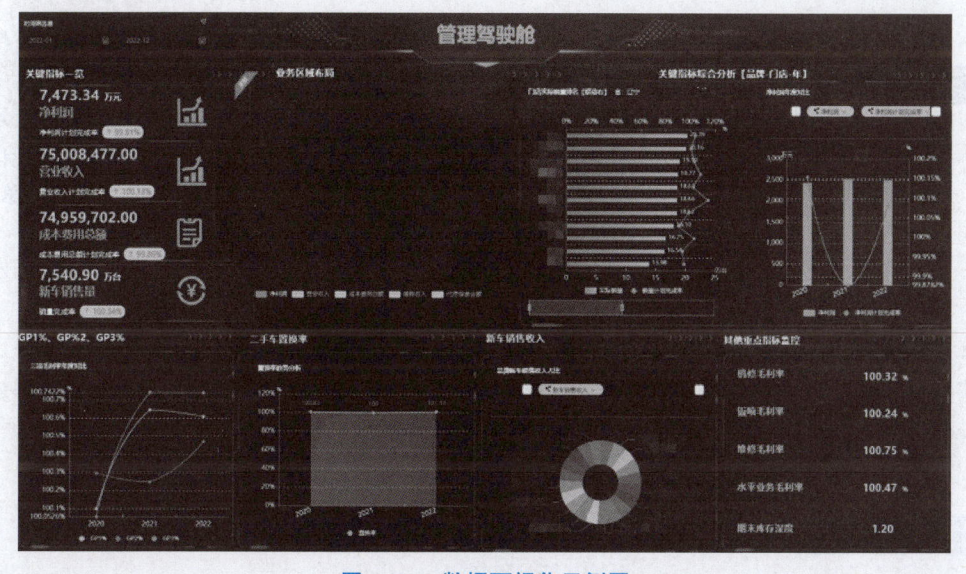

图 5-14 数据可视化示例图

可视化技术可以根据数据类型和呈现形式分为多种类型。

### （一）数据类型的分类

根据数据的类型，可视化技术可以分为以下几类：

**1. 数值型数据可视化。**

数值型数据可视化是指适用于处理数值型数据的可视化技术。常见的图形包括线图、柱状图和散点图等。

**2. 文本型数据可视化**

文本型数据可视化是指适用于处理文本型数据的可视化技术。常见的图形包括词云和词频统计图等。

**3. 地理型数据可视化**

地理型数据可视化是指适用于处理地理型数据的可视化技术。常见的图形包括地图和热力图等。

**4. 分类型数据可视化**

分类型数据可视化是指适用于处理分类型数据的可视化技术。常见的图形包括饼图和雷达图等。

### （二）呈现形式的分类

根据呈现形式的不同，可视化技术可以分为以下几类：

**1. 二维可视化**

二维可视化是指将数据呈现在二维平面上的可视化技术。常见的图形包括平面图和散点图等。

**2. 三维可视化**

三维可视化是指将数据呈现在三维空间中的可视化技术。常见的图形包括柱状图和3D地图等。

**3. 动态可视化**

动态可视化是指通过动画效果展示数据变化的可视化技术。常见的图形包括时序图和地理运动图等。

**4. 交互式可视化**

交互式可视化是指通过用户操作来展示数据的可视化技术。常见的图形包括拖动和缩放等。

### 【方法工具】

在数据分析过程中，针对不同人群和需求有多种可视化实现的工具。

**1. 编程可视化**

编程可视化是指使用编程语言来进行可视化的技术。常见的编程语言包括 Python 和 JavaScript，常用的可视化库包括 Matplotlib 和 D3.js 等。这种方法通常在预测信息系统开发时，用于可视化模块的功能开发。

**2. 软件可视化**

软件可视化是指使用专门的软件来进行可视化的技术。常见的软件包括 Excel 图形工具、帆软、Tableau 等可视化工具。该类工具降低了数据可视化的使用门槛，适合业务人员在数据分析项目中使用。

> 知识链接
>
> 常见可视化图形汇总

### 【任务实施】

下面，我们将利用可视化数据处理和分析工具来完成本任务中要求的数据清洗工作。根据

项目五　应用数智化技术进行需求预测

前文的分析，我们明确了本次清洗的目标，即从前文网络爬取的原始数据中，清洗得出一张包含了店铺名称、评论数、人均消费价格、店铺特色和店铺地址等信息的新表格，为后续的分析做好数据准备，下面为详细实施步骤示范（扫描二维码获取实施步骤和练习数据源）：

实施步骤　　　　　　　　　　　　　　学习标杆

任务实施：分析　　　椰子鸡火锅店　　　京东重塑供应链：预测
数据清洗与处理　　　数据采集.xlsx　　　500 万种商品销售（中）

## 任务三　利用 AI 训练预测模型

### 【学习目标】

知识目标：
➢ 熟悉人工智能的发展历程和机器学习的相关术语。
➢ 了解人工智能在需求预测中的应用特点和必要条件。

能力目标：
➢ 能够分析和判断人工智能技术在预测工作中的适用性。

素养目标：
➢ 培养学生对数字技术的求知与探索精神，能够关注业界的最新业务趋势和技术发展。

### 【任务导入】

在经营两年后，某分店已经进入了相对稳定的阶段，总部计划以这家分店作为典型，尝试采用人工智能的方法做一下预测的尝试，来和传统的预测方法做对比，并为之后公司整体智能化应用升级打下基础。

学习资源

人工智能在预测　　图形化的人工智能
中的应用　　　　工具应用介绍

### 【任务分析】

让人工智能即机器来帮助我们预测未来，需要告诉人工智能过去发生了什么，所以，首先我们得准备好用于机器学习的数据。

当我们查看店铺销售数据的时候，感觉好像每天的销售额跟日期等"特征"有很大的关系。这些与结果密切相关的数据就是"特征"，我们可以借助特征实现对结果的判断或者预测。但是，即便我们可以从数据中发现一些灵感，或者从数据的各个"特征"中"学习"到一些大致方向，也始终无法真正预测出一个确切的数字。

在动手之前，我们需要对基础数据进行初步分析。本任务使用"分店消费数据.csv"数据，这个数据部分片段如图 5-15 所示：

资源链接

分店消费数据.csv

· 107 ·

# 供应链需求与客户管理

图 5-15 分店消费数据示例

该数据包含了如表 5-2 所示的特征详细信息。

表 5-2　分店消费数据表字段说明

| 特征 | 说明 |
| --- | --- |
| index | 序列号 |
| 消费额 | 总的消费额度 |
| 日期 | 日期 |
| 年 | 年份 |
| 月 | 月份 |
| 周 | 一年的第几周 |
| 月日 | 此月的第几天 |
| 周日 | 此周的第几天 |
| 年日 | 此年的第几天 |
| 月底 | 是否月底 |
| 月初 | 是否月初 |
| 季度底 | 是否季度底 |
| 季度初 | 是否季度初 |
| 年底 | 是否年底 |
| 年初 | 是否年初 |

【必备知识】

人工智能（Artificial Intelligence，AI），是一门由计算机科学、控制论、信息论、语言学、神经生理学、心理学、数学、哲学等多种学科相互渗透而发展起来的综合性新学科。

人工智能是一个很大的领域，其中机器学习是一种实现人工智能的方法，是人工智能发展到一定阶段的必然产物。人工智能的字面意义是人造的智能，即用机器来模仿人的智能。但是关于人工智能的科学定义，学术界目前还没有统一的认识，根据 Artificial Intelligence：A Modern Approach（《人工智能：一种现代的方法》）的介绍，提出了几个人工智能的定义：像人一样思考，像人一样行动，理性地思考，理性地行动。早在20世纪40、50年代，人类就已经开始探讨机器模拟智能，在人工智能发展历程中起起落落。直到2012年12月4日，一组研究者在神经信息处理系统（NIPS）会议上展示了让他们在几周前的ImageNet分类竞赛中获得第一名的卷积神经网络的详细信息。他们使用了深度学习技术进行图像识别，将人工智能的研究推向了急速上升期。

人工智能发展至今，在机器视觉、智能语音、大语言模型等领域均已获得不小的成果，并在众多的行业逐渐普及，广泛应用于商业、制造、交通、金融、教育、医疗等领域。人工智能使机器能够胜任通常需要人类才能完成的复杂工作，逐步替代人类的脑力，从而降低人力成本，并能避免人为误差，快速产生精确结果。随着技术的不断进步和发展，人工智能将在各个领域给传统企业节约成本、提升效率。

> **素养园地**
>
> 人工智能作为科技领域最具代表性的技术，在我国取得了重大的进展，被写进党的二十大报告中。报告指出："建设现代化产业体系。坚持把发展经济的着力点放在实体经济上，推进新型工业化，加快建设制造强国、质量强国、航天强国、交通强国、网络强国、数字中国。实施产业基础再造工程和重大技术装备攻关工程，支持专精特新企业发展，推动制造业高端化、智能化、绿色化发展。巩固优势产业领先地位，在关系安全发展的领域加快补齐短板，提升战略性资源供应保障能力。推动战略性新兴产业融合集群发展，构建新一代信息技术、人工智能、生物技术、新能源、新材料、高端装备、绿色环保等一批新的增长引擎。构建优质高效的服务业新体系，推动现代服务业同先进制造业、现代农业深度融合。加快发展物联网，建设高效顺畅的流通体系，降低物流成本。加快发展数字经济，促进数字经济和实体经济深度融合，打造具有国际竞争力的数字产业集群。优化基础设施布局、结构、功能和系统集成，构建现代化基础设施体系。"

## 一、人工智能机器学习基础

机器学习的工作可以简单理解为总结经验、发现规律、掌握规则、预测未来。而实现机器学习的核心，则是人工智能不断演变和发展的各种机器学习算法。机器学习算法按照学习方式，可以分成监督学习、无监督学习、强化学习、集成学习、深度学习、迁移学习等。下面将对这些机器学习方法做简单介绍：

### （一）监督学习

监督学习就是训练数据包含输入和输出，机器通过学习输入和输出之间的关系来进行预测，包括回归和分类两种方法，是通过不断地训练无限地和已知正确答案靠近的学习算法。就像有个教师一直在旁边指导学生一样，教师根据学生给出的答案与正确答案比较来决定是"奖励"还是"惩罚"，这样的学习过程就是监督学习。

### （二）无监督学习

无监督学习就是在无监督中进行学习和预测，只有输入数据是已知的，没有已知的输出数据，机器通过学习输入的数据之间的关系来进行分类、聚类等操作，从输入的数据中提取相应的有效关联。所以无监督学习的重点是数据变换和聚类。

### （三）强化学习

强化学习（Reinforcement Learning）是指机器通过不断尝试和反馈来学习最佳决策策略，常用于游戏和智能控制等领域。其主要目标是通过智能体与环境之间的交互来学习最优决策策略。与传统的监督学习和无监督学习不同，强化学习是一种通过奖励和惩罚的方式来指导智能体的行为，让智能体自主地从试错中学习到最优决策的过程。

在强化学习中，智能体通过不断地与环境进行交互，执行一系列动作，然后观察环境的反馈结果，获得奖励或者惩罚。智能体根据这些反馈来学习如何在给定的环境下选择最佳的行动策略。因此，在强化学习中，智能体需要在不断尝试和反馈中不断地优化自己的行为策略，以达到最优的效果。

这种学习方式如同小孩学走路，在环境中磕磕绊绊不断尝试并获得反馈，逐步掌握最佳的走路方式。

### （四）集成学习

集成学习（Ensemble Learning）是指通过组合多个模型来提高机器学习的准确性和鲁棒性的技术。常见的集成学习方法包括 Bagging（Bootstrap Aggregating，引导聚焦算法）、Boosting（提升方法）和 Stacking（堆栈）等。其中，Bagging 通过自助采样生成多个模型，然后将它们的结果进行平均或投票来得到最终的结果；Boosting 则是通过迭代训练加权的基本模型，不断调整数据权重来提高模型的准确性；Stacking 则是将多个模型的结果作为新的特征输入另一个模型中，以此提高模型的准确性。

### （五）深度学习

深度学习（Deep Learning）是指一种基于神经网络的机器学习方法，其特点是能够处理大量复杂的、高维度的数据，并从中学习出高层次的特征表示。深度学习已经广泛应用于计算机视觉、自然语言处理、语音识别等领域。常见的深度学习模型包括卷积神经网络（CNN）、循环神经网络（RNN）、自编码器（Autoencoder）等。深度学习在预测问题中的应用越来越广泛，具有非常强的表达能力和预测能力，但同时也需要大量的数据和计算资源。

在 2023 年最热的大语言模型 Chat GPT 就是基于深度学习的模型。

### （六）迁移学习

迁移学习（Transfer Learning）是一种机器学习方法，此法可以将已经学习到的知识和模型应用到新的相关任务中，从而加速学习过程并提高预测准确率。迁移学习的目标是利用先前的学习和相关经验，帮助新的学习任务在数据较少的情况下取得更好的性能。迁移学习在许多实际应用中都具有重要作用，如自然语言处理、计算机视觉和语音识别等领域。

## 二、人工智能技术在预测中的应用

大数据时代，数据之间的相关性极其重要。相比于传统的预测模型，人工智能深度学习的模型提升了一个新的维度：将模型中各类数据的相关性都做了考虑，不但可以通过各项数据进行预测，还可以将每类数据纵向计算权重，进而参与到最终的预测结果中，使得预测准确率大大提升。

### （一）人工智能预测的特点

人工智能技术在预测中有三个主要特点：因果性、特征学习、复杂场景。

**1. 因果性**

很多应用都是通过相关关系去做拟合曲线，但这种方法有很强的局限性，因为很多拟合出的曲线是不正确的，甚至是荒谬的。但是，有了因果性后这一问题将会被解决，预测技术本身也将会变得更可信、更可靠、更容易理解。

**2. 特征学习**

相比于以前的预测技术，人工智能里的相关技术可以快速地进行特征学习。正因为如此，预测技术可以变得更高效、更智能，进而预测出的结果更准确。

**3. 复杂场景**

由于人工智能大量优秀的算法可以降维数据（如核 svm 算法），因此人工智能可以应用到更多复杂的场景，这也是传统预测模型所不能实现的。

在人工智能领域的预测中，我们可以从特征学习中去抽象出因果关系，当因果关系被确定后，进而用来重构特征。因果关系本身可以用于预测场景，特征学习直接用于预测场景的建模。因此在人工智能中，预测技术也可以支持复杂场景的预测，并且拥有极大的发挥其价值的空间。

### （二）人工智能需求预测与传统方法的区别

AI 在需求预测中的基本原理是利用机器学习算法来分析大量历史数据，探索数据中的潜在模式和规律，并利用这些规律来预测未来的需求情况。AI 与传统方法在需求预测方面存在较大的差异，主要包括以下几个方面：

**1. 数据量的处理能力**

人工智能能够处理大规模和复杂的数据集，能够自动地发现和学习数据中的规律，而传统统计学方法则更适合小规模数据的分析和建模。

**2. 自适应性**

人工智能能够自动调整模型参数，从而适应数据的变化和复杂性，而传统统计学方法需要事先假定数据的分布和模型形式，并不适用于非线性和非正态分布的数据。

**3. 预测能力**

人工智能能够通过深度学习等算法学习更高层次的特征，从而提高预测的准确度和可靠性，而传统方法则更适合建立线性模型和简单的规则。

**4. 常见问题的处理**

人工智能能够处理一些传统方法难以处理的问题，如非线性回归、多分类、图像识别等，而传统统计学方法则更适合分析数据之间的相关性和影响因素。

**5. 算法的可解释性**

传统方法更容易解释和理解，可以从统计学角度分析数据的分布和假设，并且能够给出假设的可信度。而人工智能算法的结果往往比较难以解释和理解，需要进行深入的分析和解释。

总的来说，人工智能与传统统计学方法在需求预测方面各有优劣，需要根据实际情况和需求选择合适的方法。对于大规模和复杂的数据集，可以借助人工智能方法进行分析和预测；而对于小规模和简单的数据集，则可以使用传统方法进行分析和建模。

## 三、人工智能在预测中的必要条件

虽然人工智能在需求预测中有着诸多优势，但是要让人工智能技术在需求预测中得以实施，还需要考量诸多现实条件，这些条件主要包括以下几个方面：

### (一) 数据的规模和质量

需求预测需要有足够的历史数据作为输入，而且这些数据应该是准确、完整、可靠、无偏的，同时数据的量也应该足够多，以便模型可以从中学习有用的规律和趋势。

### (二) 算法的选择和优化

人工智能需求预测涉及很多算法，包括机器学习、深度学习、神经网络等，选择合适的算法可以帮助提高预测精度和效率。同时，对算法进行优化和调参也非常重要，以便获得最优的预测效果。这意味着需要懂得人工智能技术的高端技术人才。

### (三) 基础设施的支持

人工智能在预测中需要强大的计算和存储能力，需要有支持大规模数据处理和模型训练的基础设施，如GPU（Graphics Processing Unit，图形处理器）、分布式存储和计算等。这意味着需要投入大量的基础IT设备。

### (四) 预测结果的验证和调整

预测结果需要进行验证和调整，以确保其准确性和可靠性，包括通过交叉验证、样本外测试等方法对模型进行验证，以及通过反馈和更新等方式对模型进行调整和优化。这意味着想要获得良好的效果，需要一个长期的过程。

### (五) 预测应用场景的适用性

人工智能需求预测需要针对不同的应用场景进行定制，不同的应用场景可能需要考虑不同的因素和特点，以获得最佳的预测效果。因此，在应用人工智能进行需求预测时，需要对应用场景进行充分了解和分析，以确保模型的适用性和有效性。

## 四、人工智能在需求预测中的实施路径

在采用人工智能方法进行需求预测时，具体实施环节主要包括以下几个方面：

### (一) 数据收集和处理

首先需要收集大量的历史数据，包括销售数据、库存数据、市场数据等，并进行数据清洗和预处理，去除异常值和缺失值，保证数据的准确性和完整性。

### (二) 特征工程

针对不同的需求预测问题，需要选取合适的特征，并进行特征处理和特征选择，以便更好地表示数据的特征和规律。

### (三) 模型选择和训练

根据需求预测的特点和目标，选择合适的机器学习算法和模型，如决策树、支持向量机、神经网络等，并进行模型训练和调优。

### (四) 预测和评估

利用训练好的模型对未来的需求进行预测，并进行预测结果的评估和改进。包括了解如何选择合适的评估指标、如何利用交叉验证等方法评估模型的性能和准确度，并进行模型的改进和优化。

总的来说，人工智能作为一种新型且极具发展潜力的技术，随着数字技术与企业数字化的

项目五　应用数智化技术进行需求预测

发展趋势，在需求预测中具有较大的应用前景。

**【方法工具】**

低代码人工智能工具。

**【任务实施】**

这是一个预测分店消费的回归问题，我们将根据前文的分析，结合低代码工具亲手实践一下，具体实施任务步骤如下（扫描二维码获取实施步骤和练习数据源）。

实施步骤

学习标杆

任务实施：需求预测　　京东重塑供应链：预测 500 万种商品销售（下）

**实训项目**

## 一、背　景

某公司之前在某些区域和产品族的计划中引入了需求预测工作，通过一段时间的实施获得了较好的效果，在生产排程和库存控制方面都得到了较好的改善。公司希望进一步扩大预测范围，但由于前期数据的收集、处理和预测分析等工作都是靠大量的人工来处理，从各个部门收集的数据存在填写不规范和格式不统一等诸多问题，这些问题对预测部门管理和处理数据造成了极大的困扰，有时候由于原始数据质量问题，还对预测结果造成较大的影响。在接到扩大预测范围的任务之后，部门决定引入一些技术手段来提高数据收集和后续处理预测方面的效率。

## 二、项目目标

借助相关的技术工具，提高数据收集和处理的效率。

## 三、项目步骤

（1）分组：将学生分成小组，每组三到四人。

（2）工作分工：小组成员选定一个组长，小组成员按数据采集、数据加工、数据可视化进行分工。

（3）工作目标：每个小组任选一个感兴趣的行业，采集网络数据，完成采集数据的清洗、加工，并形成分析报告。

（4）工作要求：每个小组需要用相应的工具完成数据采集、清洗、加工、可视化的过程，最终用 PPT（幻灯片）撰写分析报告。

（5）分析总结：重点分析合理地运用技术工具对工作过程的效率提升。

## 四、实训评价

每个小组需要选派代表讲解分析报告以及报告的制作过程,并提交任务实施过程中的所有原始数据。完成实训任务后,请填写实训项目考核评价标准表(见表5-3)。

表5-3 实训项目考核评价标准

| 专业 | | 班级 | | 学号 | | 姓名 | |
|---|---|---|---|---|---|---|---|
| 考核内容 | | | | 扮演的角色 | | | |
| 考核标准 | | 评价内容 | | | | 分值/分 | 评分/分 |
| | 教师评价 70% | 掌握相关理论知识、方法和技能 | | | | 15 | |
| | | 能够根据项目目标和要求采集原始数据 | | | | 20 | |
| | | 能够根据分析目标将原始数据清洗和加工成可用的数据表格 | | | | 30 | |
| | | 能够根据分析需求制作分析图形 | | | | 15 | |
| | | 撰写报告完整、格式规范,能够结合项目实践情况提出分析结论 | | | | 20 | |
| | 小组成员互评 30% | 具有团队协作精神 | | | | 40 | |
| | | 积极主动承担并完成所分配的任务 | | | | 50 | |
| | | 创造亮点,为小组争取荣誉 | | | | 10 | |

### 自测习题

**一、单选题**

1. 在数据与信息的关系中,以下说法正确的是(　　)。
   A. 数据是信息的加工和输出结果　　B. 数据是信息的基础
   C. 数据和信息在本质上没有区别　　D. 信息是客观事物的实际存在

2. 机器学习中,验证集的主要作用是(　　)。
   A. 训练模型使用的数据　　B. 最终评估模型性能
   C. 调整超参数,优化模型　　D. 获取最终预测结果

3. 在数据分析的四个层次中,描述性分析主要关注于(　　)。
   A. 预测结果　　B. 业务现状　　C. 原因分析　　D. 业务策略

4. 数据清洗方法:以下哪项不是数据清洗的常见方法?(　　)
   A. 缺失值处理　　B. 重复值处理　　C. 异常值处理　　D. 数据挖掘

5. 人工智能预测中的特点不包括以下哪一项?(　　)
   A. 复杂场景　　B. 灵活性　　C. 因果性　　D. 特征学习

**二、多选题**

1. 在统计方法分类里的数值型数据,可以分为哪两种类型?(　　)

A. 定距数据　　　B. 顺序数据　　　C. 定比数据　　　D. 定序数据
2. 可视化技术可以根据呈现形式分类，其中包括（　　）。
A. 二维可视化　　B. 三维可视化　　C. 动态可视化　　D. 交互式可视化
3. 问题层次分类：以下哪些层次属于数据分析框架中的层次？（　　）
A. 描述性分析　　B. 数据清洗　　　C. 预测性分析　　D. 可视化描述
4. 以下哪些是机器学习算法的学习方式？（　　）
A. 监督学习　　　B. 无监督学习　　C. 强化学习　　　D. 数据学习
5. 人工智能需求预测与传统方法的区别主要包括哪些方面？（　　）
A. 数据量的处理能力　　　　　　　B. 自适应性
C. 算法的可解释性　　　　　　　　D. 神秘性

三、问答题
1. 请简要说明数据和信息的关系，并举例说明它们在需求预测中的应用。
2. 数据清洗为什么是数据分析的重要环节？
3. 人工智能在需求预测中的必要条件之一是数据的规模和质量，请简要说明为什么这是必要条件。

# 项目六　协同需求预测与产销计划

## 项目背景

目前正值季度末，ABC 公司的季度例会正在进行，但此次参会人员似乎都不是很开心。

**公司负责人**：最近的供应链出现了什么情况？货物交付及时率如此低，客户满意度一再下降，再这样下去，我们的客户都跑去竞争对手那里去了！客户订单交付不及时，为什么还有那么多成品和原材料库存？这些库存都是哪里来的？

**供应链管理部总监**：我们供应链是按照销售部的预测进行物料采购、计划排产的，可是当原材料到货了，或者成品出来了，销售部门又修正了预测数据，产品型号、数量发生了改变，采购部门要重新下单采购原材料，计划要重新排产，生产部门要换线，遇到非标产品，周期就要加长。销售数据的不准确，导致了供应不及时。

**销售部总监**：销售预测是根据市场情况等多种因素随时进行调整的，为了让数据尽量准确，我们都是在确认多方信息后才把预测信息给到供应部门。我们预测了那么多标准产品，供应部门为什么不多备些库存，来提高交付及时率呢？

**财务总监**：大家知道库存可以掩盖很多管理上的问题，我们很多次因为备了太多库存让公司的现金流出现短缺，很多次预测的销售上涨因为某些问题并没有出现，所以我认为备库存不是提升交付及时率的好办法。

**公司负责人**：……

**供应链总监**：……

**销售总监**：……

类似的例会争吵每个季度都会发生。客户的抱怨，持续增加的库存，现金流短缺，各部门之间的抱怨是很多公司的常见现象。

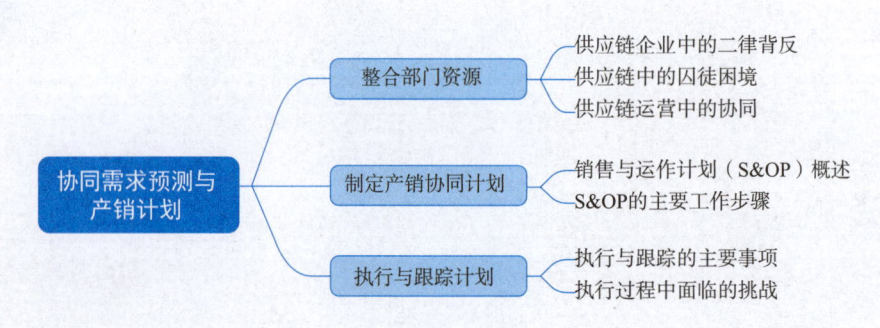

## 项目导航

协同需求预测与产销计划
- 整合部门资源
  - 供应链企业中的二律背反
  - 供应链中的囚徒困境
  - 供应链运营中的协同
- 制定产销协同计划
  - 销售与运作计划（S&OP）概述
  - S&OP的主要工作步骤
- 执行与跟踪计划
  - 执行与跟踪的主要事项
  - 执行过程中面临的挑战

## 任务一　整合部门资源

### 【学习目标】

本任务中，我们从企业组织行为的角度去讨论各职能部门协作中可能存在的矛盾关系，帮助大家理解，需求预测只是手段，达成供应链的产销协同才是最终目的，以及为什么需要有一套管理方法去贯穿整体的执行过程。

**知识目标：**
- 了解供应链企业中常见的组织部门及其主要职能。
- 了解二律背反效应的概念及其内涵。
- 了解通过整合部门资源实现供需平衡的基本思想。

**能力目标：**
- 能阐述企业组织行为中常见的二律背反现象。
- 能分析和识别供应链上下游环节相关部门关联的工作内容。

**素养目标：**
- 具备团队合作能力，能够贯彻合作共享、互利共赢的理念。
- 具备成本意识及成本节约意识，了解效率与成本的背反关系。
- 具备全局意识，在学习与工作中抓住重点和关键，将自身精力用于解决主要矛盾，提高自身实力和竞争力。

### 【任务导入】

学习资源：需求预测与各部门关系

在 ABC 公司的运作中，由于各个部门职能的定位和绩效要求的不同，很容易出现部门之间绩效目标背反的现象，即在企业中相互联系的两个部门之间存在相互排斥的现象。例如，生产部门希望生产订单少批次、大批量上线，减少换线成本，减低生产浪费；而销售部门希望每一个销售订单都能快速得到响应，快速生产出来，交付给客户。供应链组织中的各个部门在实际经营过程中都存在着密切的相关性，以上诉求显然存在着相互对立的矛盾，在市场需求和供应两端尤为明显。ABC 公司可以在各职能部门相互矛盾的诉求间设定一个参考值，来促进各职能部门的协同，整合供应链中上下部门的资源。针对 ABC 公司供应链情况，运用 Visio 工具，绘制 ABC 公司的组织结构图，了解上下游各部门的名称、主要职能及绩效指标。

### 【任务分析】

任务目标：运用 Visio 工具，绘制 ABC 公司供应链的上下游部门组织结构图，并列明各部门的主要职能及绩效指标。

(1) 明确任务目标及任务范围，即 ABC 公司的组织结构图。
(2) 搜集相关信息，包括利用网络搜集同类型公司中的组织结构信息。
(3) 整理数据。
(4) 用 Visio 工具绘制 ABC 公司的组织结构图。

【必备知识】

## 一、供应链企业中的二律背反

二律背反（Antinomies）是18世纪德国古典哲学家康德提出的哲学基本概念，指双方各自依据普遍承认的原则建立起来的、公认的两个命题之间的矛盾冲突。二律背反是指规律中的矛盾，在相互联系的两种力量的运动规律之间存在的相互排斥现象。自然界存在的两种运动力量之间呈此消彼长、此长彼消、相背相反的作用。纯粹理性的二律背反的发现，在康德哲学的形成过程中具有重要意义，亦揭示了理性的内在矛盾的必然性。

这种二律背反效应，在企业的组织行为中也有体现。在第一个项目中，我们介绍过企业是如何通过多个职能部门来满足客户需求的。而在现实的企业运作中，由于各个部门职能的定位和绩效要求，很容易出现二律背反效应，即在企业中相互联系的两个部门之间存在相互排斥的现象，如以下企业中常见的职能部门：

**销售部**：销售部提供市场需求和销售预测数据，以便作为制定生产计划和库存管理的依据。对市场和销售而言，通常是以销售份额作为重要考核指标，而销售部面向激烈的市场竞争时，自然期待企业的各种产品尽可能多生产，最好都是现货，以满足复杂情况下的各种市场需求，保障不丧失任何销售机会。

**生产部**：生产部负责制定生产计划、库存管理策略，确保生产和交付能力与销售需求相匹配。从生产部的角度而言，如何尽可能高效地完成生产任务是首先需要考虑的问题，并期待在生产组织过程中，产品尽可能单一标准化，以保障生产效率最大化。

**采购部**：对于物料供应的准时性和采购成本控制通常是采购部的重要工作和绩效指标，按照集约化的原则，自然期待原材料能按照最优采购原则进行采购，以保障在采购谈判时占据优势并保障稳定供应。

**物流部**：物流部需要在保障时效的前提下尽可能降低运输成本，在物流运作过程中，通常期待每次发货都能做到同线整车发运。

**财务部**：财务部需要保障企业运营过程中具有健康的现金流，而高库存往往会造成资金占用和库存折价风险，财务部自然希望库存所占用的资金尽可能少。

这些部门在实际经营过程中，都存在着密切的相关性，以上诉求显然存在着相互对立的矛盾，在市场需求和供应两端尤为明显。

**研发部**：研发部负责产品开发和创新，他们需要提供关于新产品的生产计划和时间表，以便纳入销售与运营计划。

**市场部**：市场部提供市场趋势、竞争情报和市场营销活动的信息，以便在销售与运营计划中考虑市场因素。

**高层管理团队**：高层管理团队需要参与 S&OP（Sales & Operation Planning，销售和运营计划）过程，提供战略指导和决策支持，确保整个组织对 S&OP 的重要性有清晰的认识。

例如，以下两个在企业中常见的场景：

**场景一**：生产计划、采购部、生产部纷纷抱怨，销售部门反馈回来的订单中急单太多，订单批次小，物料需求复杂，造成生产上频繁换线效率低下；物料采购订单零散且急单太多，供应商不配合。而销售部门也非常无奈：现在市场竞争大，要完成公司的销售指标，自然不能够随意放弃任何机会，客户有需求我们就要尽量满足。

知识链接

供应链中的二律背反

场景二：销售部门抱怨，签了很多客户订单，但是因为供应部门的产能不够或者缺少物料，造成大量的订单没办法按时交付，客户非常不满意，销售同事纷纷表示压力太大。而供应端的部门也非常无奈，市场订单总是急单，而且零散，需要合并订单来批次生产，不能频繁地按照每个订单去换线生产，否则时间都浪费在生产线的调整上，产能更上不来。而且由于实际订单总是不按预测来，从而导致物料缺少，而之前按计划备的成品和物料又闲置，造成了部分库存积压，加大了库存折价风险，也影响了财务的现金流。

如果孤立来看，两端的诉求都是合理的，而且是符合企业经营绩效要求的：销售部门关注的是业绩，对他们而言，只要有助于提升销售业绩的都应该满足；对供应端的部门而言，他们关注的是如何有效利用产能，低成本和高效地组织供应，他们的最优选择自然是尽量大规模地批量组织采购和生产。

## 二、供应链中的囚徒困境

如果二者都坚持自己的最优选择，那么最终整体的结果大概率是最差的，正如博弈论中的经典例子"囚徒困境"。

这种"囚徒困境"的现象显然不符合企业整体利益，那么该如何打破这种"囚徒困境"，保障企业供应链的健康运营呢？在"囚徒困境"的经典案例中，是通过"囚徒"A和B充分沟通，共同协商做出对于双方最有利的选择。事实上，企业也需要通过科学的管理方法，来促成需求部门和供应链部门充分协商，选择对于双方最有利的策略，而不是各部门始终固守自己的最优选择。

正是基于以上原因，需求预测哪怕存在着不准确的特点，也仍然是现代企业供应链管理中非常重要的环节，可以在各职能部门相互矛盾的诉求间设定一个参考值，来促进各职能部门的协同。

知识链接

供应链中的囚徒困境

## 三、供应链运营中的协同

企业通过协同来促进供需平衡，期望以最低的成本（库存、生产以及分销成本），最大限度地保证客户的满意度（交货的可靠性和灵活性）。为了达到这个目标，不仅是需求计划，企业还必须能够从整个供应链的角度保证供给和需求之间持续和优化的平衡，这些平衡在供应链执行中主要体现在以下几个方面：

第一，客户需求和分销计划的平衡。
第二，分销计划和生产计划的平衡。
第三，生产计划和产能计划的平衡。
第四，采购计划和供应商资源计划的平衡。

所以，需要实现产销协同，实际上是在执行过程中从客户需求端开始的一系列执行计划的平衡，需求预测是手段，通过供应链平衡，实现企业效益最大化才是目标。

> **素养园地**
>
> 在供应链运营中，需要具备整体意识、全局意识，与供应链上下游各企业、各部门进行有效沟通和协调，能够贯彻合作共享、互利共赢的理念。这些理念也可以运用到今后的学习与工作中。

### 【方法工具】

Visio 工具是一款功能强大的流程图和信息图表软件，用户通过可视化的方式展示复杂的流程、数据和信息，并通过图像化操作来设计和管理所有类型的业务流程、方案和概念。

Visio 工具具有庞大的图形库和预设的模板，可以通过 Visio 工具中的模板制作部门组织图、流程图、在制品等。组织结构图把各级主题的关系用相互隶属与相关的层级图表现出来，把主题关键词与图像、颜色等建立记忆链接。

通过绘制组织结构图，ABC 公司各部门之间可以有效了解上下游部门的工作职责及各方的绩效指标，能够更好地站在公司整体的角度进行供应链的协同，更好地整合各部门的资源，建立高效协同的供应链。

### 【任务实施】

任务解决过程可以按照以下步骤进行：

（1）通过阅读教材内容，了解公司常见的组织部门及其职能。

（2）利用互联网查找相关信息，了解供应链组织结构中的其他部门组织及其职能。

（3）根据学过的知识，或者查找网络资源，列明各职能部门的职能及其考核指标。

（4）确定 ABC 公司的组织结构：根据上述要求，绘制 ABC 公司的组织结构图，包括上下游各部门的名称、主要职能和绩效指标。这将帮助我们了解各个部门之间的关系和职责分工，促进各职能部门之间的协同，整合供应链上下游部门的资源，解决绩效目标背反的问题，实现更高效的运作和更好的业务结果。

**学习标杆**

创新合作，以客户为中心，承担社会责任

## 任务二　制定产销协同计划

### 【学习目标】

**知识目标：**
- 识记 S&OP 的基本概念。
- 理解 S&OP 的任务与目标。
- 了解 S&OP 工作的基本步骤及流程。
- 了解 S&OP 的作用与预期收益。

**能力目标：**
- 能阐述 S&OP 输出的主要工作流程，输出的核心内容和注意事项。
- 能分析和识别供应链上下游环节相关部门关联的工作内容。
- 能制定简单的产销协同计划。

**素养目标：**
- 沟通和协调能力：在小组讨论和实践演练中，学员之间需要进行有效的沟通和协调，分享观点、交流经验，并在团队中达成共识。这有助于培养学员的团队合作和协作能力。

➢ 具有责任心和执行力，能够有效地推动 S&OP 按步骤进行。
➢ 分析能力：通过收集和分析实际数据，学员需要理解生产和销售之间的关系，识别可能存在的矛盾和挑战，并从中提取关键信息来支持协同计划的制定。
➢ 综合思考能力：通过综合考虑生产能力、销售需求、库存管理等因素，并在限制条件下制定协同计划，学员需要运用综合思考能力，权衡各种因素，做出决策。

## 【任务导入】

ABC 公司针对某型产品制定了销售计划，销售计划批准后交给供应部门，供应部门要依据销售计划制定生产计划，同时为了及时满足客户可能的额外订货，销售部门还要求每月月末该型产品必须保证有当月销量 30% 的存货。

经计划部门检查，去年年末产品存货还有 93 台。请制定一个简单的生产计划。

基本数据如表 6-1 所示：

**学习资源**

**供应链产销协同**

**表 6-1　ABC 公司生产计划表**　　　　　　　　　　　单位：台

| 月份 | 1月 | 2月 | 3月 | 4月 | 5月 | 6月 | 7月 | 8月 | 9月 | 10月 | 11月 | 12月 |
|---|---|---|---|---|---|---|---|---|---|---|---|---|
| 预期销售量 | 261 | 238 | 202 | 268 | 302 | 249 | 278 | 222 | 161 | 234 | 179 | 294 |
| 期末存货 |  |  |  |  |  |  |  |  |  |  |  |  |
| 期初存货 |  |  |  |  |  |  |  |  |  |  |  |  |
| 计划生产量 |  |  |  |  |  |  |  |  |  |  |  |  |

## 【任务分析】

制定生产计划需要根据销售计划，确定需求量，考虑生产能力和库存要求，进行排产。
管理库存，期末存货即为下个月期初存货，需要合理使用。
定期召开协同会议，讨论销售情况、生产计划和存货水平，并进行必要的调整和协商。

## 【必备知识】

# 一、销售与运营计划（S&OP）概述

## （一）S&OP 的基本概念

S&OP 指的是销售与运营计划，全称为 Sales and Operations Planning，中文有几种叫法：销售与运作计划、产销协同或者产销平衡。顾名思义，是企业销售与内部运营之间的协同。S&OP 是调节相冲突的商业目标，并对未来供应链发展进行计划的战略规划，一般包括各种商业职能，如销售、运营、财务等，以便与整个企业的发展规划保持一致。

S&OP 的概念最早诞生于 20 世纪 80 年代中期，由 Oliver Wight（奥利弗·怀特）先生率先提出，在欧美公司里获得推广应用。后来，随着跨国外企在中国设立公司，这套管理理念逐渐被引入中国。它是一种企业供应链管理的高级决策工具，包括销售、营销、需求管理、生产、库存管理和新产品等。

S&OP 首先是一个流程，用来解决冲突、进行决策、沟通并实施，其目的是实现企业内部各项计划的整合与协调，从而实现供需链平衡。

## （二）S&OP 的任务与目标

从常识上来讲，有需求就有供给，需求减少，供给就减少，这是再正常不过的事情，S&OP 是利用需求预测来预测企业的订单需求，再利用供应能力来评估确定自己能够满足多大的需求。所以，在企业经营中，S&OP 的主要任务与目标是帮助企业尽可能地达到供需平衡，即企业供应能力正好满足客户需求，但在企业内部，这件事操作起来有一定的难度。任何资源的调整都需要有提前期，也就是有调整准备周期，而调整周期是需要资金投入的，这就需要企业对投资决策做考量，既要保证战略的达成，又不至于浪费资源，这就是 S&OP 实施过程中最大的挑战。

**知识链接**

销售与运作计划 S&OP

## （三）S&OP 与供需平衡

S&OP 是个业务过程，通过对市场、产品、运营、采购和财务等部门的沟通与协调，做出能快速响应市场变化的决策；通过统一指挥需求链和供应链的运作，平衡供需矛盾，围绕统一的目标进行承诺，协调内外部资源，从而实现财务绩效的最优化。

那么，S&OP 能进行哪些供需链平衡呢？在此，我们按照需求产生的时间先后顺序，将客户需求分为三种类型，S&OP 在这三种类型的需求与供应的平衡中发挥不同作用。

**类型一：已经产生的确定的客户需求**

类型一是已经产生的确定的客户需求，但此时客户需求还不能直接转化为订单，因为接收到此需求时，企业还需要根据供应能力进行评估，此需求是否可以接，这个过程就是这一阶段的供需平衡，也是 S&OP 在这一阶段起到的辅助作用。

**类型二：近期可能产生的客户需求**

类型二是近期可能产生的客户需求，此需求存在一定的不确定性。供应链一般依靠一定的需求预测方法来预测客户可能的需求量。当预测出来后，需要根据预测数据对供应进行评估，以寻求供需平衡。这一阶段的评估是 S&OP 发挥价值的重要阶段。当预测数据大于供应时，需要提前提高供应能力，或者降低需求；当预测数据小于供应能力时，需要从市场端采取办法提高需求，或者降低供应能力。

**类型三：远期可能产生的客户需求**

类型三是远期可能产生的客户需求，预测此需求通常不是预测具体的订单量，而是预测一种趋势。也就是说远期需求不是具体的，而是为企业决策提供一种可能的方向。远期产生的客户需求也需要进行供应链平衡，如调整市场策略，扩大生产必要设施等，这种平衡通常是企业战略层面上的，此阶段 S&OP 也起到一定的推动作用。没有合理的 S&OP 管理机制，要么无法达成战略，要么准备了过多的资源，投资回报率过低。这也是要实施 S&OP 的关键原因。

## （四）S&OP 的作用与预期收益

没有评估方法和执行依据，企业战略就无法有效落地，会造成企业战略与落地实施之间的脱节，资源的准备也会比较盲目，无法做到有的放矢。而 S&OP 在业务过程中，通过对市场、产品、运营、采购和财务等职能部门的沟通和协同，可以作出应对市场变化的有力决策。通过 S&OP 统一指挥市场端和供应端的运作，平衡供需矛盾，围绕统一的目标协调内外部资源，从而实现企业效益的最大化。在这一过程中，S&OP 的作用主要体现在以下六个方面：

**1. 更好地满足客户需求**

S&OP 可以帮助企业在战略计划的指导下，根据市场需求，建立企业统一的、协调一致的运作计划，使企业的生产物资、人力资源、技术能力、资金等资源得到充分利用，最大化地满足客户需求。

**2. 有利于保障库存健康**

S&OP 既是一个供应链平衡的过程，也是一个基于需求进行承诺的过程。S&OP 的核心价值是帮助企业更好地根据需求来决定投入，避免盲目供应，有力地保障库存健康，从而降低总体库存，提升库存效率。

**3. 提升上游供应商的效率**

有了需求，就需要组织供应，需要采购和备货。通过 S&OP 的事前控制与平衡，能极大地提高计划的准确性和稳定性，从而提升供应商的生产效率，有利于加强企业与供应商的合作关系，带动供应商效率的进一步提升，进入良性循环。

**4. 改进跨职能部门的沟通与协作**

S&OP 作为一个提供跨部门沟通的平台，定期沟通的机制，以及对某些协作的强制性要求，能够促进和改进企业内部各职能部门间的沟通，从而提升企业的整体协作能力与效果。

**5. 提供更高效的决策流程**

作为一个流程，S&OP 是为了实现"一个计划"而进行整合和协调的流程。"一个计划"的特性减少了企业决策的选项，会大大减轻企业的决策难度，也会极大提升企业的决策效率。

**6. 把握未来，未雨绸缪，为企业经营指明方向**

S&OP 基于预测的工作方法更关注未来，根据对未来的预判提供建议，帮助企业做到未雨绸缪，为企业未来的经营指明方向。

实施 S&OP 是一个系统性工程，对企业而言，投入是为了获取更高的收益，那实施 S&OP 有哪些预期收益呢？根据统计，收益包括直接收益和隐形收益两个维度，其中直接收益有以下几个方面：

（1）业务收入增长。
（2）成本降低。
（3）SKU 的合理化。
（4）改善客户服务。
（5）增加效率。
（6）降低库存。

而隐形收益则包括以下几个方面：

（1）改进各部门之间的沟通并提升团队协作。
（2）更好的决策流程和更有效的财务控制。
（3）最终形成一组数字，并以数量和资金为单位。
（4）更加紧密联系的战略规划和日常执行活动。
（5）建立持续改进的企业文化。

## 二、S&OP 的主要工作步骤

S&OP 是一个解决企业需求与供应平衡的工具，需要通过企业内部各职能部门协同，实现企业各项计划的整合和协调。同时，S&OP 也是一个流程，既然是流程，就具备基本的工作步骤和主要工作内容。那么，S&OP 在企业实践中到底是如何开展具体执行工作的呢？

在本任务中，我们将系统地介绍 S&OP 在企业实践中的工作过程，重点学习 S&OP 是由哪些主要工作步骤组成的，每个步骤主要包括哪些工作内容。

S&OP 的实施由多个主要工作内容组成，包括准备需求预测报告准备、需求计划制定、供应

计划制定、S&OP 预备会议和 S&OP 正式会议五个步骤，如图 6-1 所示：

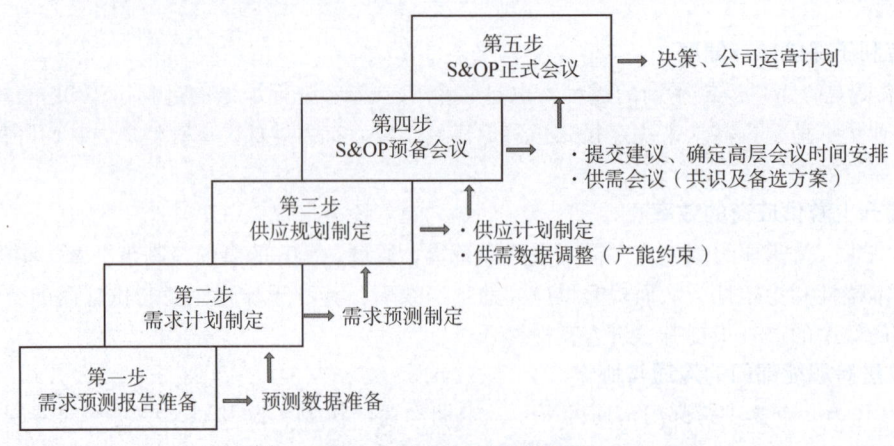

```
                                        第五步
                                        S&OP正式会议  → 决策、公司运营计划
                                    ↑
                            第四步
                            S&OP预备会议  → ·提交建议、确定高层会议时间安排
                        ↑                   ·供需会议（共识及备选方案）
                    第三步
                    供应规划制定  → ·供应计划制定
                ↑                  ·供需数据调整（产能约束）
            第二步
            需求计划制定  → 需求预测制定
        ↑
    第一步
    需求预测报告准备  → 预测数据准备
```

图 6-1　S&OP 五步步骤图

步骤看起来非常简单，但活动的内容却相当丰富，涉及企业经营和企业运营管理多个方面的议题，包括中长期计划的制定和执行，需求与供应的平衡，订单履行策略的实施，库存与服务水平的调整等。

### （一）需求预测报告准备

需求预测报告是最终预测的结果，具体预测的主要工作过程和内容在前文中已系统地做了阐释，此处不再赘述。需要强调的是，在众多企业实践中，虽然需求来自市场端，但为了保证预测的客观性，通常不建议由市场相关部门提出，而是由独立的预测部门实施。

报告产生的过程，通常是由预测部门根据掌握的数据采用定量分析法进行初步预测，而后结合市场部门提供的数据，采用定性法进行预测调整，有时甚至需要两次调整预测数据，最终确认后才提出正式的预测报告。

### （二）需求计划制定

由销售和市场人员对预测进行分析讨论，如果存在分歧，则需要对原有预测进行调整或者做出新的预测。通常经过讨论调整后的报告，才是最终的需求预测报告。

在需求预测已完成的前提下，借助统计规律，并结合已收集的相关数据，即可制定市场需求计划。这个需求计划通常并没有考虑企业的实际供应状况，而是以完全满足需求而分解展开的计划，是一个无约束的市场需求计划。

典型的市场需求计划的制定过程包括：通过对在谈项目的梳理，确定小合同剩余、大合同剩余、即将签单的重大项目、销售预测（不含即将签单的重大项目）等四项数据的要货分布，将这四项数据按月求和，得到未来 3~5 个月的需求计划量。长期的市场需求计划量则根据销售和发货比例来确定。

### （三）供应计划制定

得到正式预测之后，需要根据需求来评估和组织供应，需要梳理约束条件，并据此制定供应计划。

供应计划是指对企业在计划期内生产经营活动所需各种物品的数量和时间，以及需要采购物品的数量和时间等所做的安排和部署。供应计划中两个最关键的要素为数量和时间。

供应链部门的人员要分析第二步所得出的结论，以决定是否有必要对现有的运营计划进行调整，如果销售预测、库存水平或者未完订单水平发生了变化，就需相应地调整运营计划，调整后的运营计划要通过资源计划进行校验，以确保关键资源的可用性。调整后的运营计划将提交销售与运营计划预备会议进行讨论，即进行供需计划评审。

每月，由市场计划部门召集市场、生产和采购部门参加要货计划评审会，会议主要审视需求计划变动和合理性，供应环节根据新的市场要货计划调整生产策略和制定新的采购到货计划。最初是所有部门在一起开一个评审会，参加人员多，会议级别也比较高。

一般来说，系统化的供应计划控制至少包括以下几个方面：

### 1. 物料计划

物料计划（Material Plan，MP）是指原材料计划，但业界习惯称之为物料计划。其实，原材料、半成品、成品等在 MRP 看来都是"物料"。物料计划经常被误读为 MRP，严格意义上说，MRP 只是 ERP 中物料需求的一个计算方式，真正的物料计划表现在采购的日常工作中，通过核查生产进度、产能分配、库存状况来监控物料的到位情况和匹配程度，如原材料的分类管理及采购、库存策略的分析与决策、物料呆滞及短缺的预警、预防问题等。日常工作中的 CTB（Clear To Build，可生产）、ATP（Available to Promise，可承诺）等也算是 MP 的工作，但其实主要是检查（Check）工作。很多人往往把物料检查当成物料计划，因为检查本身就是为计划做准备，也是供应评审的主要组成部分之一。

### 2. 产能计划

产能计划（Capacity Plan）是指生产过程中半成品、成品所需的产能和可用的产能分配。通常是指粗产能计划，客户订单、预测或来自销售等组织的需求计划，是 RCCP（Rough Cut Capacity Planning，粗略产能规划）的输入，这个流程的目的是寻找产能瓶颈以决定怎么供应（Master Production Schedule，MPS），它是 S&OP 流程需求评审（Demand Review）之后的供应评审（Supply Review）的主要组成部分之一。

### 3. 生产计划

生产计划（Production Plan，PP）是指根据订单需求、物料及库存状态和生产可利用的产能进行安排的生产活动，是排产、排程（Production Scheduling，PS）。这个是 MRP 运行后的"安排"，基于计划单（Planned Order）、工单（Work Order）安排生产，通常叫生产计划，其实是生产调度、安排之类的工作，类似于对内采购。

### 4. 库存计划

库存计划（Inventory Plan）是指在计划期间有目的地产生多少库存的计划，包括订单所需产品的库存、最小库存和安全库存目标的设置和平衡。

### 5. 发运计划

发运计划（Delivery Plan）是指根据订单需求、生产进度、库存状况和客户的分布、需求分析，在物流成本最合适的情况下建立的最优化发货安排。发运既包括原材料、物料的发运，也包括产成品货物的发运。

企业中需求计划、订单计划，以及以上这些不同方面、不同层次的供应相关的计划并不是孤立存在的，而是前后上下保持相关性、同步性。

### （四）S&OP 预备会议

这个会议的目的有四个：一是就供需平衡问题做出决定；二是解决各个部门计划中存在问题及差异，以便形成一套一致的建议计划提交给正式的销售与运营；三是明确各个部门不能达成一致的问题，以及把相关的背景和数据提交给正式的 S&OP 计划；四是分析各个可选方案的影响。参加 S&OP 预备会议的人员包括销售、市场、产品开发、财务、运营和生产的部门负责人。销售与运营计划预备会议输出包括：一个更新的财务计划、

**知识链接**

供应计划的主要内容

分产品簇的行动建议、新产品的开发计划、资源的调整建议、部门间不能达成一致的问题和替代方案及影响、供需策略的调整建议以及正式销售与运营计划会议的议程。

该预备会议主要分为四个部分：上期计划执行情况分析、本期无约束市场需求介绍、本期供应能力介绍、可执行的发货计划评审，并对每部分都建立模板，其中包含数据要求及基本格式要求。

评审过程主要使用的几个规则是：

**1. 在供大于求的情况下，可执行要货计划的确定原则**

以无约束的市场预测作为可执行的发货计划，同时，启用安全库存来调节，可执行要货计划和安全库存计划作为主计划排产的依据。

**2. 在供不应求的情况下，可执行发货计划的确定原则**

（1）将安全库存减小，或者减小为零，所有的库存都拿来支援市场前线。

（2）对客户订单进行排序，确定必须满足的需求量。

（3）按照瓶颈资源的最大量进行计划排产，市场和采购两边都要承诺，再决定可执行的发货计划。

**3. 平滑市场需求波动**

由于市场需求是无约束的，因此可能存在剧烈的波动。此时需采用劈山填海、安全库存等方式平滑这些波动，使之既可以满足市场需求，又能防止制造环节出现浪涌和物料采购预测的大幅波动。

**4. 预备会议结果沟通流程**

通常正式会议的目的是需要企业高层参与拍板，对供需双方的主要分歧点做出最终决定。所以，通常在正式会议之前需要通过预备会议使供需双方减小分歧，以保障正式会议的效率。

预备会议需要供需双方的主要负责人共同参与，把需求和供应进行充分分析和讨论，将可以解决的问题提前处理，把能够达成一致的问题形成共识，将重要分歧的问题形成记录，等待会后最终沟通确认和提交到正式会议。

预备会议需要事前确定并且固定一位组织者，通常由供应链部门负责人担任。如果公司设有 S&OP 专项负责部门，则由 S&OP 负责人担任。除主持人外，参加预备会议的主要包括以下相关岗位人员：需求计划、供应计划、物流计划的负责人以及物流负责人、生产负责人、采购负责人、销售管理人员、产品人员等。

通常预备会议讨论的主要事项如下：

（1）上期 S&OP 执行情况回顾与分析。重点在于对未执行或执行不利的情况进行分析和讨论，找出原因，寻求纠正措施和解决方案。

（2）需求预测评审。对需求计划提交的正式预测进行解读和讨论（以分类业绩预测及关键项的明细需求为主）。需求计划与市场、销售人员为主要参与方，对达成共识的部分形成修改意见，对分歧的部分进行保留。

（3）开环供应计划评审。即无约束供应计划，分解后的供应计划包括物料需求计划和物流计划，会议中分别对这两个计划进行讨论，形成意见并记录共识和分歧部分。

（4）闭环供应计划评审。即有约束供应计划，同样重点针对分类业绩预测及关键项的明细需求预测。供应计划相关负责人列出所有约束条件，会议首先评估约束条件的"约束性"，即讨论这些约束条件是否真正成立，对确定存在的约束条件寻求解决方案。例如，产能不足，是否可以使用外包、增加设备或者增招人手、加班等方法解决。

（5）新产品讨论。保留一个专门的议程进行新品讨论。从上新进度、需求预测到上市，列出时间表，提出各种约束条件。

（6）会议中按照分歧问题的大小进行分类，大的分歧直接记录并提交到正式会议上讨论，对于小的分歧约定会议后续沟通时间及参与人，小范围沟通处理。会后沟通需要在预备会上明确参与会后沟通的每个人的意见。

（7）确定正式会议的时间，制定正式会议的议程。

（8）拟定初步供需平衡方案和预备会议报告。

#### 5. 哪些分歧值得沟通

预备会议后续沟通的主要目的是将能够解决的分歧提前解决，但难度在于明确哪些分歧是能够解决的。在实际工作场景中，有一些分歧，没有高层参与的话，往往无法调和，沟通不出结果。例如，产能不足是否可以通过购买设备扩大产能，这涉及公司投资问题，通常不是业务部门能够决定的，这种分歧沟通没有意义，浪费管理资源并可能影响参会人员的心情。

哪些分歧值得沟通，哪些不值得沟通，更多的是靠与会各方的感性判断，可以通过图6-2的沟通价值矩阵的思维框架，找到一些大致的区分方法。

| 意愿<br>影响 | 意愿弱 | 意愿强 |
| --- | --- | --- |
| 影响小 | 单方面负责（主动），沟通出结果或提出解决建议 | 必须沟通并达成共识（结果），小事不麻烦领导 |
| 影响大 | 不沟通，直接留待高层会议解决，不浪费相互的时间 | 积极沟通出结果或提出解决建议，给领导选择题 |

图6-2 沟通价值矩阵

沟通价值矩阵是以"沟通意愿"为横坐标，"影响大小"为纵坐标，纵横交错形成的矩阵。"沟通价值"，是指"沟通"这个动作的价值，而不是所沟通的事情本身的价值，在这个环节需要重点考虑的是是否值得沟通。

沟通意愿是指参与各方愿不愿意在会后继续沟通。在预备会议上有一个环节是确定预备会议分歧的会后继续沟通时间及参与人，并明确他们参加会后沟通的意愿。

影响大小指需要沟通的事对整个S&OP工作，甚至整个企业的影响程度。对影响程度大小的判断，由会议主持人主观判断（如主持人为专员，则由参加会议的供应链负责人主观判断）。

图6-2的第一象限，影响小意愿强。这类纠纷必须沟通，并且要求达成共识，给出沟通结果，即解决方案。这一类都是小事，并且相关各方也愿意沟通，就不用提交到正式会议由高层决定。

图6-2的第二象限，影响小意愿弱。这类纠纷也应当沟通，但由于参与方意愿小，则应当有人出来负责推动沟通并给出结果，或者至少给出几种解决思路，供正式会议上高层决定。

图6-2的第三象限，影响大意愿弱。这一类分歧大家都不愿意沟通，且问题重大，也没有权力拍板，则直接记录留待正式会议上提出，由高层商讨决定。

图6-2的第四象限，影响大意愿强。这类影响大的分歧，既然由于会议时间的问题没有在会上充分展开，那么会后可以再深入沟通，能够达成共识最好，如果不能，则讨论出几种解决思路，让高层在正式会议上做出选择。

### （五）S&OP正式会议

一般都需要邀请CEO（Chief Executive Officer，首席执行官）参加，以便快速决策。该会

议的目的有五个：一是批准销售与运营计划预备会议的建议或制定新的替代方案；二是授权对生产或采购水平做出调整；三是将生产计划与运营计划进行对比，并且进行必要的调整；四是就销售与运营计划预备会议没有达成一致的问题进行决策；五是审查那些低于计划水平的关键指标。

S&OP 又被称为"老板"工程，它的推行需要公司高层的支持，高层支持的具体表现形式是参加正式会议。

高层参加会议最主要的目的是对会议前供需各方的主要分歧和重大影响事项作出最终的决断，以保障各项计划能够顺利向下推进。

既然是正式会议，那么会议将对前期各部门的所有计划进行讨论和做出最终决定，所以理论上应当要求高层和所有关键负责人均到场。如果高层确实由于客观原因不能参加会议，则应当指派并授权具有一定级别的人员代表参会，能够对大部分问题有权做出决定，或者致电高层即时决定；即便当场不能决定的事项，也可以通过代表人在会后将事项向高层汇报，并在两天内做出决定。

经过以上五步，一个完整的 S&OP 会议后，将有如下计划得到批准，即 S&OP 会议的输出：销售计划、生产计划、库存计划、未交订单计划、财务计划、产品与工艺开发计划、用工计划等。

### 【方法工具】

供需平衡模型是一种用于分析和优化供应链中产销平衡的工具。它基于供应链中的销售需求和生产能力之间的关系，帮助企业确定合理的产量和库存水平，以实现供需的平衡。

供需平衡模型通常考虑以下几个关键因素：

**1. 销售需求**

通过分析历史销售数据、市场趋势、市场份额等因素，预测未来的销售需求。销售需求可以按照不同的时间周期（如日、周、月）进行建模，以便进行计划和决策。

**2. 生产能力**

综合考虑企业的生产设备、人力资源、供应商能力等因素，确定企业的生产能力。生产能力可以根据不同产品、工厂、工艺等进行建模，以便进行产量规划和资源分配。

**3. 交货期**

考虑产品的交货期要求，即从订单接收到交付的时间。交货期要求可能会影响生产计划和库存策略，需要与销售需求和生产能力相匹配。

**4. 库存管理**

根据供应链的库存策略和成本考虑，确定合理的库存水平。库存管理涉及安全库存、经济批量、补货周期等因素，以平衡库存成本和服务水平。

基于以上因素，供需平衡模型可以进行仿真和优化，以找到最佳的产销平衡方案。模型可以考虑不同的决策变量和约束条件，如产量调整、库存调整、产能提升、交货期调整等，以满足销售需求、最小化成本、提高客户满意度等目标。

供需平衡模型可以使用数学规划方法、仿真模拟、优化算法等进行求解。常用的工具包括线性规划、整数规划、离散事件仿真、遗传算法、蒙特卡洛模拟等。

通过使用供需平衡模型，企业可以更好地理解和规划供应链中的产销关系，优化资源配置，减少库存风险，提高供应链的效率和灵活性。

## 【任务实施】

### 一、解释生产和销售之间的关系，帮助学生理解产销协同的必要性

### 二、分析产销矛盾和挑战

引导学生讨论可能存在的产销矛盾和挑战，如交付时间、库存管理等方面的冲突。让学生思考生产量和库存量设置多少比较合适。

### 三、设定协同目标

要求学生确定一个简单的协同目标，保证销售的连续性且合理控制库存水平。

### 四、制定协同计划

引导学生根据目标和数据分析结果，制定一个简单的协同计划。

#### （一）确定期末存货

根据销售部门的要求，每月月末必须保证有当月销售量30%的存货，由此可计算出每月月末的存货量。

#### （二）确定期初存货

确定期初存货时需注意上一年的剩余产品是一月的期初存货量。

#### （三）计算生产量

生产量=期末存货量−期初存货量+当期销售量。

### 五、产销协同计划表格输出

评估方法：
小组产销协同计划表：提交产销协同计划表，评估其数据准确性。

> 学习标杆
>
> 科技创新、用户导向、
> 协同发展——小米
> 科技的经营哲学

## 任务三　执行与跟踪计划

### 【学习目标】

知识目标：
- 认识S&OP的执行与跟踪管理的重要性。
- 掌握S&OP执行与跟踪的主要事项。
- 了解S&OP执行实施面临的挑战。
- 熟悉S&OP所涉及的数据收集、分析和决策制定方法。
- 理解S&OP在供应链管理中的作用和重要性。

能力目标：
- 能够有效收集、整理和分析与销售、生产、库存及供应链相关的数据。

➢ 具备跨职能协作和沟通的能力，能够组织和主持 S&OP 协调会议。
➢ 能够制定可行的产销计划，并确保各个部门的共识和承诺。
➢ 具备执行和监控 S&OP 计划的能力，能够及时调整计划以适应市场变化和需求波动。

**素养目标：**
➢ 具备全局意识和战略思维，能够将 S&OP 与企业的整体目标和战略相结合。
➢ 具备问题解决和决策能力，能够在复杂的情况下作出准确和有效的决策。
➢ 具备团队合作和领导能力，能够促进不同部门之间的合作和协调。
➢ 具备持续学习和改进的意识，能够不断优化和调整 S&OP 计划，适应变化的环境和需求。

### 【任务导入】

任务名称：S&OP 协调会议模拟。

你作为公司的 S&OP 专员，组织一场 S&OP 协调会议，需要邀请公司相关部门的负责人参与会议，包括销售、计划、生产、物流、财务及公司领导，以协商和达成共识的方式制定销售计划、生产计划和库存管理等决策。

**学习资源**

S&OP 绩效评估

### 【必备知识】

在正式会议最终决议输出最终预测后，需要进一步进行落实，督促各相关部门在规定的时间内完成各项输出。各部门负责人员按流程规定、正式会议决议要求和 S&OP 输出的指令进行执行和日常操作，S&OP 专员负责 S&OP 执行的全程跟踪与汇报。

## 一、执行与跟踪的主要事项

在执行过程中，根据当前需求预测的目标以及输出的需求计划，安排各相关部门输出对应的计划。在这个过程中，常常涉及物流计划、物料需求计划、主生产计划、采购计划和相关的新品、退市产品的计划以及财务计划等。

跟踪的过程主要有以下事项：

（1）S&OP 专员需要跟踪各项正式会议的输出发送传达到位。

（2）需求计划员依据约束后的需求预测制作需求计划，经审核后下达各职能部门。

（3）各职能部门相关人员依据需求计划和其他相关数据制定各执行计划，经审核后下达执行。执行层面的计划包括物流计划、物料需求计划、主生产计划、采购计划和相关新品、退市品以及财务计划等，由各自职能部门安排完成。

（4）各部门按照执行计划安排落实、执行，以及过程中的反馈与协调。

（5）S&OP 专员在事前确定的各时间节点进行跟踪、跟催以及问题收集与反馈，流程中需要明确相关责任承担和追责的步骤与方法。

（6）预测纠偏。

（7）按 S&OP 的流程进行常规的操作。

## 二、执行过程中面临的挑战

成功地面对这些挑战的困难度取决于某一具体行业的变化性和复杂性。上文介绍了供应链管理的两个核心挑战，即维持供需的持久平衡和最佳平衡。而这一困难的程度取决于行业的动态变化程度和复杂程度，当今企业供应链管理的变化性和复杂性又取决于两方面因素：

一是数据的复杂性。供应链管理是一种数据高度密集型的流程，使用了大量种类繁多的数据。例如，每个产品都需要一份材料清单和工艺流程，还有批量、消耗、准备时间等。还需要可用生产能力、库存数据及未结生产和采购订单数量，以及与这些因素相关的成本数据，还要考虑商业规则以及一个客户是否比另一个更重要等。除了多样性等方面，数据复杂性的挑战也来自庞大的数据量。一家大的公司有上万的库存单位、上千的客户、上百的资源，超过五百家供应商是很正常的事，更糟的是这些数据并不是静态的，事实上它们一直在变化，管理这些数据是供应链管理变化性和复杂性的主要原因。

二是人的复杂性。S&OP 是一个跨职能部门的流程，有许多不同的部门参与其中，例如销售、分销、生产、采购、财务等。正如前文组织行为中提到过的，所有的职能部门都有不同的目标和核心能力，让这些部门为供应链管理优化的目标一起工作是极具挑战的，因为每个职能部门都有只关注自身核心业务的自然倾向。此外，供应链管理决策是在公司组织结构的每一层作出的。要想使生产线上的工人决策、销售代表对客户的交货承诺、计划部门领导的库存战略决策，以及高层管理人员的财务目标都保持持久一致，是同样具有挑战的任务。要保持组织的各层次作出的决策持久一致，对大多数企业来说，仍然是一个梦想。

除了这些"数据"和"人"的因素，第三个导致供应链管理流程中变化性和复杂性增加的因素是大多数公司正在把公司从垂直整合的形态向集中于公司的核心竞争力方向转化。在十五年前，大多数公司是垂直型组织的，一个公司管理着从零售到分销、组装生产和零配件生产的整个供应链。接着，这种整合形式开始缓慢但明确地瓦解。

首先，生产商开始将他们的零部件对外委托给大量的供应商。

其次，这种外委的趋势包括生产运作，而且公司开始将越来越多的生产行为转给分包商，这就产生了额外的沟通需求和复杂性。

随着这种趋势继续向整个供应链扩展，导致了供应链中的参与者爆炸性地增加。这意味着在今天，为了满足市场需求，一家公司不得不和各地的第三方合作伙伴打交道，包括供应商、分包商、外委的分销商、运输商和零售商。供应链伙伴之间相互交换的信息包括需求是什么或可以确认的是什么，最终的影响是管理供应链的复杂性急剧增加。

信息交流量大量增加的结果是交流的质量迅速下降。这种情况一般会导致合作伙伴之间严重缺乏信任，引起过度的自我保护行为，例如，过度的库存或过度的产能。这种趋势的最终结果是整个系统变得越来越缺乏效率，并使得供应链管理流程的优化变得从来没有过的困难。

与这种供应链分化的中心趋势相关联的是全球化。导致竞争激烈，产品生命周期缩短，客户的集群化以及由互联网引起的网络化趋势已经形成了一触即发的态势。在这种形势下，人们可以预计供应链管理流程的多变性和复杂性将持续增长，其结果是现成的供应链管理能力不足以把握日益变化的环境。

## 【方法工具】

供应链 S&OP 的执行和跟踪需要使用一些方法和工具来确保计划的有效实施和监控。以下是一些常用的方法和工具：

### 一、PDCA 循环

PDCA 循环是一种持续改进的管理方法，可以应用于 S&OP 的执行和跟踪过程中。它包括以下四个步骤：

### （一）Plan（计划）

制定 S&OP 计划，包括销售计划、生产计划和库存管理计划等。

### （二）Do（执行）

按照计划执行销售、生产和库存管理等活动。

### （三）Check（检查）

监控执行结果，与计划进行对比，分析偏差和问题。

### （四）Act（纠正）

根据检查的结果，采取纠正和改进措施，调整计划和执行过程。

## 二、关键绩效指标（KPI）

设定和跟踪关键绩效指标是衡量 S&OP 执行和效果的重要手段。常用的 KPI 包括销售预测准确率、交付准时率、库存周转率等，可以根据具体情况选择适合的指标，并定期进行跟踪和评估。

## 三、信息系统支持

使用供应链管理系统或其他相关的信息系统来支持 S&OP 的执行和跟踪。这些系统可以帮助收集、分析和共享销售、生产和库存等数据，提供实时的信息和报告，以便进行决策和调整。

## 四、协同会议

定期召开协同会议，邀请销售、生产、运营和财务等相关部门的代表参与，共同讨论和评估销售情况、生产计划和库存水平等，并进行必要的协商和调整。会议可以促进沟通和协调，解决问题和决策。

## 五、跟踪和报告

建立跟踪和报告机制，定期监控 S&OP 的执行情况和结果。可以使用仪表板、报表和其他可视化工具来展示关键指标和数据，帮助管理层和团队了解当前状态，并及时采取行动。

通过合理地运用这些方法和工具，可以有效地执行和跟踪 S&OP 计划，确保供应链的协同运作和业务目标的实现。本次 S&OP 协调会议模拟任务主要用到协同会议及跟踪和报告两种方法。

### 【任务实施】

任务实施的具体步骤：

## 一、角色分配

将学生分成销售、生产、采购、物流和财务等不同部门的代表，并为每个角色提供相应的背景信息和目标（可参考本单元后实训项目的背景信息）。

## 二、会议准备

要求学生在会议前准备自己部门的数据和信息，包括销售预测、生产能力、库存水平、供应商情况等。

## 三、会议召开

### （一）开场介绍

引导学生进入会议角色，并简要介绍会议目的和议程。

### （二）数据分享

要求每个部门代表分享自己的数据和信息，包括销售预测、生产能力、库存水平等。

### （三）讨论和协商

要求学生以各自的角色身份参与会议，讨论和协商销售计划、生产计划和库存管理等议题。学生可以提出自己的观点、需求和限制条件，并与其他部门代表交流、协调和解决潜在的冲突和问题。

### （四）制定决策

要求学生共同制定最终的产销计划，确保供需平衡和绩效目标的达成。在制定决策过程中，学生需要考虑各个部门的利益和限制条件，并寻求共识。

## 四、会议总结

### （一）总结决策结果

要求学生对会议的过程和结果进行总结，评估决策的合理性和可行性。

### （二）讨论挑战和改进机会

要求学生讨论会议中遇到的挑战、解决方案和改进机会，分享彼此的经验和观点。

### （三）团队协作体会

要求学生分享他们在会议中的角色扮演经验和团队协作体会，讨论团队合作中的亮点和改进空间。

通过本任务，学生将能够亲身体验 S&OP 协调会议的过程和挑战，培养团队合作、问题解决和决策能力。同时，将加深他们对 S&OP 的理解和应用，助其学会在协商中找到平衡点，以实现供需平衡和绩效优化。

**学习标杆**
联想集团在 S&OP 跟踪与执行方面的出色表现

## 实训项目

### 一、协同需求预测与产销计划综合实训案例

A 公司是一家大型电子产品生产企业，主要与两大电商平台合作销售。本案例以 A 公司的物料采购和平板电脑生产、销售及运输为例，通过预测市场需求、下达采购订单、安排生产计划、安排运输计划等业务模拟，学习供应链综合运营的相关知识（执行周期为 30 天）。基础数据请扫描二维码获取附件。

**基础数据**
A 公司需求预测与产销计划相关数据

### 二、实训成果要求

（1）选择合适的方法预测两个经销商一月份的销量。

(2)编制物料采购计划,确定各供应商的采购数量、物料发运计划及到料计划。
(3)编制生产计划,确定生产周期、日产能及总产量。
(4)产成品发运的物流计划编制,包括发运日期、数量及运输方式的选择。
完成实训任务后,请填写实训项目考核评价标准表(见表6-2)。

表6-2 实训项目考核评价表

| 专业 | | 班级 | | 学号 | | 姓名 | |
|---|---|---|---|---|---|---|---|
| 考核内容 | | | | 扮演的角色 | | | |
| 考核标准 | | 评价内容 | | | | 分值/分 | 评分/分 |
| | 教师评价70% | 掌握相关理论知识、方法和技能 | | | | 15 | |
| | | 需求预测方法正确,数据误差小于3% | | | | 10 | |
| | | 生产计划安排合理,产能设置得当 | | | | 25 | |
| | | 采购计划安排合理,生产满足率达95% | | | | 25 | |
| | | 配送计划安排合理,市场需求满足率达95% | | | | 25 | |
| | 小组成员互评30% | 具有团队协作精神 | | | | 40 | |
| | | 积极主动承担并完成所分配的任务 | | | | 50 | |
| | | 创造亮点,为小组争取荣誉 | | | | 10 | |

## 三、任务分析

将学生分成四人一组,分别担任销售经理、采购经理、生产经理、物流经理。

### (一)需求预测阶段

根据历史销售数据和市场趋势数据,包括销售量、季节性变化、促销活动等,使用合适的需求预测模型(如时间序列分析、回归分析等)对未来销售需求进行预测。

### (二)协同需求预测

在跨部门的协作平台上,销售、市场、生产和采购、物流等相关部门的代表参与需求预测会议(小组不同成员承担不同部门职责和数据)。

分享需求预测结果和相关数据,讨论市场趋势、产品特点和竞争环境等因素对需求的影响。

### (三)产销计划阶段

根据协同需求预测和现有的生产能力、库存情况等因素,制定产销计划。
考虑到生产周期、供应商的交货时间、运输时间等,合理安排生产和采购计划。

### (四)协同产销计划

共享产销计划和相关数据,讨论生产能力、供应链瓶颈、市场需求波动等因素对计划的影响。

基于共识和协商,制定最终的协同产销计划,明确各部门的责任和工作安排。

### (五)实施和跟踪

各部门按照协同产销计划实施,及时反馈生产进度、采购情况和销售数据等信息。

## 自测习题

### 一、单选题

1. 企业为降低库存成本而减少库存量，会引起采购费用的上升，这属于（　　）现象。
   A. 蝴蝶效应　　　　B. 二律背反　　　　C. 囚徒困境　　　　D. 以上均不正确
2. 以下关于供应链中各职能部门目标说法正确的是（　　）。
   A. 采购部门通常以销售份额作为重要考核指标
   B. 销售部通常需要在保障时效的前提下尽可能降低运输成本
   C. 生产部门的主要目标是在组织生产过程中尽可能高效地完成生产任务
   D. 物流部门的主要工作是控制物料供应的准时性和采购成本
3. S&OP 的主要任务是（　　）。
   A. 实现供需平衡　　B. 降低成本　　　　C. 提高客户满意度　D. 扩大市场份额
4. S&OP 的实施可以带来哪些直接收益？（　　）
   A. 降低库存　　　　B. 增加效率　　　　C. 改善客户服务　　D. 所有选项都正确
5. S&OP 的作用之一是改进跨职能部门的（　　）。
   A. 人员管理　　　　B. 业务流程　　　　C. 沟通与协作　　　D. 绩效评估

### 二、多选题

1. 以下哪些是物流部门的绩效指标？（　　）
   A. 准时交货率　　　B. 运输货损率　　　C. 单位采购成本　　D. 市场占有率
2. 企业必须能够从整个供应链的角度保证供给和需求之间持续和优化的平衡，这些平衡在供应链执行中主要体现在以下几个方面（　　）。
   A. 客户需求和分销计划的平衡　　　　B. 分销计划和生产计划的平衡
   C. 生产计划和产能计划的平衡　　　　D. 采购计划和供应商资源计划的平衡
3. 以下哪项属于 S&OP 的主要工作步骤？（　　）
   A. 准备需求预测报告　　　　　　　　B. 需求计划制定
   C. 供应计划制定　　　　　　　　　　D. S&OP 预备会议和 S&OP 正式会议
4. S&OP 能够进行哪些供需链平衡？（　　）
   A. 已经产生的客户需求　　　　　　　B. 近期可能产生的客户需求
   C. 远期可能产生的客户需求　　　　　D. 供应商的生产能力
5. 在执行过程中，供应链管理面临的挑战主要包括（　　）。
   A. 数据的复杂性　　　　　　　　　　B. 人的复杂性
   C. 垂直整合向核心竞争力集中的转变　D. 全球化和市场竞争激烈

### 三、问答题

1. 请简要解释 S&OP 的基本概念和作用。
2. 请简要描述 S&OP 的实施过程。
3. 请简要说明 S&OP 成功实施的关键因素。
4. S&OP 执行与跟踪的主要事项中涉及哪些计划？

# 第二篇

# 供应链客户管理

# 项目七 认识供应链客户管理

## 项目背景

A集装箱企业是国内唯一一家既能生产冷冻集装箱又能生产冷冻机组的工厂。该公司的产品销往世界各地，并以其优质的产品质量、完善的企业管理在行业中拥有较高的声誉。

该企业收入以及盈利能力一直非常强，企业市场份额最高时可占行业市场的30%。但是近五年以来，市场份额在持续走低，企业逐渐出现客户满意度低和客户资源流失率上升等问题，企业亟待调整经营竞争策略。

经过企业内、外部环境分析，发现了企业运营管理中的一个较大问题，即该公司的客户关系管理存在明显的缺陷，并未建立明确的管理体系。在日常运营过程中，部门之间在客户问题处理方面往往合作不够顺畅，影响了客户服务的质量；在出现问题时，各部门之间容易出现相互推诿的现象，使得客户问题解决进度缓慢，甚至不能得到圆满解决，这对公司的整体形象产生了很大的负面影响。例如，原材料和零部件采购部门只关注他们与供应商之间的关系，以确保原材料和零部件质量、数量符合要求，同时确保合理的降本，但对于最终用户的使用要求往往缺乏关注意识。而设计生产部门由于没有与市场营销部门建立沟通机制，因此并未真正参与到客户关系管理的工作中去，对客户需求的把握准确度不高，导致产品的性能无法完全满足客户的需求。市场营销部门只专注于产品的销售，对于客户信息的收集和使用并未有效地实现，为产品设计生产部门提供的支撑有限。

## 项目导航

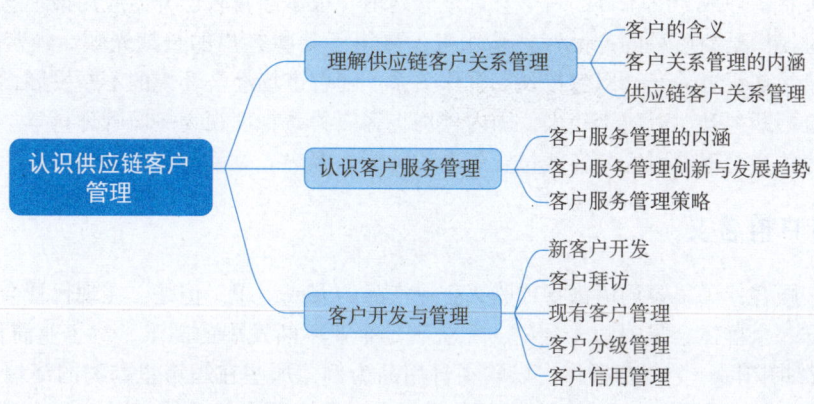

认识供应链客户管理
- 理解供应链客户关系管理
  - 客户的含义
  - 客户关系管理的内涵
  - 供应链客户关系管理
- 认识客户服务管理
  - 客户服务管理的内涵
  - 客户服务管理创新与发展趋势
  - 客户服务管理策略
- 客户开发与管理
  - 新客户开发
  - 客户拜访
  - 现有客户管理
  - 客户分级管理
  - 客户信用管理

## 任务一　理解供应链客户关系管理

**【学习目标】**

知识目标：
- 理解客户与客户关系管理的内涵。
- 比较供应链管理与客户关系管理的异同。
- 理解供应链环境下的客户关系管理。

能力目标：
- 会阐述供应链客户关系管理三个层面的工作内容。
- 能规划开展供应链客户关系管理的基本工作步骤。

素养目标：
- 增强以客户为中心的商业价值观。
- 提升协同合作的系统思维。

**【任务导入】**

请大家针对项目背景中企业出现的具体问题，提出改进该企业客户关系管理的工作方案与措施。

**学习资源**

供应链企业角色与客户关系

**【任务分析】**

本任务需要大家在理解相关基本概念以后，运用系统思维进行分析，并以头脑风暴的方式，集思广益地形成合理的解决方案。

**【必备知识】**

在客户关系管理成为学术界的一个管理概念之前，很多经营者已开始应用该理念。例如，杂货店老板通过提供更高质量的产品和热情服务，赢得了某些客户的长期光顾。经营成功的企业会有意识地给予购买者关怀，以保持长期合作关系。随着市场经济环境的不断发展，客户在企业经营中的地位不断上升，近四十年来，国内外均将客户关系管理视为一门管理科学。

企业客户关系管理的研究与实践包含三个关键词：客户、关系和客户价值。

### 一、客户的含义

消费者、顾客、买家等词语都指代购买企业产品的人或组织。但是，在现代社会中仅仅将客户定义为这样一个群体会显得过于狭隘，无法满足企业不断发展的需求。对企业而言，"顾客"和"客户"都指向同一个消费群体。以购买日用品为例，那些在超市里购物的终端消费者既可以被称为该超市的"顾客"，也可以被称为"客户"。虽然所指的群体相同，但不同的术语背后蕴含着巨大的思想差异。在通过"产品导向"进行市场营销的环境下，企业通常把顾客看作"没有名字的一张脸"，只对到访的人提供服务，而不留下任何个人信息。但是，在市场营销理念从"产品导向""市场导向"至"社会导向"再到"关系导向"的变化中，企业开始重视记录顾客信息，有意地将顾客信息储存在自己的数据库中，作为优质高效服务的基础。此时，"顾客"就逐渐演变成了"客户"。现代企业强调将"顾客"视为"客户"的理念在企业营销的整个过程中起着重要指导作用。

传统观念认为，客户和消费者是同一概念，两者的含义可以不加区分。但是对企业来讲，客户和消费者应该加以区分。客户是针对某一特定细分市场而言的，他们的需求较集中，在市场学理论中，供应商必须在销售之前了解客户及其市场的供求需要，否则之后的"硬销售"广告只是一种资源浪费。而消费者是针对个体而言的，他们的需求较分散。

本教材采用百度百科给出的客户定义：客户是指用金钱或某种有价值的物品来换取接受财产、服务、产品或某种创意的自然人或组织。他们是商业服务或产品的采购者，可能是最终的消费者、代理人或供应链内的各组织。

## 二、客户关系管理的内涵

### （一）客户关系管理的定义

不同学者和从业者对于 CRM（Customer Relationship Management）的概念有不同的侧重表述，但总体上，CRM 被描述为一个综合性的、价值导向的管理工具。综合多个有代表性的表述，本教材将客户关系管理的定义描述如下：

客户关系管理是指企业为提高核心竞争力，利用互联网与相应的信息技术，收集和分析客户相关信息，了解客户的需求、行为和偏好，有针对性地提供产品或服务，协调企业与顾客间在销售、营销和服务上的交互，发展和管理与客户之间的关系，从而培养客户的长期忠诚度，实现客户价值和企业收益的最大化。

我们可以进一步从以下三方面来理解把握客户关系管理的内涵：

**1. 客户关系管理是一种新的管理理念**

这个理念的核心是发展以客户为中心的经营模式。营销理论从 4P 到 4C 再到 4R 的演变，切实地反映出以客户为中心的市场发展趋势。许多实证研究表明，以客户为中心是优秀企业所具备的主要特征之一，其具体要素如图 7-1 所示。客户关系管理以客户需求为起点，采用客户关系管理工具以满足合作双方的需求，追求双方长期共存的合作关系。

图 7-1 CRM 关键要素关系图

**2. 客户关系管理是一种新的商务模式**

客户关系管理这种商务模式重在动态的运作过程中识别产品、服务和客户之间的关系，在这种关系中分析企业与客户的互动过程，从而建立良好的客户关系。其主要集中在决策、营销和服务等领域。在这些领域，企业通过整合和协调资源，更好地满足客户的需求，带来更多的客户体验，增加客户黏度，从而获得稳定的市场份额与利润。

### 3. 客户关系管理是一种新的技术系统

客户关系管理同时是一个嵌入"以客户为中心"的、先进的应用信息系统。通过这个系统，企业收集客户的信息并对其进行分析。

## （二）客户关系管理的作用

### 1. 提供客户满意度

市场竞争日趋激烈，单纯依靠产品已难以获取持久的竞争优势。企业开始谋求与每个客户保持更亲密、个性化的关系。市场研究表明，如果供应商提供的产品或服务令客户感到满意，即使价格高一些，客户也愿意支付。因此，许多企业开始将客户关系管理作为长期战略任务，寻求差别化竞争优势。

### 2. 增强客户忠诚度

客户关系管理通过数据仓库、商业智能等技术，使搜集、整理、加工和利用客户信息的质量大大提高，有效地捕捉和满足客户需求，提升客户价值，为企业带来稳定的客户关系。企业研究表明，保持客户忠诚可为公司增加25%~85%的利润。实证研究普遍证明了一个事实，开发一个新客户的成本要比维系一个现有客户的成本高出5倍以上，而且80%的销售额来自现有客户，60%的新客户来自老客户的热情推荐。

客户忠诚是一种重要的社会资本，客户忠诚度越高，为企业贡献的客户终身价值就越大，同时，所形成的客户推荐效应也越大，因而增强客户忠诚度就会大大降低企业的经营风险。

## 三、供应链客户关系管理

供应链客户关系管理（SCRM），即借助先进的信息技术，实现整条供应链上的节点企业对客户信息快速准确共享，以此来调整和优化整条供应链的运营流程以及节点企业自身组织架构体系，以科学合理的优质资源更好地满足客户需求，最终达到提升客户满意度和忠诚度目标的系统实践。

### （一）供应链管理与客户关系管理的异同点

客户关系管理和供应链管理是企业不同模块的管理工作，但二者存在诸多的联系，也存在着不同的侧重点，其主要关系体现在以下三个方面，如图7-2所示：

#### 1. 共同的客户纽带

供应链管理与客户关系管理共同强调的焦点是客户。客户需求是两者的起点，满足客户需求，提升双方合作价值是两者共同迈向的终点。

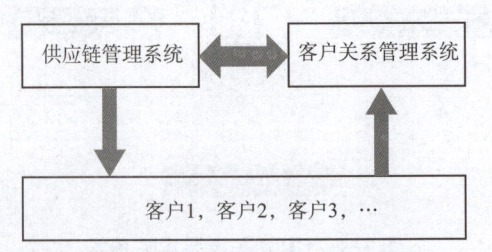

图7-2 供应链管理系统与客户关系图

#### 2. 均以信息衔接为工作基础

客户关系管理系统在运行过程中，可以收集客户需求并进行分析，而供应链管理系统收集与分析的信息是业务流程的数据，重点在于业务流程管理，通过执行需求预测、采购、生产、分销和销售职能，降低核心企业运营成本。

### 3. 两者管理的侧重点不同

CRM已成为企业的基本商务战略，它与企业资源规划系统（ERP）、供应链管理系统（SCM）一起被称为企业提高竞争力的三大法宝，三者之间的关系如图7-3所示：

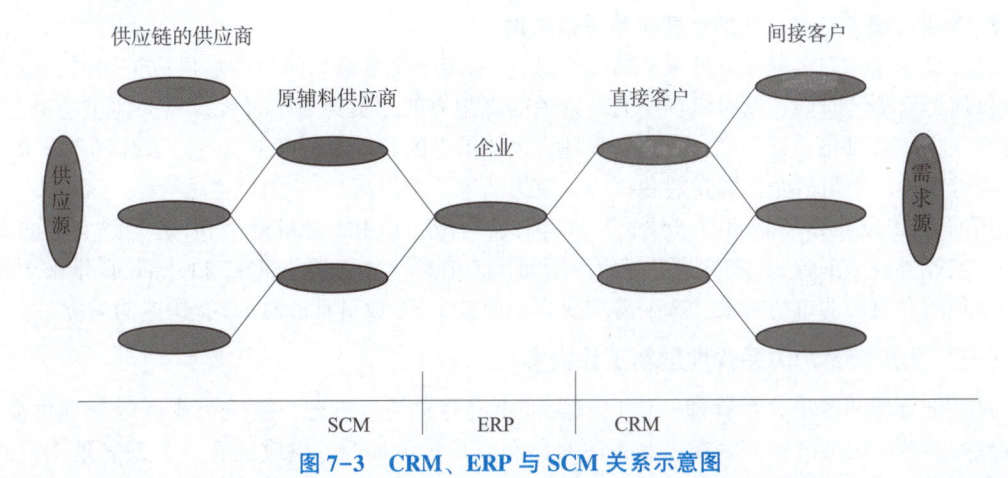

**图7-3　CRM、ERP与SCM关系示意图**

企业资源计划系统（ERP）重点解决企业内部资源整合和业务管理问题，侧重于企业后台管理；CRM重点在对客户资源的发掘和利用，侧重于企业前台管理。通过二者的整合，有关前台的信息可以立刻传输到后台，而后台在接收到信息之后，经过计算又反馈到前台客户界面上，形成通畅的信息流通管道。供应链管理SCM的着眼点是与企业建立关系的上游或下游伙伴，供应链更多地考虑商品在一家企业传递到另一企业的时候，如何实现"链条上的增值"，关注产品和业务流程提效增速。

### （二）供应链管理与客户关系管理融合的必要性分析

现代企业供应链管理中的一个重要发展趋势，是从实体产品管理和业务流程管理转向客户服务的运营管理。提升客户满意度和忠诚度被现代企业普遍确立为最高的战略目标之一。而客户关系管理对于企业运营的意义在于其精准地弥补了供应链管理忽略的地方，实现两者融合已经成为现代企业正在实践的课题。

#### 1. 实现客户与整条供应链的衔接

传统的供应链管理只重视供应链内部各个环节的纵向融合，忽视了横向融合。而将客户信息输入供应链管理系统，供应链上的所有节点企业都能够分享到客户信息，以此来生产更加符合客户需求的产品或服务，以便提升客户满意度。

#### 2. 促进组织管理模式的变革

目前供应链管理普遍采取的管理模式是按照职能划分，这种模式将供应链的不同部分分割开来，使得信息在供应链上的传递效率降低。通过供应链管理和客户关系管理的整合，在将客户信息输入的同时，也将以往以功能划分的供应链组织整合成为一个整体的、以客户为中心的组织模式。

#### 3. 帮助供应链系统的集成

供应链管理与客户关系管理的整合，在供应链和客户之间建立一座桥梁，可以将客户信息输入供应链系统中，这个步骤的前提是客户信息的统一转化，因此需要一个统一的系统标准。这种客户信息的统一化也为供应链的系统集成奠定了基础。

#### 4. 推动实现供应链运作的可计划性和可控制性

供应链管理和客户关系管理整合可以促进采购、生产、销售与服务等各类计划进行综合

协调和统一。例如，良好的客户关系管理能够使销售计划更加准确；同时，销售计划的进展信息也会促使采购和生产计划更加合理，市场需求发生变化时，各种计划也能够及时同步进行调整。

**5. 为供应链各结点企业的运营决策提供依据**

大部分企业建立客户关系管理 CRM 的时候，未能全面考虑如何与后端供应链协同，或者在建立供应链管理的时候，没有将客户关系管理的思想有效地贯穿整个过程。只关注供应链管理，会让企业生产盲目化；只关注客户关系管理，企业信息的获得途径过于单一；了解客户需求，不向供应链反馈，会阻碍企业的发展和核心竞争力的进一步提高。

当前的 SC 是由市场驱动的"拉式"SC 模式，有效的 CRM 会对整个 SC 起到强有力的导向作用，它能导致上下游 SC 成员间更好地沟通和传递信息，为企业内部 SC 和外部 SC 带来更准确的需求预测和更大的市场需求，减少需求变异，使整个 SC 成员都能对 SC 有快速的响应。

### （三）供应链客户关系管理创新工作内容

供应链管理和客户关系管理一体化成为供应链客户关系管理，能让企业有效管理供应链，实现成本节约和服务改善，更有效地关注客户和客户价值提升。供应链客户关系管理主要的创新工作内容包括：

**1. 关系管理的横向发展**

将仅仅面对单一企业的客户关系管理延伸和发展为面向整个供应链，包括制造商、供应商、代理商、零售商的经营管理思想。供应链客户关系管理直接从"客户接触点"开始为企业管理换了一种思维方式，企业的整个供应链和价值链都将围绕客户这一中心展开一切活动。良好的 CRM 是企业把握在线客户的真实需求、改善企业与客户的相互关系、培植客户忠诚的核心内容。

**2. 工作对象更加丰富**

供应链的组成成员除了制造商、供应商、代理商、零售商等渠道成员之外，还包括金融服务提供商、物流服务商和研发服务提供商。供应链客户关系管理中厂商和渠道商的关系既是契约关系，也是战略合作伙伴关系，渠道管理是供应链协同管理的核心范围，也是客户关系管理的创新内容之一。以销售为中心的行业销售渠道承担了向最终消费者销售产品、收回生产和投资收益的重任，因此销售渠道的客户关系管理是关键突破点，这是对客户关系管理思想的丰富和创新。

**3. 客户细分**

根据供应链各环节对最终客户价值最大化的贡献重要性进行客户细分，对于不同类别和等级的客户，进行差异化管理，有利于提升客户满意度。

**4. 丰富战略伙伴关系关怀策略**

在一个完整的 SC 系统中，能充分满足客户方需要的优秀供应商是 SC 成功的关键所在。在产品经过 SC 的各个环节到达终端用户的途中，供应商和客户必须建立起亲密、信任、高效的关系。而这种深度关系的建立，除了追逐高效的业务流程，还需要创新客户关怀行动。相较于单点的消费者客户关系管理，供应链客户关系管理因为着重渠道管理，所以关怀策略和行动都会有所不同。

### （四）两者融合途径

客户关系管理与供应链管理整合需要两种途径：

**1. 再造业务流程**

信息技术可以辅助实现高效客户管理，但是构建供应链客户关系管理平台（SCRM），首先需要企业对业务流程重新调整。有研究表明，70%的 CRM 项目未能实现最初的期望，究其原因，这些实施 CRM 的企业只把 CRM 当作一种管理软件，而忽略了相关业务流程与能力的调整与提升。

因而，首先实现供应链管理和客户关系管理整合下的业务流程再造，能够使得企业的业务流程围绕客户进行，实践以客户为中心的管理思想；其次才是建设 SCRM 信息系统的技术引进。

**2. 搭建客户信息共享平台**

企业从供应链的视角进行客户关系管理是实现供应链客户关系管理的有效途径。最重要的环节就是将供应链信息与客户需求信息统一起来，加强共享。供应链客户关系管理系统应具有强大的客户信息资源管理功能，能够实现客户信息的实时收集、甄别筛选，能够根据用户的要求输出客户的特定信息。同时，也能够基于数据对未来的市场需求和客户需求进行预测，从而实现企业库存量的下降，以帮助供应链能够准确把握市场的发展方向，从而提高企业管理系统的整体性能。

【方法工具】

知识链接

综合以上供应链客户关系管理（SCRM）的信息，我们可以从理念、技术、实施三个层面来理解此工具。其中，理念是 SCRM 成功的关键，是 SCRM 实施应用的基础和土壤；信息系统、IT 技术是 SCRM 成功实施的手段和方法；实施是决定 SCRM 成功与否、效果如何的直接因素。具体包括：

**客户信息共享平台简介**

## 一、建立"客户导向"的管理理念

## 二、全面采用 B/S 技术

为了满足移动办公和分布式管理的需求，SCRM 系统会更多采用基于 Browser/Server（浏览器/服务器）架构的多层结构，建立高效的客户响应系统。

## 三、全面集成各种信息交流技术

SCRM 系统需要支持客户可能倾向采用的各种交流方式，包括电话、电子邮件、手机短信、网络会议、网络即时聊天工具等沟通渠道。

## 四、采用数据仓库和数据挖掘技术

数据仓库（Data Warehousing）、数据挖掘（Data Mining）和联机分析处理（Online Analytical Processing）技术已成为 SCRM 系统提供决策支持的关键技术，帮助企业建立完善的、量化的客户价值评估体系，以销售额、利润等原始数据为指标，建立评估模型，找出对企业最有价值的客户群体并分析其特征，帮助企业制定更合理的经营策略。

## 五、采用科学方法实施构建 SCRM 管理平台

SCRM 平台构建是一个系统过程，需要科学的方法指导平台的构建过程。该方法的全过程和每个步骤如图 7-4 所示：

理念导入 → 业务梳理 → 平台构建 → 流程固化 → 系统部署 → 应用培训 → 实施运行

**图 7-4 SCRM 平台构建流程图**

### 六、把握 SCRM 管理平台构建的核心原则

SCRM 管理平台须实现企业内各部门之间的协同、核心企业与供应链成员之间的协同,核心企业与客户之间的交互、供应链成员与客户的交互。总而言之,SCRM 管理平台须实现核心企业、供应链成员企业和客户三方协同。

**【任务实施】**

本任务为开放题型,答案不唯一,实施参考要点如下:

第一,从建立理念、选用技术和系统实施三个层面提出工作方案。

第二,需要强调客户关系管理应与原料采购、设计生产、市场营销和物流运输建立协同工作模式,如图 7-5 所示:

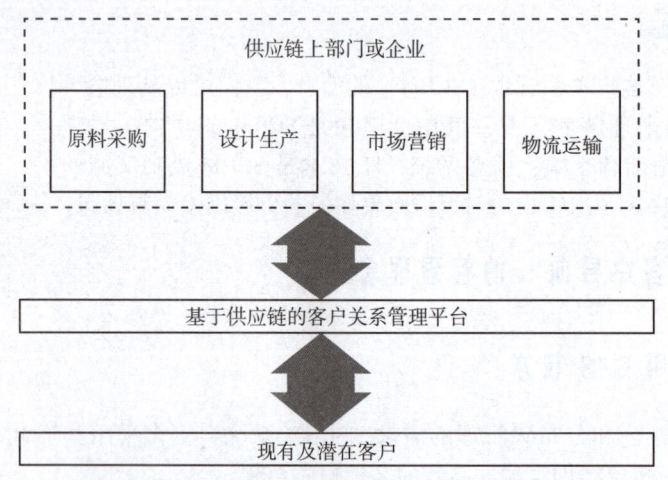

图 7-5 供应链视角下客户关系管理平台运营模式

第三,以客户关系管理系统与设计生产模块协同为例,如图 7-6 所示,说明两者协同的内在关键要素。

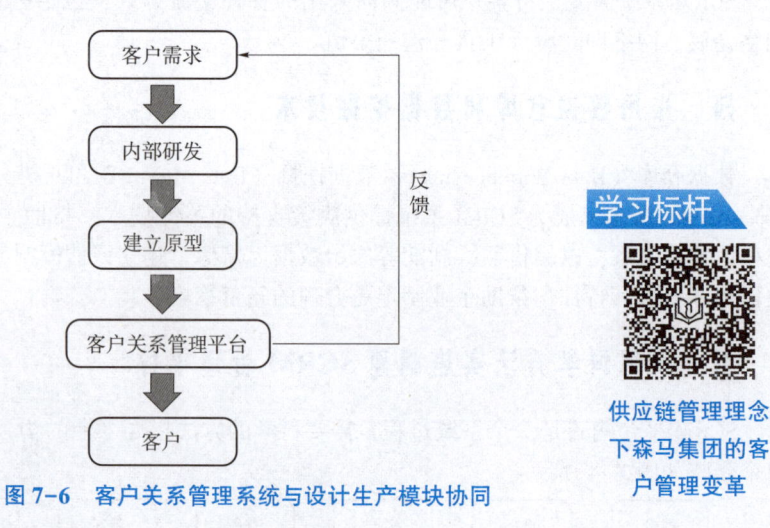

图 7-6 客户关系管理系统与设计生产模块协同

**学习标杆**

供应链管理理念下森马集团的客户管理变革

## 任务二　认识客户服务管理

### 【学习目标】

**知识目标：**
- 理解客户服务与客户服务管理的概念与作用。
- 理解客户服务管理数字化转型的四个路径。
- 理解客户让渡价值的组成与作用。

**能力目标：**
- 会运用客户让渡价值分析工具规划客户服务体系的构成。
- 会运用客户服务管理数字化转型路径提出企业阻止客户满意度下降的措施。

**素养目标：**
- 树立优质高效创新服务理念。
- 建立企客双赢和供应链多方协同共赢的服务价值观。
- 提升智慧解决客户问题的服务能力。

### 【任务导入】

A集装箱企业出现了客户流失率持续上升的问题，直接原因是客户满意度下降。请梳理该企业供应价值链上的客户组成，从客户服务管理的角度，为该企业提出更新的服务模式建议和具体的改进措施，并模拟演示就某个具体事件妥善服务客户的过程。

学习资源

用积极语言提升客户体验

### 【任务分析】

本任务背景举例说明了该企业客户服务过程中出现的具体问题，反映出该企业重视产品与销售而不重视客户服务的运营现状，但这也许只是企业运营管理中存在问题的"冰山一角"，该企业甚至可能不存在完善的客户服务体系。

我们若想提出合理化建议，需要认真学习以下与客户服务相关的知识点。

### 【必备知识】

随着市场环境的变化，人们对经济学范畴的服务的认知发生了根本性的改变。以亚当·斯密为代表的古典政治经济学家认为，服务无助于交易量的增加，服务是非生产性的。近代西方经济学把服务与产品相提并论，认为有产品必有服务。现代市场经济中，服务演变成了商品，与产品共同组成整个社会经济活动。

产品和服务既有区别又有联系，产品是有形的，服务是无形的。产品的关键是功能和价格，服务的关键是体验和价值。服务的生产过程，与物质产品的关系时有时无，关键是客户购买消费过程中的感觉和认知，尤其是提升的价值感知和价值效能。

在产品质量、产品规范日趋同质化的时代，客户服务这项工作从后台走到了前台。客户服务已经成为企业运营的生命线；同时，客户服务水平的高低，反映的是某个企业整体运营状况的好坏。

## 一、客户服务管理的内涵

国内外多项理论与实证研究已经证明,优质的客户服务水平对企业获得长期稳定的客户订单以及长期的生存发展具有举足轻重的作用。

客户服务(Customer Service)主要体现了一种以客户满意为导向的价值观,整合及管理在预先设定的最优成本—服务组合中的客户界面的所有要素。广义而言,任何能提高客户满意度的内容都属于客户服务的范围。

客户服务管理是指企业了解与创造客户需求,以实现客户满意和客户忠诚、最大限度地开发客户和获取客户终身价值为目的,企业全员、全过程参与的一种经营行为和管理方式。在企业实践中,包括营销服务、部门服务和产品服务等几乎所有的服务内容。工作内容包括但不限于服务设计、客户售前咨询销售、售中跟踪执行客户订单、开发新客户以及维护老客户,形成对客户的联系、服务及售后的客户关系管理体系等。

客户服务工作在企业运营价值链中的地位,与其他生产、销售等业务部门一样,都是企业关键的业务部门,是企业运营价值链重要的组成部分,如图7-7所示:

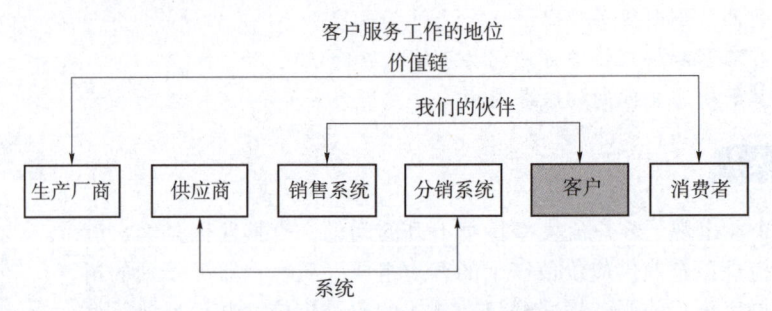

图7-7 客户服务工作在企业运营价值链中的地位

## 二、客户服务管理创新与发展趋势

社会经济从农业经济时代、工业经济时代发展到体验数字经济时代,由原来单纯地重视产品为中心发展到以产品服务为中心,客户服务也需要适应社会经济发展,经历从产品销售服务、产品售后服务、品质服务、体验服务到当下数字化服务的转变。

随着大数据时代的来临,互联网与多媒体的广泛应用,人工智能、VR(Virtual Reality,虚拟现实)/AR(Augmented Reality,增强现实)、物联网技术的逐渐崛起,用户行为习惯与生活方式愈来愈呈现个性化特征。服务对象客户的变化主要体现在两个方面:一是客户对服务的需求变得更加多样化与智能化,对服务的内核更加趋向便捷专业以及量身定制等;二是客户的自主服务意识逐渐加强,消费习惯更加倾向于移动式与碎片化场景。

基于上述市场环境的变化,客户服务作为企业的核心竞争力正面临着数字化转型。其数字化转型工作需要从更新服务意识、提升服务能力、增强服务体验和创造服务价值四个方面系统展开,力争创新企业客户服务管理。

### (一)服务意识的数字化转型:由被动服务向合作共赢的服务生态转变

服务意识是指企业全体员工在与一切同企业利益相关的人或企业的交往中,能够站在客户的角度考虑问题,为客户解决问题,主动做好服务工作的观念和愿望。体验数字经济时代背景下,建立服务意识需要我们深刻理解如下相关变化:

**1. 服务对象从服务人转向服务"人+物",满足社会和商业的服务**

这是对数字化服务转型认识的根基。数字经济的核心内容是生产制造智能化和需求制造订单化的无缝对接,也就是合适的产品在合适的时间提供给合适的人。服务范围会更多地扩展到企业端,进而实现5G改变社会和商业,在服务社会和商业上体现出独特的价值。

> **素养园地**
>
> 商业与服务业要坚持以习近平新时代中国特色社会主义思想为指导,按照党的二十大关于构建优质高效服务业新体系的部署要求,以创新理念带动管理创新、模式创新、服务创新,促进传统消费转型增效、新型消费潜力释放、线上线下联动发展,推动现代服务业同先进制造业、现代农业深度融合,推动经济社会发展迈上新台阶,不断满足人民群众高品质生活的需要。

**2. 服务体系从实体渠道为主转向线上线下渠道融合**

这是数字化服务转型的根本载体。新技术的应用实现了多元化的客户服务触点,服务主体智能化由先前的"人工服务"正在向"以人为本,人工智能加持,现实虚拟互补"的模式转变。

许多研究表明,企业采用服务型人工智能可以有效降低单位成本,提高服务效率。但是,针对用户体验的调查表明,大部分用户对当前服务型人工智能的接受程度有限,特别是在稍微复杂的服务中,用户更愿意被真人服务,核心原因是用户认为人工智能缺乏执行这些任务所需的情感能力或同理心。

有学者在2020年关于人工智能客服的实证研究中发现,许多客户对苹果"Siri"、百度"小度"和华为"小艺"等人工智能助手青睐有加,认为这些AI程序可以帮助用户通过简单的语音或文本命令管理日常任务,执行从设置日程、创建购物清单到获取天气信息等任何事情,简化了用户操作,提升了生产效率。然而,对于那些复杂的、涉及人际互动的和具有独特性的任务(例如对不满意的体验进行投诉),大多被调查者表示在遇到AI客服时,他们会第一时间要求转到人工服务。可见,在客户服务中,用户更喜欢在"下达命令"时使用人工智能,或者在与AI互动中以用户为主体,而不喜欢在"交流互动"中被人工智能服务或者将AI互动中的智能人作为"人"来看待。

**3. 服务运营从部门协同转向全企业一体化**

这是数字化服务转型顶层设计的战略要求,也是对公司运营价值链各专业部门的约束性要求。在数字化时代,将真正实现"以客户为中心"的服务理念。以生产性服务业为例:在服务业与工业制造联系越来越密切的背景下,伴随5G与各类信息技术的融入,传统的生产方式与供应方式发生了质的变化,基本实现了从客户需求到产品决策、设计、生产、物流与销售等全供应链的自动化。同时,数字技术可以方便快捷地将消费者的个性化需求,通过互联网传递到企业生产环节之中,形成产供销精准对接的需求订单,这样全企业一体化,可以大幅提升工业生产的效率,也能更好地满足消费者的个性化需求。

**(二)服务能力的数字化转型:由传统后置服务向个性化智慧服务转变**

**1. 服务模式从服务差异化转向服务个性化**

线前服务差异化、个性化一般是依据某项标准,比如行业对客户分类后,进行类别化的差异服务。而当下借助大数据技术,通过颗粒度实现从"群""族"到"个体"的巨大跨越,能够实现真正意义上的个性化服务。以客户为导向的差异化个性化服务开始成为企业营销服务的趋势。

**2. 服务触点功能从渠道功能转向服务功能**

服务触点功能正从"销售为主服务为辅"向"精准营销服务"转化。随着互联网信息技术的广泛应用，消费者的消费数据被自然地记录下来，而随着物联网技术和 5G 技术的普及与发展，能够被记录的对象和数据更是以海量计。在大数据与 AI 算法的支持下，5G 技术可以为企业与用户之间构建更多的连接触点，这样使促销广告会更符合消费者当下的语境与行为。

### 3. 服务方式从"热情解决"转向"智慧解决"

近年来，智慧城市、智慧校园、智慧政务等是网络上出现的高频词。智慧既是服务的工具，也是服务的内容。服务工具智慧化一般指运用数字化技术为企业单位服务赋能，服务内容智慧化一般指以便利客户为中心的服务流程优化。智慧化服务充分体现了客户中心的价值，其以数字化技术为基础，是通过智能化设备、传感器、人工智能等技术手段，实现自动化、半自动化和集成化服务的一种新型服务模式。

## （三）服务体验的数字化转型：由结果管理向全程体验管理转变

客户体验是数字化服务时代的关键词，也是服务质量评价的核心内容。以往企业服务质量评价着重客户满意度、忠诚度等结果指标，当下标杆企业的服务质量评价会包含用户体验全流程感知的场景化触点指标。

**知识链接**

智慧服务系统的建设

### 1. 企业服务场景从"双方沟通"转向"立体交互"

企业通过智能手机、移动互联网、服务热线和线下实体店面等多个渠道建立起客户全连接，对用户体验的管理更加场景化和精细化。

### 2. 服务过程从"黑匣子"转向透明化、自助化

传统服务受限于技术手段或出于商业运营目的，不明确的服务标准与服务过程黑箱均对消费者的信任造成了伤害。5G 技术 AI、人工智能、区块链等前沿技术实现了在所有商品上标注具有唯一性的标识，满足了客户掌控服务问题解决过程的心理需求。

### 3. 管理范畴从"结果管理"转向"全生命周期管理"

传统服务仅关注售后服务，当下客户服务已经扩展至客户全生命周期管理：企业通过多触点与客户接触，提供关怀和支持，及至后来产品销售和使用过程中的各种交互活动形成了新的客户服务范畴，包括全流程体验管理、产品与业务更新迭代方案、关键业务节点的提醒服务等。

## （四）服务价值的数字化转型：由单纯服务向提供价值服务转变

商业组织作为逐利的经济主体，其经营的最终目的是创造价值。随着社会经济的发展，对企业价值创造的认识和实践也在不断深化，不同时代的价值创造方式存在差异，企业实现价值创造的侧重点也随之变化。在农业经济时代，是以劳动创造价值为主；进入制造经济时代，资本是价值创造的主体；而当今的服务经济和体验经济时代，客户成为价值创造的最重要因素。越来越多的企业开始意识到应该通过为客户创造与交付卓越的价值来提高企业利润和培养长期可持续发展的竞争力。

提供价值服务的核心内容是为客户提供智慧的解决方案，尤其是生产型、服务型企业。例如，某全球领先的食品工业设备生产商在俄罗斯首都莫斯科建立了客户服务实验室。这个实验室的目标是不断满足客户的需求与期望，达到双方共赢。该客户服务实验室为客户提供更多的定制技术需求服务，包括饲料原料的筛选、霉菌毒素风险监测、油脂氧化水平以及评估各种饲料和饲料原料的质量分析。同时，依托良好的技术能力和现场设施，企业客服团队能够更好地帮助客户发现问题，设定正确、高效的应用方案，帮助客户克服困难，确保客户能从企业产品中获得最大收益。

## 三、客户服务管理策略

企业对于客户服务活动的管理能力决定客户服务质量的高低，因而一个企业应该具有企客

双方都清晰明了的管理客户服务活动的规则,从而形成企业完整的客户服务体系。高、中、低三个管理层次在管理客户服务活动中起到不同的作用。高层战略在于确立客户服务政策,中层管理在于搭建系统的服务体系和培养员工,基层实施在于执行过程中的效率与互动沟通。

### (一)确立企业客户服务政策

企业遵循的客户理念和客户满意度目标往往会成为一个企业高层战略目标的组成部分。作为全球第四大智能手机制造商的小米科技,高层战略的使命、愿景和价值观都紧紧围绕着用户展开。小米的使命是始终坚持做"感动人心、价格厚道"的好产品,让全球每个人都能享受科技带来的美好生活;小米的愿景是和用户交朋友,做用户心中最酷的公司;小米的核心价值观是真诚、热爱。可见,一个企业关于客户的价值观就是企业行为的指南。

### (二)构建完善的客户服务体系,提供最大化的客户让渡价值

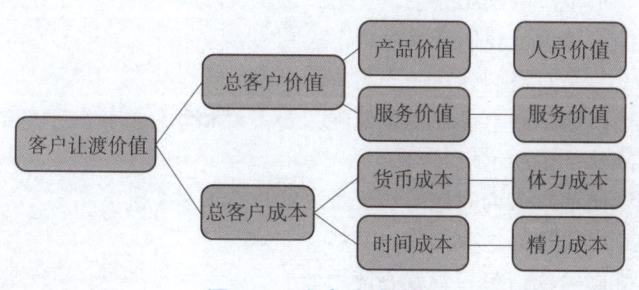

#### 1. 客户让渡价值的内涵

客户让渡价值是指企业转移的,客户感受得到的实际价值。世界级管理学者菲利普·科特勒在《营销管理》一书中指出,客户让渡价值是指客户总价值(Total Customer Value)与客户总成本(Total Customer Cost)之间的差额,如图7-8所示。客户总价值是指客户购买某一产品与服务所期望获得的一组利益,包括产品价值、服务价值、人员价值和形象价值等。客户总成本是指客户为购买某一产品所耗费的时间、精神、体力以及所支付的货币资金等。因此,客户总成本包括货币成本、时间成本、精神成本和体力成本等。客户在选购产品时,往往从价值与成本两个方面进行比较分析,从中选择出价值最高、成本最低,即"客户让渡价值"最大的产品作为优先选购的对象。

图 7-8 客户让渡价值

企业为了在竞争市场中赢得客户,就必须向客户提供比竞争对手具有更多"客户让渡价值"的产品,为此,企业需要从两个方面改进自己的工作:一是通过改进产品、服务、人员与形象,提高产品的总价值;二是通过降低生产与销售成本,减少客户购买产品的时间、精神与体力的耗费,从而降低货币与非货币成本。

建立完善的客户服务体系,尤其是与供应链协同的客户服务体系,有利于创造客户让渡价值。

#### 2. 企业客户服务体系的建立

客户让渡价值系统建立的实质是设计出一套满足客户让渡价值最大化的营销服务机制,其为建构企业客户服务体系提供了方法工具。这个机制包含的主要理念有两点:一是所有的营销活动围绕客户需求开展;二是让客户以特定的方式参与到企业生产经营活动中来,通过互动、沟通等方式,将企业内外营销不断进行整合,把客户和企业双方的利益无形地整合在一起。

构建企业客户服务体系的三项主要工作内容:第一,明确价值链运作能力直接影响竞争力;第二,建立并实施核心业务流程管理,包括产品开发流程、存货管理流程、销售管理流程和客户服务相关流程;第三,帮助全员树立全面质量营销的理念,建立客户让渡价值系统的工作不可能

由企业的营销部门单独完成，只有企业的其他部门很好地与企业的市场营销部门协调才符合当前环境的管理理念。

服务流程的优化方法将在项目十中予以详细说明。

### （三）客户服务中的个人沟通技巧

在客户服务活动中，与客户保持联系的工作人员的沟通能力直接影响客户情感满足的需要，进而影响客户体验。因而，致力于提升团队成员个人沟通技巧的管理活动需要定期开展。一般来说，以下五个原则是个人沟通能力提升的发力点：

**1. 以客户为重**

我们通过与客户交流时保持眼神接触，保持愉快的语调，创造交流时的轻松氛围，使用积极的肢体语言和口头语言，并在必要时解释此种做法的原因，来表达对客户的尊重。无论是与现场还是线上的客户交流，采用积极语言更多的是为了传递尊重客户的信息。运用积极语言的技巧包括以下三点：

（1）选择积极的用词与方式。

沟通用语应当选择体现正面意义的词语。例如，要感谢客户在电话中的等候，常用的说法是"很抱歉让您久等"。实际上，"抱歉久等"在潜意识中强化了对方"久等"这个感觉。比较正面的表达应是"非常感谢您的耐心等待"。再如，客户这次的问题真的很麻烦，你也许会说"你的问题确实严重"，如果换一种说法"这种情况有点不同往常"，试想，表达的效果是不是完全不同呢？

下面请大家对比同一种工作场景中的不同语言表达，体会积极用语的特点。

习惯用语：问题是那个产品都卖完了。

专业表达：由于需求很大，我们暂时没货了。

习惯用语：你怎么总是对我们公司的产品有问题？

专业表达：您的这些问题看上去都很相似呢，要不要和我仔细说一下您的使用过程？

习惯用语：我不能给你他的手机号码。

专业表达：您是否向他本人询问他的手机号，这样会好些？

习惯用语：你没有必要担心这次维修后又坏。

专业表达：这次维修后，请您尽管放心使用。

（2）善用"我"代替"你"。

下面几个对比例句，清晰地体现出用"我"代替"你"的不同语言表达所产生的不同客户体验效果。

习惯用语：你的名字叫什么？

专业表达：请问，我可以知道您的名字吗？

习惯用语：注意，你必须今天做好！

专业表达：如果您今天能完成，我会非常感激！

习惯用语：你当然会收到，但你必须把名字和地址给我。

专业表达：当然，我会立即给您发送样品，我能知道您的名字和地址吗？

习惯用语：你没有弄明白，这次请听好了。

专业表达：也许我说得不够清楚，请允许我再解释一遍。

（3）在客户面前维护企业的形象。

如果客户一开始就抱怨他在前一个部门所受的待遇，而你已经不止一次听到这类抱怨了，为了表示对客户的理解，你可能会说"你说的不错，这个部门表现很差劲"。但是，这种说法会强化企业在客户心中的不好印象，恰当的表达方式可以是"我完全理解您的心情"。

当公司无法满足某客户的要求时，你可以这样表达："对不起，我们暂时还没有解决方案。"尽量避免很不客气地说："我没办法。"当你有可能替客户想一些办法时，与其说"我试试看吧"，不如更积极些："我一定尽力而为。"

如果客户要求打折，你可以说："如果您一次性买 10 台，我就能给您折扣（或现金优惠）。"而避免说："我不能给你优惠，除非你一次性买 10 台。"

若客户的要求是企业政策所不允许的，与其说"这是公司的政策"不如这样表达："根据多数人的情况，我们公司目前是这样规定的……"

如果客户找错了人，不要说"对不起，这事我不管"，应换一种方式："有专人负责，我帮您转过去。"

语言表达技巧是一门大学问，许多企业统一规范了与客户交往常见情况中的常用语。只是背诵这样规范用语的客户服务人员不免给客户留下生硬的感觉。只有熟练掌握和娴熟运用这些表达技巧的客户服务人员，才能在交往过程中带给客户最佳的服务体验与企业形象。

### 2. 善于倾听

通过"积极倾听—确认—探索—响应—解决"的步骤方式，让客户感到被关心和你的专业帮助。

### 3. 克服异议

当你和客户就某个问题产生异议时，首先是倾听不打断，然后总结客户对问题的看法，如果必要，可以提问获得更多信息，解释问题如何发生，其中哪些步骤可以纠正，并试探客户反应，最后采取适当步骤并跟踪结果。

善于提问是一项有帮助的专业能力，因为运用专业的提问方法可以帮助我们找到客户需求、理清思路，同时也可以让情绪不佳的客户转移注意力，变得理智起来。

### 4. 保持自我的尊严和提高客户自尊心

在与客户交往时，我们需要主动认出并称呼客户，避免使用模板术语；当客户配合你完成一项工作时，应表示谢意；对待不同的客户应保持同样的态度。

### 5. 让愤怒的客户平复情绪

让客户平复愤怒的情绪是客服岗位工作人员的职责。我们采取"致歉—表示体谅或者同情—承担责任—提供解决方法"的方式，一般情况下，都可以为客户平复情绪，将注意力转移到解决问题上来。

## 【方法工具】

本任务适用的方法工具包括：
第一，运用客户让渡价值分析工具，规划该企业完整的客户服务体系构成图。
第二，采用客户服务管理数字化转型策略，对标先进企业的做法，为该企业建立新的服务模式。
第三，运用积极语言，提升服务过程中的客户体验。

## 【任务实施】

任务实施方案不唯一，但是改进方案须反映以下三个原则：
第一，客户服务体系规划以能够有速度、有温度地满足客户需求为核心。
第二，改进措施须针对企业和产品特点。
第三，改进措施符合体验数字经济时代的特征。

**学习标杆**

构建智慧客服生态，
助力高质量发展

## 任务三　客户开发与管理

### 【学习目标】

**知识目标：**
- 熟知新客户开发的渠道。
- 理解 SPIN 技术与 FABE 模式。
- 说明提高客户邮件回复率的方法。
- 理解老客户挖掘策略。
- 阐述客户信用管理的作用。

**能力目标：**
- 会运用 SPIN 技术、FABE 模式和客户拜访技巧成功获得新客户。
- 会应用 ABC 分类法技术对企业客户进行分类并提出分类管理策略。

**素养目标：**
- 树立真诚、多赢的客户长期合作理念。
- 养成专业、细致、敏锐的服务素养。

### 【任务导入】

面对企业客户流失的困境，企业营销管理部门也需协同客户服务部门，重新审视企业现有客户管理存在的"责任不清、资源浪费、客户产出效率低、新客户开发有限"等问题。请你在分析企业内外部环境因素的基础上，有针对性地为该企业提供新客户开发渠道和老客户管理策略，然后模拟演示一次成功获得新客户的拜访过程，运用 SPIN 技术提问并运用 FABE 模式满足客户需求，同时进行产品示范。

**学习资源**

建立供应链 CRM 管理的价值

### 【任务分析】

该企业的产品不仅在国内市场销售，也销往海外市场。一般来说，这类企业会按照国家和地区划分业务部，进行营销与服务管理。为了持续获得订单，企业营销部门不仅要向老客户销售更多，还需要持续创造新客户，其工作逻辑如图 7-9 所示。

为了高质量地完成工作任务，大家需要拓宽新客户开发渠道和客户有效管理的知识信息。

图 7-9　营销与服务管理流程

（获得有利润的订单 → 向老客户销售更多 → 推广新的产品和服务 → 激活沉睡客户 → 创造新客户）

### 【必备知识】

营销管理与新客户开发、老客户维护一起构成了企业营销技术的三大基础。

## 一、新客户开发

### (一) 正确选择客户源的来源渠道

获得新客户始于对潜在客户的挖掘，而挖掘潜在客户是从确定客户源开始的。客户源是一个也许会、也许不会成为真正潜在客户的人或组织。最为常见的客户源产生方式如下：

**1. 满意客户的推荐**

满意的客户，尤其是企业真正的合作伙伴，是最有效的客户源来源。有些人认为成功的销售人员有75%的新业务来源于现有客户的推荐。销售人员若想最大化地利用满意的客户，应遵循这些步骤采取行动：首先，保持成长状态，以确保自己的专业能力持续增长，能够高效专业地为客户解决问题。其次，确定自己希望每个客户采用何种方式进行推荐（如让该客户写一封推荐信，或者看客户是否愿意先打个电话问问，或者让他直接与潜在客户接触等）。最后，销售人员才能向该客户询问他提供的客户源的姓名，以及是否还能提供一些额外的帮助。

销售人员还可以参加推荐人集会活动，利用这种集会来产生客户源。例如，银行的股票经纪人可邀请一部分当前客户到滑雪胜地度周末。如果客户能带来一个或更多的潜在顾客，那就应该为他提供免费服务。还可利用其他活动，如体育项目、戏剧演出、餐厅就餐、短途旅行、高尔夫训练课等来产生客户源。

**2. 人际关系网络**

人际关系网络是指相互间有联系与合作的个体间的关系网络，可以用来达到开发客户源的目的。简单地说，人际关系网意味着同其他人建立关系网络，并且用这些网络吸引客户源、搜集信息、促成交易等。这个网络包括满意的客户群。在许多销售过程中，关系网起着至关重要的作用，特别是在市场经济体系尚未健全的国家，没有成功的人际关系网络，做买卖是很困难的。

如果销售人员想建立成功的人际关系网络，必须学会与不认识的人交往。第一，每天至少联络两个人，每周至少参加一次社交活动以增加你的曝光率。第二，当与一位新结识的人初次交流时，应多谈及对方的事情，而不是自己的事情，多了解对方的个人兴趣和爱好。第三，与新交往对象进行规范交往，诸如利用卡片对其升迁表示祝贺等。

除此之外，考虑加入行业协会等一些商业组织和借助核心人物的影响力，都是非常有效的构建人际关系网络的方式。加入专业的协会和商业组织就可以认识一大批具有相关知识背景和工作需要的人，他们中间会有大量潜在客户。借助核心人物的影响力是人际关系网络一种重要的特殊形式，销售人员应积极培育与那些有知名度的、在某领域中有影响力的、愿意提供客户源名单的人士的关系。有核心影响力的人常常处于重要部门，但他们不一定都直接介入购买决策或购买。成功的销售人员仍然会坚持不懈地花时间培育与这些人的关系，因为在特定的社交圈中，很多人会听从他们的建议。

**3. 互联网**

互联网是目前让客户源以最快速度增长的方式。成功的销售人员利用网站、电子邮件、邮件列表、公告板、论坛等方式去联系那些可能对他们的产品或服务感兴趣的公司或个人。例如，某销售建筑及农用器材的公司利用官网为其客户源提供产品信息，并告知他们最近的经销商位置，如果在线客服发现他们需要更多的信息，则按客户需求提供相关的详细内容。利用网络进行促销的优势之一是可以确保一定数量的国际范围内的客户源，因此，许多企业网站一般都设有母语和英语两种不同的语言，有些国际化大公司甚至采用更多的语言模式。

利用互联网找到客户源,最重要的是,企业要确保公司的网址被列入主要和重要的搜索引擎中。由于搜索引擎定期更换标准,企业就需要不断地对网站进行监控和升级,以便用相似的标准对销售产品进行分类,便于客户及时发现企业网站。也有一些企业采用付费的方式使企业网站能在搜索列表中处于明显的位置。

**4. 网络平台**

利用网络平台进行国内外 B2B 贸易已成为企业获取订单的主要来源之一。知名国际 B2B 贸易平台如 Alibaba(阿里巴巴)、Amazon(亚马逊)、eBay(易贝)、Global Sources(环球资源)、DHgate(敦煌网)、Made-in-China(中国制造网)、ECVV(伊西威威)和 Tmall(天猫)等,知名国内 B2B 贸易平台如 1688、慧聪网、欧治、我的钢铁网、美菜/meicai、汇通达、国联资源网、科通芯城 Cogobuy、中农网、中国制造网等。不同的贸易平台有不同的特点和服务,企业需要根据自己的需求和预算选择适合自己的平台进行合作。近年来,大型企业自建独立电商网站进行成品推广和服务也成为一种选择。

**5. 电子邮件**

运用网络平台进行客户开发的业务人员,发送客户开发函及回复收到的邮件是日常工作的重要组成部分。因此,以下提高邮件回复率的工作方法需要业务人员研读和掌握:

(1)做好前期目标客户信息的收集、整理、分类工作。

第一步,学会在众多收费和免费的 B2B 商务网站中找到最优网站。

第二步,坚持定期更换商品的信息和图片,依据不同国家和地区的消费习惯选择产品关键词,其决定了产品在商务网站中的排名。

(2)做好客户信息管理。

建立一个 Excel 表格,将所有收到的客户信息及时填入表格中,并且做好客户分类工作。根据邮件往来的频率、质量、进度,把客户按重要性或紧迫性进行分类。

(3)做好产品、行业、竞争者信息的收集。

随着客户需求的变化,很多新产品的出现要求业务员不断地涉足新的行业、了解新的产品,更要时刻了解新的商业运作模式。例如,有些外贸企业把橡皮与箱包或服装进行捆绑,在橡皮上印刷箱包或服装企业的二维码,只要扫二维码就可以获赠橡皮。通过捆绑销售、赠送低附加值的橡皮,可以作为其他产品的促销手段。客户更愿意把自己的订单交给懂产品懂技术的人,所以业务员必须努力使自己成为一名产品知识丰富、业务技能过硬的专家。

(4)制作严谨美观的产品目录(Catalogue)或报价单(Price List)。

业务员匆忙之间制作完成的产品目录或报价单,数据难免会有疏漏,内容简单、结构松散。这样的报盘,很难引起客户的兴趣。应该提前做好主要产品的产品目录或报价单,一旦客户有急需,稍作修改便可以及时发送过去,大幅缩短了让客户等待的时间,不但体现出外贸业务员对业务的精通,也增加了客户及时回复邮件的概率。

(5)设置企业的专有邮箱。

通过免费邮箱 163、Yahoo 等发送邮件,很容易被收件人的服务器识别为垃圾邮件或病毒文件。很多专业的客户从公司的邮箱设置就可以判断交易对象的信用度和影响力。

(6)完善邮件的主题设计和内容表述。

第一步,设计醒目的邮件主题。标题中提及买家、供应商或买家熟悉的人或平台;标题中体现买家可能的诉求点。

第二步,力争正文表述简洁和具有强针对性。内容的关键不在于是否详尽,而在于如何通过前期的调研,努力把握买家询盘的真正意图,从而以最简短的形式给他最需要且有针对性的答复。内容表达要求更专业，产品的规格、包装方式、贸易术语、付款方式、联系方式等数据必不可少。另外，须慎用"图片、链接、附件、SPAM 过滤词（垃圾邮件过滤词）"，有些国家垃圾邮件的过滤器会把图片、链接列入黑名单。附件的报价单或产品目录直接植入邮件的正文中，不仅方便买家阅读，还避免了邮件直接被对方的服务器拦截。SPAM 过滤词的出现也会被对方的计算机当成垃圾邮件处理掉。因而，要避免套用网上的函电样本进行交流。

（7）巧抓邮件发送的时机。

不同的国家和地区因存在一定的时差，在发送邮件时应选择对方上班的时间。Return Path（美国 Email 营销服务机构）对发送电子邮件的最佳时间进行过调研，结果发现周一发送邮件的成功率明显高于一周中其他日子。星期五的邮件发送成功率则低于平均发送成功率。

### 6. 广告、直邮、产品目录和宣传品

许多企业采用刊登广告、直邮方式、寄送产品目录或宣传品来吸引客户的需求。有些企业会在相关出版物上，比如航空公司的杂志上刊登广告。广告浏览者可通过拨打免费电话或寄回读者回执来索取更多的信息。有些企业更有创意；他们设计一套能提供企业产品信息的明信片。明信片一面是企业产品或服务的信息，另一面是事先贴好的邮票和该企业的地址。如果某位潜在客户有兴趣了解其更多的产品，则只需填好其姓名和地址，将明信片寄出即可。世界 500 强企业宜家家居自成立以来，一直保留邮寄产品目录的方式向新老客户传递企业产品信息。

### 7. 展销会、博览会和商品市场

有多项研究表明，利用交易展示会吸引的客户源要比其他形式多三倍以上。因此，很多大中型企业会重视运用贸易展览会、博览会和商品市场，展示和介绍自己的产品。世界十大知名展会有意大利米兰国际家具展、英国伦敦百分百设计展、德国慕尼黑国际工程机械博览会、德国汉诺威国际农业机械展览会、中国进出口商品交易会、巴黎—布尔歇国际航空航天展览会、德国汉诺威工业博览会、中国国际进口博览会、法兰克福车展、德国科隆国际家具展。

### 8. 行业研讨会

许多企业用研讨会来吸引客户源并为潜在客户提供信息。例如，某国际生物制药公司的药品销售代表，会每年为 8~10 位肿瘤专家举行一次研讨会，并邀请全国知名的肿瘤研究专家来做报告，与会专家会探讨一些医疗技术和治疗方法的最新发展状况。在研讨会期间或之后，该销售代表会介绍如何利用其公司的药品帮助治疗特定的恶性肿瘤。

### 9. 利用 CRM 系统进行数据挖掘

一些尖端企业已经在开发或者使用包含客户源、潜在顾客和客户信息的交互式数据库。一些处于发展阶段的企业会利用包含人工智能和统计工具的数据挖掘系统，从隐藏在数据库中的大量信息背后搜寻有价值的信息，帮助业务员定位要进行拜访的最佳潜在顾客群。

## （二）确定客户源的质量

不是每个客户源都能成为潜在客户。从客户源到潜在客户需要一个确认的过程，图 7-10 表明了销售过程中各阶段目标客户"身份"的递进关系。

在试着确定哪些客户源是潜在顾客时，所花费的时间因不同的销售类型而千差万别。我们一般从客户源的需要是否真实存在、是否有支付能力、是否有决定购买的权力、是否能够被顺利接近和是否具备购买资格五个方面，帮助业务员确认并锁定合适的潜在顾客。总之，如果销售人员面对一个具备上述五个方面特征的客户源，再加上他的一个忠诚客户愿意为他引荐，那么这个客户源就是一个优质的潜在客户，值得花费时间和精力与之建立关系。

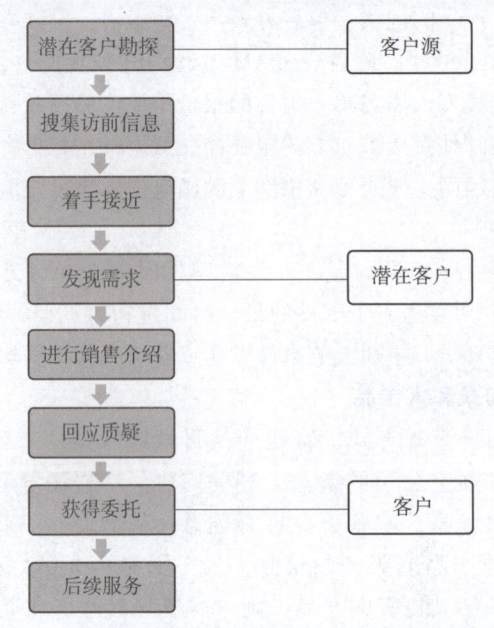

```
潜在客户勘探 → 客户源
    ↓
搜集访前信息
    ↓
着手接近
    ↓
发现需求 → 潜在客户
    ↓
进行销售介绍
    ↓
回应质疑
    ↓
获得委托 → 客户
    ↓
后续服务
```

图 7-10　销售过程中各阶段目标客户"身份"的递进关系

## 二、客户拜访

通过运用上述客户源并有技巧地设法约见，最终能够获得面见客户的机会，是非常不容易的。因而在联系客户前，要做好准备工作。

### （一）准备

首先要了解客户信息、分析客户特点，有价值的客户信息一般包括四个方面，如图 7-11 所示；其次需要确定本次拜访目的，意在签单、维系关系，还是沟通解决方案和市场调研等。

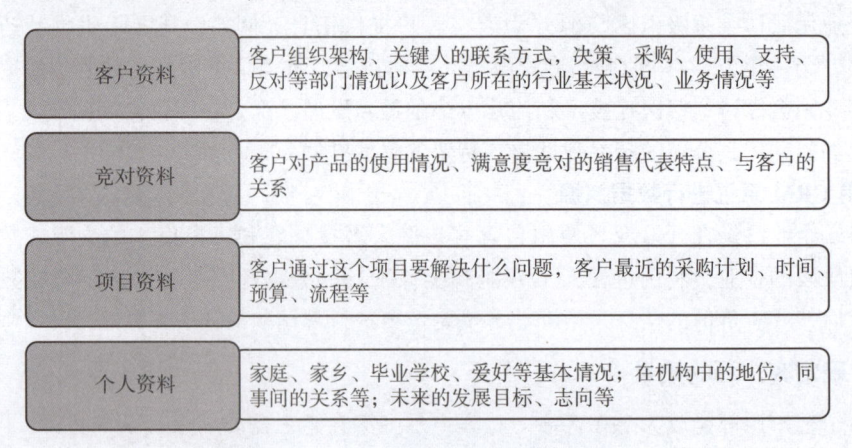

|  |  |
| --- | --- |
| 客户资料 | 客户组织架构、关键人的联系方式、决策、采购、使用、支持、反对等部门情况以及客户所在的行业基本状况、业务情况等 |
| 竞对资料 | 客户对产品的使用情况、满意度竞对的销售代表特点、与客户的关系 |
| 项目资料 | 客户通过这个项目要解决什么问题，客户最近的采购计划、时间、预算、流程等 |
| 个人资料 | 家庭、家乡、毕业学校、爱好等基本情况；在机构中的地位、同事间的关系等；未来的发展目标、志向等 |

图 7-11　客户开发过程中的资料准备

例如，某印刷公司的业务员静心将快印店老板傅先生作为目标客户。在开发此目标客户之前，静心为客户准备了营销工具包，具体包括：了解客户的业务方向是学校和幼儿园；准备好以前做过的印品如台历、相册、学校用的表单、贺卡、会议资料等样品及模板；准备与样品有关的报价单等说明资料；为客户提供定制模板，以帮助其拓展业务。

## （二）交流

在礼貌友善地寒暄之后，第一次拜访应通过交流挖出客户真正的需求。SPIN 技术工具是经过验证可以帮助我们养成有效客户沟通能力的科学方法。

### 1. SPIN 工具与客户需求

SPIN 技术是由 Huth-waite 公司（国际研究和培训组织）在对数以千计的销售访问进行分析后，开发出的一种发现客户需求的方法。具体指一个符合逻辑的需求辨识顺序，即按 Situation question（背景问题）、Problem question（难点问题）、Implication question（暗示性问题）和 Need-Pay off question（需求—效益性问题）的逻辑顺序设计系列问题，以引导客户说出情况，发现客户的需求，图 7-12 表明了每一步骤问题的逻辑递进关系和意图。

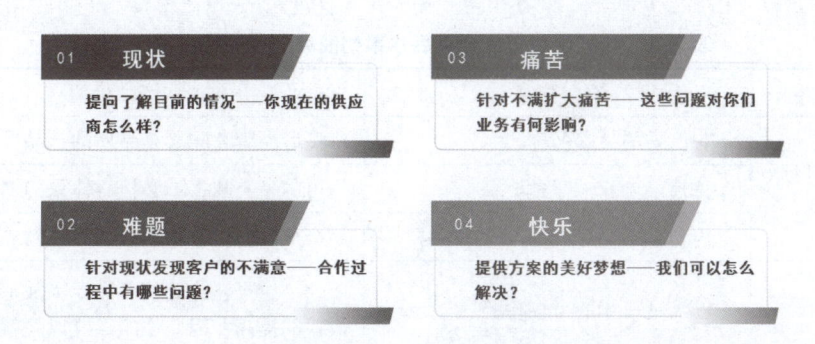

| 01 现状 | 03 痛苦 |
|---|---|
| 提问了解目前的情况——你现在的供应商怎么样？ | 针对不满扩大痛苦——这些问题对你们业务有何影响？ |
| 02 难题 | 04 快乐 |
| 针对现状发现客户的不满意——合作过程中有哪些问题？ | 提供方案的美好梦想——我们可以怎么解决？ |

图 7-12　SPIN 关系逻辑图

以销售一个自动仓储设备系统为例，说明 SPIN 提问技术模型的应用：

（1）背景问题。

了解有关客户组织与现状的背景信息，例如，"现在货物仓储采用什么作业方式？" "共存储多少不同种类的货物？" "高峰期最多有多少产品需要仓储？"

（2）难点问题。

发现和理解客户的问题、困难和不满，例如，"目前的仓储能力您是否满意？" "货物存储品种太多，差错率高吗？" "高峰期的仓储服务跟得上吗？"

（3）暗示问题（痛苦）。

发掘不解决问题将给客户带来的不利后果，例如，"仓储能力有限对成本控制和业务增长有何影响？" "仓储差错会不会影响到营运效率和客户满意度？" "高峰时货物不能及时处置会有什么不利？"

（4）需求—效益问题（快乐）。

取得客户对于问题解决后的回报与效益的看法，将讨论推进到行动和承诺阶段，例如，"如果仓储能力得以充分利用，可增加多少收入？" "您考虑过用更先进的自动仓储系统来消除差错吗？" "高峰时的及时服务能为您带来什么正面影响？"

综合以上提问，就形成了一个有力而灵活的销售沟通过程。客户需求的认知与发掘在于这样一个过程：用 S 提问和 P 提问发现隐含需求（客户初步意识到的问题、困难和不满），用 I 提问和 N 提问把隐含需求扩大为明显需求（客户提出要解决这些问题、困难和不满），然后定位你的产品利益，与客户的明显需求实现对接。

SPIN 技术采用一套对客户的问题由浅入深的导引式、启发式、联想式的问答系统，帮助销售人员与客户进行深入的交流，并能在咨询服务的过程中感受到客户细微的心理变化，从而采取相应的服务策略。SPIN 方法主要用于销售人员进行重大的销售，即涉及较长的销售周期、大规模的客户委托、长期关系的销售。

### 2. FABE 工具与价值呈现

发现客户的需求之后，就应该给出客户解决方案来满足这些需求。卖方销售人员的工作就是在进行产品描述时遵循产品特点—优点—利益—证据（Feature-Advantage-Benefit-Evidence）的模式（简称 FABE 模式），将卖方产品的特点转化为满足买方需求的利益点。例如，一位汽车销售人员在讨论某车的特点时这样说："这辆车在当今市场中具有最高质量的自动锁死制动（特点），它能帮助汽车在最短时间内停下（优势），这点经政府部门测试得出（证据）。它能提供您正在寻找的安全保障（利益）。"

也就是说，销售人员在进行产品介绍时应综合讨论产品的特点、优势和功效。在解决方案中突出产品能带给客户的利益是非常重要的。表 7-1 所示的是向某便利店推介皇后水果奶油冰激凌的特点及利益，说明了针对某产品应如何向潜在客户表明产品对于客户的价值。

表 7-1  向某便利店推介皇后水果奶油冰激凌的特点及利益

| 重要性分类 | 客户痛点 | 产品价值 |
| --- | --- | --- |
| 对最终客户的重要性 | 有信誉的品牌名称 | 皇后品牌意味着高品质的产品 |
|  | 每根仅含 60 卡路里 | 可尽享美味，不必担心体重的增加 |
|  | 内含真正果汁 | 会从一份快餐中获取所需的营养 |
| 对便利店的重要性 | 已经过三年的市场检验 | 这一结果让你确信产品令人放心以及会带来效益的提高，因此你的经营风险就大大降低了 |
|  | 在接下来的 18 个月中，生产企业对消费者广告的投入是 1 000 万元 | 客户会到你的店中寻找该产品 |
|  | 在当地购物杂志插页广告的靠前位置赠送 5 元的优惠券 | 客户会拿着这些优惠券，到你的冷藏柜里寻找该产品 |

### （三）加强销售介绍

销售拜访是获得客户过程中的一个重要环节。因而对于精心准备的销售陈述必须进行演讲练习。马克·吐温曾说："一场精彩的即兴演讲通常需要超过三周的时间准备。"对于那些非常重要的介绍活动，对介绍过程中的每一分钟都要进行演练。

#### 1. 运用形象生动、幽默的语言

在销售介绍中，语言的表述应该具有力量和说服力。避免使用像"好的""优秀的"等词语，以及诸如"许多""我保证你将会……""没问题"等听起来像一个过分渴望得到结果的销售人员的惯用语。每一个销售人员都应该能用一组生动的语言去描绘产品及服务的特征。例如，"像丝绸一样滑""像钢一样结实""这种机器是真正的吃苦耐劳者""备用电池就像备用轮胎"等，帮助客户想象可能会发生的情景。

以某企业灯控系统的销售人员介绍产品的过程为例，说明怎样运用形象生动的语言向客户有效传递产品信息。

"我在 A 电气公司工作，这是一家设计生产民用、商用和工业用灯控产品的高科技企业。我拜访了室内设计师、建筑师和艺展设计中心，想说服他们指定使用 A 品牌的灯控系统。

为了让别人理解全房屋灯光系统的价值，我从一辆小轿车说起，来解释有灯光控制系统的便利：你离开家，但是由于你离开的时间已经比你预计的要长，回家时外面和家里都是一片漆黑。也许你正在笨拙地提着装满杂物的手提袋或者其他购物袋，甚至还抱着小孩。你是否在四处乱摸进入房间的钥匙，又怕踩到小孩扔在门口的玩具卡车？

好吧，现在来想想，用了我们的灯控系统，你再也不会在回家时这么狼狈。你可以从车里打

开灯，形成一个到达车库的光路，然后走进门厅，进入你的厨房或卧室——不管怎样都可以像白天一样进入你的房间，所有这一切不需要在你房间里安装任何特别的线路。

通过这样生动的介绍，我常常会赢得客户，因为这是他们非常熟悉的场景。几乎每个人都有这些经历，而且很容易与他们自己联系起来，只是大多数人没有意识到他们可以为此做点什么。"

### 2. 利用视觉辅助工具

销售人员可以使用各种视觉方面的辅助工具来加强销售介绍。通常的辅助工具有以下几种：

（1）图表。
（2）模型、样本和礼物。
（3）具有视觉吸引力的目录和宣传册。
（4）照片、插图、广告。
（5）推荐信和测试结果。
（6）使用高科技媒介（如视频、高射投影机、计算机、系统软件）。

### 3. 产品示范

产品示范是引起购买者兴趣的最有效方法之一。下面这个案例介绍了一个销售代表是如何进行产品示范和处理示范过程中出现的意外情况，并成功获得订单的有趣案例。

**不要把我的盘子扔到墙上**

我在南方的一家餐馆供给品公司做外部销售代表。这是我毕业后的第一份工作。我是公司里最年轻的销售代表，也是我们部门唯一的女性。我最大的客户是一家高档海鲜食品连锁店，我为他们的总经理和一个刚从国外回来的股东安排了一个现场介绍会。我推销的是一种据说摔不破、打不烂的高底盘子，大概这是市场上最经久耐用的盘子（也是市场上最贵的盘子之一）。

制造商告诉我们为了演示盘子的耐用性，可以拿住盘子底垂直扔下，这样都不会摔碎。如果重量均匀分布于整个盘子，你可以把它扔在瓷砖地面上，也不会摔碎。这个演示是我标准推销过程的一部分，而且那个股东以前看过一次。在餐厅的一间空房间里，我选了一张漂亮的桌子，摆上了一打彩色的盘子。当我开始扔第一个盘子时，那位股东说："坐下来，我知道怎么扔。"他对着那面装有羽毛墙纸的最近的墙随意地扔了所有的12个盘子。

很自然地，盘子从墙上弹开，在瓷砖地上摔了个粉碎。开始，他特别注意。后来，他就开始发笑，最后，我们两个人都大笑不已。那位股东说："这真有趣，还有什么节目吗？"

我结巴了一分钟，解释道："我再去拿些盘子。"我去了厨房，拿了一个他们餐馆正在用的盘子，回来之后，我说："让我们做个小测试。"然后我把这个盘子也扔到了墙上，它在地上碎成了碎片（在培训时，我们摔了很多这样的盘子来检测不同的材料，所以我对结果很有信心）。

我捡起了我和别人盘子的碎片递给股东。我指出，我的盘子摔成了5块，而他们的盘子摔成了至少20块。然后，我向他说明了他们目前使用的盘子材质是多孔的（标志着盘子很容易碎）。如果盘子是由单一的一块构成的，多孔就不容易被发现。我说："很明显，我的盘子更耐用，是由强度更高的材料制造而成的，它即使碎了，清扫时也会轻松很多。"

最后，他订了200个我的盘子。

### 4. 依据潜在客户的反映做出陈述调整

销售人员在进行产品介绍之前都经过了仔细的准备和演练。但实际情况有时不一定按照计划一成不变地进行。如果销售人员不能根据客户的情况随机应变，即使再精心准备的销售陈述也难以得到客户认同。

### （四）议价

在充分交流和产品展示之后，客户如若探寻价格，表明客户极有可能对产品感兴趣。在与新

客户议价过程中，须遵循真诚合作、适当让利、关注问题解决能力的原则。

供应链各环节只有协同真诚合作，才能对彼此有利。例如，在对外贸易中，供应商愿意适当出让部分利润、当质量有问题时能及时为客户排查反馈，都会对出口商在客户开发时起到很大的帮助。相反，如果供应商合作意识弱，信用度低，就会变相导致出口商客户流失，增加开发难度。而出口销售商如果拥有稳定的货源，那么在质量、价格和交货期上就有保障；相应地，因为其信誉好，拥有稳定的客户，也会促进新客户开发和老客户维护。这样就在供应商、贸易商和购买客户之间形成了多方共赢的合作关系。

同时，在议价这个关键环节，进出口贸易商应避免无单过度压价、凭单向工厂压价的心理与行为，这些不利长期合作的议价方式会使供应商带着情绪备货，最终只会得不偿失。进出口贸易商要诚实地向供应商表明谈判的状况，不向供应商提出希望的目标价，而是询问供应商的意见，让其先做决策，这样会让供应商感觉出口商的签单能力较强，给予价格支持，就有可能拿到实单，而且自己也参与其中。很多供应商愿意参与到出口交易中，以便掌握最新的市场动态和商品需求的变化。这样一来，供应商就会尽可能地给予出口商最优的报价支持其接单，彼此的信任度也会增强。

另外，销售人员须避免无降价或者压价后立即下单。确定价格以后，隔天下单，供应商会对贸易商的谈判能力和责任感感到满意，有利于长久合作且增强信任感。

最后，贸易商熟悉产品成本构成才可以做到高效议价，还价时也能准确定位，不计较价格中的蝇头小利，关注供应商生产淡旺季、保障付款方式和付款时间，才能让供应链合作顺畅。

### （五）跟进

客户拜访结束后，应该为客户建立完善的资料档案，安排服务计划，提升客户满意度。还要对客户进行回访，复盘自己的问题，改进自己的交流方式和服务方法，这样才能有效留住客户，为今后积累人脉，方便再次销售。

针对第一次拜访获得的需求，为客户提供的解决方法中，通常能够有一两个点触动客户就够了。建立客户跟进计划表，如图7-13所示，提醒自己有节奏地完成客户跟进工作。随后的跟进联系可以依据客户反映，采取多样化的方式，向客户通报本行业内的信息或他所处行业内的信息；也可以邀约客户参加他感兴趣的活动。第二次见面跟进也可以在市场活动中完成。第三次见面跟进争取促成客户下单，一般在下午下班时预约客户见面沟通。

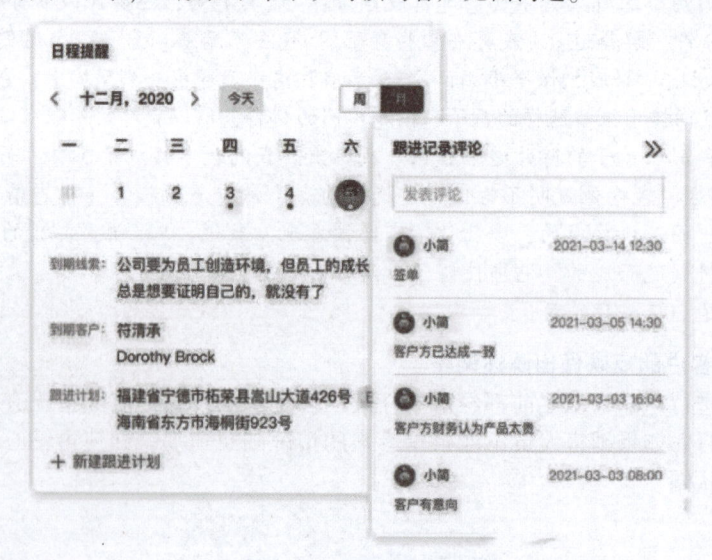

图7-13 提醒事项日志

## 三、现有客户管理

### （一）挖掘老客户价值

一些企业的客户信息存留在 CRM 系统中，似乎被人遗忘了一样不受重视。但实际上，尤其是对于新晋销售人员，挖掘老客户信息带来的销售机会远远高于全新的客户信息。某印刷公司新晋销售人员在客户经理的要求和客服主管的帮助下，从企业客户管理系统整理出有记录的 387 家老客户信息，他给每一个客户打电话进行了初步沟通，有 19 家客户比较友好，同意他上门拜访，另外还有 7 家客户寻求报价。通过 387 家老客户回访产生了 26 个营销机会和接近 15% 的成交可能（据数据统计，一般全新客户开发成功的比例约为 1%）。

在上述"营"的工作展开之后，"销"方面的销售动作也应及时跟上，销售人员不断细化和量化销售动作是创造高业绩的基本功。每日须开展的销售动作如图 7-14 所示：

### （二）老客户挖掘策略

老客户的挖掘策略，首先是无差别沟通。销售服务人员不能按照以前的感觉有所取舍，现在市场情况变化很快，客户企业也在变化发展中，保持一定频次的例行沟通是一条行之有效的策略。其次是持续接触。充分发挥营销技术中"时间概率原则"，即只要接触的时间足够长就一定会成交。要执行好这个策略，需要合理分配我们的资源，有的客户需要专人跟进，有的则通过电子邮件、网页分享或微信分享，保持沟通就可以了。再次是重视策略。对于有明确需求的客户，不光是销售员跟进，其上级也要配合跟进，以表达对客户的重视。尤其在大客户开发和大订单成交时，同等条件下客户的自我感受会成为成交的关键因素。本教材所说的重视客户，不仅是保持良好的沟通态度，还应该在专业细节上下功夫。例如，客户询价后的反馈时间、业务人员的专业基本功以及报价单的格式与严谨的文字表述。

| 销售动作 | 目标数量 |
| --- | --- |
| 门店访客跟踪 | 20 |
| 陌生电话拜访 | 5 |
| 营销跟进电话 | 30 |
| 卡片递送 | 5 |
| 电子邮件 | 5 |
| 网页分享 | 5 |
| 上门拜访 | 5 |
| 案例分享 | 3 |
| 报价 | 2 |
| 报价跟进 | 2 |
| 合计 | 82 |

**图 7-14　销售行动日志**

## 四、客户分级管理

实现客户分级管理的基础在于客户基本情况分析，包括三点：一是客户构成分析；二是客户与本公司的交易业绩分析；三是不同商品销售毛利率分析。经过对现有客户数据整理、分析，销售人员基本上可以做到识别每一个具体的客户价值，可以从客户的信息中找到有多个方面相似的客户群，这些不同的客户群对企业的重要程度及对企业的价值是不同的。对这些客户进行有效的差异分析，可以帮助企业更好地配置资源，更有成效地改进产品和服务。

### （一）ABC 分类法

客户关系管理的对象就是客户，从不同的标准划分，客户群会产生多种不同的分类。例如，客户群的分类可按客户的地理位置、企业性质、企业规模、所属行业等标准划分。本教材重点关注从营销和管理的角度对客户进行分类，客户关系管理工作的一个重要原则就是做好对重要客户的管理。本教材项目八中的任务三会从客户与企业的关系、客户对企业的商业价值、客户对企业的忠诚度、客户在企业的状态等维度，对客户进行进一步的细分，建立客户标签。

鉴于每个企业经营内容与模式不同，从提高营销效率角度对客户进行分类，每个行业标准会有所区别。例如，电信行业依据不同年龄段客户的特征将客户进行划分，不同产品的目标客户群非常明确；某些 B2B 的进出口贸易电子商务行业依据第一次与客户源会谈的结果，按照客户源质量进行划分，即有出口需求、采用电子商务形式进行出口推广、有支付能力并找到了关键人的属于 A 类客户，已有外贸业务的属于 B 类客户，近期有开拓海外市场需求的属于 C 类客户，只做内贸业务的属于 D 类客户。

从客户管理的角度，大多企业采用与"成交额"和"客户发展潜力"相关的两个重点指标相结合，将客户分为 ABCD 四个等级，分清重点和一般客户，从而有区别地确定管理方式，这种分析方法就是常说的巴雷托 ABC 分类法，如图 7-15 所示。

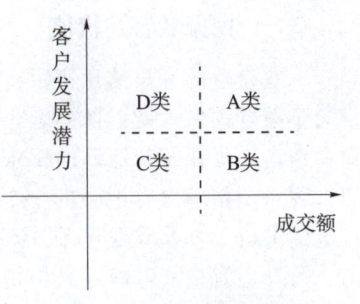

图 7-15　客户分类等级

只考虑成交额，不利于企业与客户的长期交往和利润率增长。另外，由于不同企业的产品类型和利润来源差异较大，这两个分类指标的名称在不同企业会有变化，例如，证券公司采用"客户股票周转率"和"盈利率"对客户进行分类；某电力公司对企业客户采用"客户投入产出比"与"客户价值贡献度"两项指标值对客户进行分类。但总的来说，需要与企业利润直接相关的两个指标结合，对客户进行等级分类，才能更好地反映客户的商业价值。

### （二）不同等级客户的特征

#### 1. VIP 客户（A 类客户）

VIP 客户是指金字塔中最上层的金牌客户，在过去特定的时间内，其购买金额大且发展潜力强，一般指企业购买金额最多的前 5% 客户。

#### 2. 主要客户（B 类客户）

主要客户是指客户金字塔中在过去特定的时间内，消费金额最多的前 15% 客户，排在 VIP 客户之后，其成交额显著但行业发展潜力一般。

#### 3. 普通客户（C 类、D 类客户）

普通客户是指客户金字塔中的底部客户，数量多，占到客户总额的 80%，但每个客户的购买额小。其中，C 类客户购买额虽然不大，但其所处行业的企业具有一定发展潜力，而 D 类客户购买额和发展潜力均小。

### （三）客户分级管理策略

客户的 ABC 分类管理为销售人员有效利用宝贵的资源提供了方法工具，也就是说，企业制定管理政策和销售人员日常服务时，均需针对不同等级的客户采取不同的管理方法。

#### 1. VIP 客户（A 类客户）管理法

这类客户是非常有利可图并值得花费大量时间来服务的。他们往往订单数量大，信誉较好，并且能很快付款，对这类客户的管理应注意以下几个方面：

（1）A 类客户进货额占总销售额的 60%~70%，影响相当大，应重点关注。

（2）密切注意其经营状况、财务状况、人事状况的异常动向等，以避免倒账的风险。

（3）要指派专门的销售人员经常去拜访这类客户，定期派人走访，提供销售折扣，并且熟悉客户的经营动态；业务经理也应定期去拜访他们。

（4）应优先处理 A 类客户的投诉案件。

#### 2. 主要客户（B 类客户）管理法

B 类客户进货额占销售总额的 10%~20%，具有一定的影响力，平常由销售人员拜访即可。

这类客户往往比较容易变为企业的忠诚客户，因此，是值得企业花些时间和金钱来建立忠诚度的。如果这类客户的订单频率和数量没有上升，或者他们向竞争对手订更多的产品，那企业就要给他们提供更多的服务。在放弃一个主要客户之前，销售人员要找出他们从竞争对手那里订更多产品的原因，以防止更多客户的流失。

### 3. 普通客户（C类客户）管理法

这类客户进货额只占不到20%，每个客户的进货额很少。对此类客户，企业若没有策略性的促销战略，在人力、财力、物力等条件限制下，可减少推销努力。对这类客户，企业可将对其服务的时间削减一半，但仍和这些客户保持联系，让他们知道当其需要帮助的时候，企业总是会伸出援手。

值得注意的是，销售人员需要从该等级客户中发现将来有前途的"明日之星"，培养为B类客户。

### 4. 小客户（D类客户）管理法

在与这类客户打交道的过程中，他们往往锱铢必较，忠诚度很低，不及时付款，订单不多却要求很多。对待这类客户，企业应提供较少的服务。

客户分类管理对于企业改进客户服务质量，尤其是重要客户的服务质量，改进与重要客户间的关系是非常有帮助的。有些企业依据其产品特性和运营模式的实际具体情况，会创造非常个性化的客户管理模式。例如，某国有银行发现原有的客户经理客户管理模式已经不能适应市场环境的变化，便从客户分层分类管理的角度，提出了"管理层管户"的概念，并作为其对公业务转型的核心环节来推动，逐步形成了对大中型客户实施"管理层管户"，对小微客户实施"客户经理管户"的管理模式。对全行法人客户进行全面梳理，按照重要性原则，将法人客户分为四个层级，并逐级确立各级管理层管户的客户数量，确保客户分层到位、管理到位。同时，该企业对重点客户按照"客户经理+助手"模式组建专业化的营销团队，团队成员和客户各层级管理人员建立一一对应的营销维护关系，实现对重点客户的全方位、立体化服务，全面提升对重点客户的管理和维护能力，提升对公业务的核心竞争力。在管理层管户中，省分行、二级分行、一级支行和网点管理层管户客户不重复。此外，对没有纳入管理层管户的基础客户，由一级支行和网点按照"分户到人"的要求，由支行客户经理和网点客户经理进行管户，承担第一管户职责。通过这种方式，最终实现客户管理的全覆盖，并形成"管理层管户"和"客户经理管户"相结合的客户经理制模式，体现了对客户的差异化服务。

## 五、客户信用管理

在客户管理工作中，还有一个不容忽视的工作，就是客户信用管理。一些企业因为不重视客户信用管理，往往出现销售成功但购买方却不能按时付款的情况，不能形成有效销售，造成企业应收账款急剧增加，导致企业的经济运营质量不高，严重影响和制约了企业的进一步发展，甚至面临生存危机。

一个企业客户全程信用管理的工作主要包括四个方面：

一是在企业内部建立信用管理机制。设立企业内部的信用部门，设定信用部门的管理权限，明确信用部门的各项工作，编制信用管理各项规章制度和工作流程，协调企业各部门与信用部门的关系，核查和评价信用部门和其他部门的工作成绩等。二是交易前期信用管理。防范信用风险最有效的办法是从前期入手，将风险消灭在萌芽时期。在交易开始前调查和收集客户的信用资料，然后采用一整套科学的评估技术和手段，把各种数据按照信用要素的重要程度加以客观分析，最终决定是否给予客户信用、信用额度的大小和交易方式等。三是交易中期信用管理。保障债权是中期信用管理的重要工作，包括制定严密的交易合同，预防因合同缺陷造成的信用风险隐患，积极采用各种信用保障手段，如企业或个人财产担保、抵押和质押等防范信用风险，保障债权的安全性。四是交易后期信用管理。严密监控合同执行情况，并按照规范的程序管理各项应收账款。

企业客户全程信用管理有助于使赊销业务成为一个虽有风险，但有计划、可控制的管理程序。

### 【方法工具】

（1）新客户开发渠道与技巧。
（2）SPIN 提问技术与 FABE 价值凸显模式。
（3）客户拜访工作步骤。

### 【任务实施】

客户开发与管理因企业与销售人员的不同而不同，没有固定的模式，但有方法和核心可遵循，前文已经进行了详细阐述说明。本任务的工作成果判断标准如下：
（1）新客户开发渠道选择符合该企业产品特性和目标人群的特征。
（2）现有客户管理模式具有创新性和系统性。
（3）与客户交流过程中 SPIN 技术和 FABE 模式的应用流畅自然，具有说服力。
（4）方案的制定和客户交流均能体现协作多赢的客户管理理念。

**学习标杆**

某国网电力公司客户分类与差异化管理

### 实训项目

**案例：**

某著名国内汽车生产商 2024 年发布了一款新能源汽车。这款汽车采用了最新的生产平台，并结合了智能电控、辅助驾驶等新技术，是全新的车型。为了确保该新品的销售达到预期，公司计划在各种多媒体渠道投入 1 000 万元用于广告宣传。这些渠道包括当下年轻人广泛使用的抖音、小红书等自媒体平台。同时，他们还邀请了互联网达人和著名车评人对该车进行试驾，并将试驾过程和体验制作成视频发布在各大网络平台。

此外，在该款新能源汽车的销售方案上，他们也采用了许多策略。例如，如果该品牌的老客户推荐新人购买该款车型，购买者可以享受 5 000 元的现金优惠，而推荐人则可以获得一次免费汽车保养。如果原本该品牌的老客户选择换购该款新车，除了可以享受 5 000 元的现金优惠，还可以额外获得价值 8 000 元的积分，积分可以用来提升车辆的功能配置。这些方案为该汽车销售赢得了实质性的帮助，据统计，该款汽车自发布以来月平均销售量达 10 000 台，在同类车型的销售中居前三名。

**任务要求：**
（1）请根据案例描述，解释案例中该企业是如何开展客户关系管理的。
（2）解释案例中该公司运用哪些渠道进行新客户开发，除此之外你还了解哪些开发客户的渠道和方式。
（3）请运用 SPIN 技术为该新产品设计一套现场销售话术。
（4）每个小组选两到三名同学，分别扮演客户和销售员，对本小组设计的话术进行现场模拟展示。

完成实训任务后，请填写实训项目考核评价标准表（见表7-2）。

**表 7-2　实训项目考核评价表**

| 专业 | | 班级 | | 学号 | | 姓名 | |
|---|---|---|---|---|---|---|---|
| 考核标准 | 教师评价 | 评价内容 | | | | 分值/分 | 评分/分 |
| | | 对客户关系管理分析的准确度 | | | | 25 | |
| | | 对新客户开发渠道描述的全面性 | | | | 20 | |
| | | SPIN销售话术设计合理、完整 | | | | 25 | |
| | | 销售话术的内容与案例产品的匹配度 | | | | 20 | |
| | 加分项 | 情景模拟的生动性 | | | | 10 | |

## 自测习题

### 一、单选题

1. 以下不属于客户关系管理内涵的是（　　）。
   A. 客户关系管理是以客户为中心
   B. 客户关系管理是一种新的商务模式
   C. 客户关系管理应应用先进的信息系统
   D. 客户关系管理应以本企业为中心

2. 供应链管理与客户关系管理的不同点在于（　　）。
   A. 两者管理的侧重点有所不同
   B. 前者不以客户为焦点，后者以客户为焦点
   C. 前者以信息衔接为基础，后者不以信息衔接为基础
   D. 供应链管理与客户关系管理都聚焦在上游关系管理

3. 以下哪一项属于整合客户关系管理与供应链管理的途径？（　　）
   A. 保持原有业务流程，加强客户交流　　B. 减少信息系统的使用
   C. 搭建客户信息共享平台　　　　　　　D. 加强市场预测

4. 客户让渡价值不包括以下哪一项？（　　）
   A. 产品价值　　　B. 服务价值　　　C. 货币成本　　　D. 人工成本

5. 新客户开发的渠道不包括（　　）。
   A. 通过已有满意客户的推荐　　　　　　B. 利用互联网挖掘客户
   C. 通过人际关系网络开拓客户　　　　　D. 加强企业宣传吸引新客户

### 二、多选题

1. 以下属于服务体验的数字化转型方式的是（　　）。
   A. 企业服务场景从"双方沟通"转向"立体交互"
   B. 服务过程从"黑匣子"转向透明化、自助化
   C. 管理范畴从"结果管理"转向"全生命周期管理"
   D. 服务方式从"热情解决"转向"智慧解决"

2. 以下不属于服务意识的数字化转型方式的有（　　）。
   A. 服务对象从服务人转向服务"人+物"，满足社会和商业的服务

B. 服务体系从实体渠道为主转向线上线下渠道融合
C. 管理范畴从"结果管理"转向"全生命周期管理"
D. 服务过程从"黑匣子"转向透明化、自助化

3. 销售人员可以利用视觉辅助工具来加强销售，以下属于视觉辅助工具的有（    ）。
   A. 图表                              B. 模型、样本和礼物
   C. 具有视觉吸引力的目录和宣传册      D. 照片、插图、广告

4. 以下属于在客户服务中的个人沟通技巧的是（    ）。
   A. 以客户为中心                      B. 以我为中心
   C. 善于聆听客户的诉求                D. 平复客户的愤怒情绪

5. 以下对 ABC 客户分类管理法描述正确的是（    ）。
   A. 大多企业采用与"成交额"和"客户发展潜力"相关的两个重点指标相结合，将客户分为 ABCD 四个等级
   B. A 类客户往往是 VIP 客户，一般指企业购买金额最多的前 5% 客户
   C. B 类客户往往是 VIP 客户，一般指企业购买金额最多的前 5% 客户
   D. C 类客户往往是 VIP 客户，一般指企业购买金额最多的前 5% 客户

### 三、问答题

1. 假设在学习完本门课程之后，你到一家供应链管理公司实习并负责客户关系管理的工作。请问你计划如何按步骤开展客户关系管理工作？请谈一谈你的想法。

2. 在客户关系管理中，保持客户的满意度是重要的工作任务之一。随着数字化技术的进步，许多企业开始运用数字化管理手段来避免客户满意度的下降，请你展开说明数字化管理如何帮助企业避免客户满意度的下降。

# 项目八　客户数据仓库的设计与应用

## 项目背景

S公司是一家全球领先的时尚和生活方式在线零售商，致力于让"人人尽享时尚之美"。公司主打欧美市场，目前直接服务全球超过150个国家和地区的消费者，支持20种语言和超过20种外汇支付方式。公司在全球设有超10个办事处，快速响应客户的购买及售后需求。

除了自营品牌主打品类女装之外，还通过供应商买手化、开放平台等方式，在自营基础上丰富鞋包、配饰、家居等品类，构建与供应商繁荣共生的平台生态。公司秉承客户至上的经营理念，坚持产品驱动，始终以提升用户体验为指导目标。

公司推行快时尚、新生态、全数字化战略，运用AI大数据技术敏捷追踪全球时尚趋势，以数据支持预测，用设计引领流行方向，实现时尚趋势数字化；数字化供应链产品体系覆盖面料、成衣、仓储、物流等供应链全流程，结合实际业务场景，降本增效。

公司打造"全产业链"模式，即公司集商品设计、仓储供应链、互联网研发、销售客服以及线上运营为一体，逐步推动规范行业标准、改善行业环境；秉承通过按需生产的模式赋能供应商，共同打造敏捷柔性供应链，从而减少浪费、并向全球消费者提供丰富且具有高性价比产品的经营理念，在跨境电商市场已经成为一股不可忽视的力量。

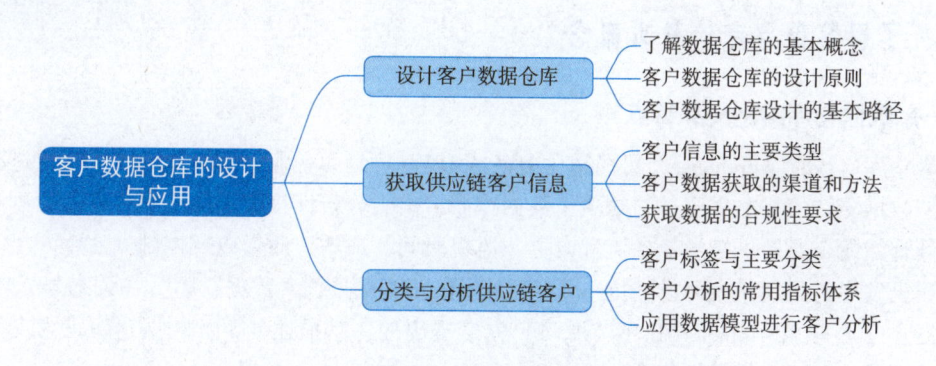

## 项目导航

客户数据仓库的设计与应用
- 设计客户数据仓库
  - 了解数据仓库的基本概念
  - 客户数据仓库的设计原则
  - 客户数据仓库设计的基本路径
- 获取供应链客户信息
  - 客户信息的主要类型
  - 客户数据获取的渠道和方法
  - 获取数据的合规性要求
- 分类与分析供应链客户
  - 客户标签与主要分类
  - 客户分析的常用指标体系
  - 应用数据模型进行客户分析

## 任务一　设计客户数据仓库

### 【学习目标】

**知识目标：**
- 掌握客户数据仓库的相关概念。
- 了解客户数据仓库的设计原则和实施路径。

**能力目标：**
➢ 能够分析业务流程和数据需求，识别关键业务指标和数据元素。

**素养目标：**
➢ 通过数据仓库的设计，培养学生科学严谨的工作精神。

## 【任务导入】

目前，由于业务需要，S 公司已经架构了跨境电商平台、供应商管理平台、库存管理系统、订单管理系统等多种业务信息系统，但同时也发现这些系统是随着公司的发展逐步迭代发展起来的，底层数据库的设计主要也是为了满足事务处理需要设计的，对公司整体而言，各信息系统是一个个的信息孤岛。随着公司数字化战略的需要，很多重要的数据在以前系统设计时并没有考虑到，因此，虽然公司已经积累了大量的历史数据，但还需要真正把这些数据的价值挖掘出来，用于更好地改善客户服务和公司决策，这存在着很大的难度。

学习资源

客户反馈与
预测数据

在这个背景下，公司决定先从客户数据仓库入手，按照实际业务需要，从各业务信息系统中抽取数据，建立可用于客户分析和决策的数据仓库。

## 【任务分析】

在规划设计客户数据仓库之前，我们需要了解数据仓库和传统数据的区别，明确数据仓库在客户分析和管理中的目标定位，了解数据仓库设计的基本原则和方法。根据公司的业务特征、内部信息系统等因素，先初步规划数据仓库的基本架构图。

## 【必备知识】

### 一、了解数据仓库的基本概念

#### （一）数据仓库的定义和特点

数据仓库（Data Warehouse，可简写为 DW 或 DWH）是为企业所有级别的决策制定过程提供所有类型数据支持的战略集合。它是单个数据存储，出于分析性报告和决策支持目的而创建，为需要业务智能的企业提供指导业务流程改进，监视时间、成本、质量以及控制。

计算机发展的早期，人们已经提出了建立数据仓库的构想。"数据仓库"一词最早是在 1990 年由数据仓库之父 Bill Inmon（比尔·恩门）先生提出的，其描述如下：数据仓库是为支持企业决策而特别设计和建立的数据集合。

数据仓库建立的基础是企业对决策支持的需求不断增加，传统数据库的能力逐渐无法满足复杂的分析需求。数据仓库的发展得益于硬件和软件技术的进步，如数据存储容量的增大、数据处理速度的提升和数据压缩算法的发展等。数据仓库的发展也受到数据挖掘和商业智能等相关技术的推动，使得数据仓库能够更好地支持复杂的数据分析和决策需求。

客户数据仓库能把分散在企业内外部的客户数据集成起来，向企业及其员工提供有关客户总体的描述。分散在企业内部的信息主要存在于客户行为路径、客户营销、销售、客户支持、客户服务等环节；分散在企业外部的信息包括人口统计信息、地域人口消费水平、客户信用等。建立客户数据仓库的目的就是把这些信息集成起来，用于企业决策分析。

· 170 ·

## （二）数据仓库与传统数据库的区别

数据仓库与传统数据库的区别主要包括以下几点：

**1. 目标不同**

数据仓库与传统数据库的目标不同。数据仓库以分析主题为中心，聚焦于特定的业务领域或业务问题，如为了满足客户分析或者需求预测而建立的数据仓库；而传统数据库以应用信息系统或部门事物为中心，如为了满足 WMS 系统或者 ERP 系统运行而建立的数据库。

**2. 用途不同**

数据仓库与传统数据库的用途不同。数据仓库关注分析和决策支持，而传统数据库主要用于事务处理和数据管理。

**3. 来源不同**

数据仓库与传统数据库的来源不同。数据仓库具有集成、稳定和可扩展的特点，数据通常是来自不同途径的集成，例如，可以来自企业内部不同信息系统，也可以来自上下游合作伙伴提供的数据接口，还可以来自互联网数据爬取或者日常登记信息等；而传统数据库通常是根据业务需要，针对特定应用系统需要定制开发而来，例如，需要上线 WMS 仓储管理系统，则需要根据信息系统运行的需要构建数据库。

**4. 存储方式不同**

数据仓库与传统数据库的存储方式不同。数据仓库的数据存储方式通常采用多维模型，如星型模型或雪花模型，以支持复杂的数据分析和查询，一般存储的是历史数据；而传统数据库则采用关系模型，一般用来存储当前事务性数据。

## （三）数据仓库的基本架构

数据仓库的建立，需要具备多种数据来源的对接，并且能够按照某种规则将这些不同来源的数据抽取出来并加工存储，同时能够为营销、预测、生产、财务等不同类型的用户提供决策分析所需要的数据查询、分析、报表等服务。总的来说，数据仓库的架构可以分为以下四个层次，如图 8-1 所示：

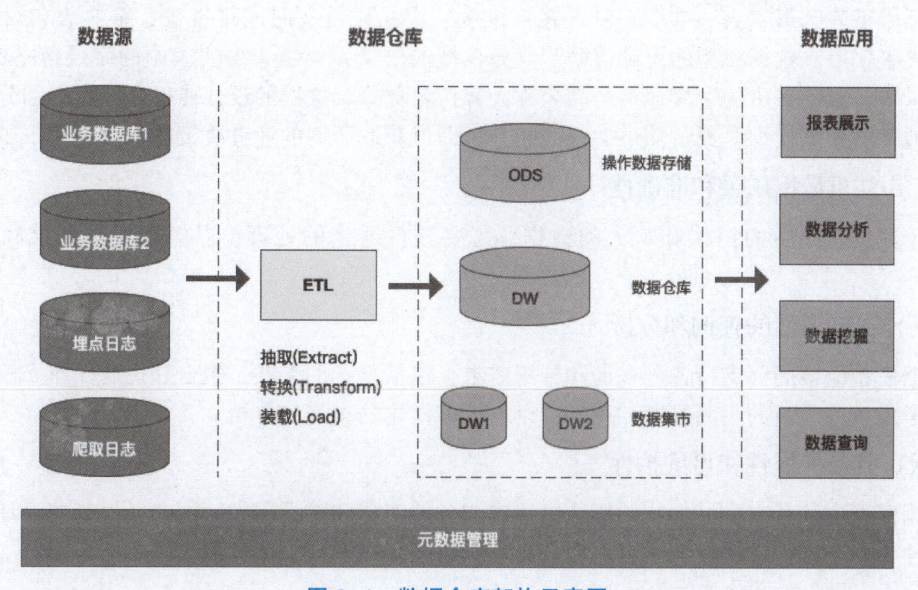

图 8-1　数据仓库架构示意图

### 1. 数据源层

数据源层用于建立数据仓库的数据源非常广泛，既可以是内部各种信息系统数据库中的数据，如企业应用系统、数据库、日常文件等，也可以是来自企业外部的数据源，如上下游合作伙伴提供的数据、公共信息采集的数据以及日常业务中收集整理的表格数据等。

### 2. ETL 层（Ertract 抽取、Transform 转换、Load 加载）

通常数据仓库需要从多个数据源中获取数据，并将其集成到统一的数据模型中。因为数据仓库的数据来源形式很多，不同来源的数据库结构和类型又不同，所以在存储为可用的数据之前，需要采取相应的技术从数据源中提取数据，并进行清洗、转换和整合，将数据加载到数据仓库中。ETL 技术是处理该过程时常用的方法。

### 3. 数据存储层

数据存储层用于存储清洗、转换和整合后的数据。数据存储是一项专门的技术，根据数据仓库建立的需求采取不同的存储技术，常见的存储方式有关系型数据库、数据仓库、大数据存储等。

### 4. 数据应用层

数据应用层主要是指基于数据存储，提供给不同用户进行数据查询、分析和报表生成的软件界面和工具，如 OLAP（Online Analytical Processing，联机分析处理）工具、可视化工具、数据分析工具等。

## 二、客户数据仓库的设计原则

在当今的数字化时代，数据仓库的设计显得尤为重要。一个优秀的数据仓库设计可以极大地提高数据利用率和业务洞察力，而一个不好的数据仓库设计则可能会引发数据混乱，甚至阻碍业务的发展。为此，我们需要了解数据仓库设计的基本原则。

### （一）易于理解和使用

数据模型应该简单、清晰，能够让业务用户和分析师容易理解并使用。数据模型的结构和命名应符合业务领域的语义，遵循用户的直觉和习惯。例如，一个零售公司数据仓库中的数据模型设计包括维度表和事实表。维度表包含客户维度、产品维度、时间维度等，事实表包含销售事实、库存事实等。数据模型的设计遵循了业务领域的语义，如销售事实表中的字段包括销售额、销售数量等，维度表中的字段包括产品名称、客户名称等。这样的设计使得业务用户和分析师能够直观地理解数据模型，通过简单的查询和分析即可获取所需的业务决策数据。

### （二）注重数据质量和准确性

对于数据仓库中的错误和缺失的数据，需要进行适当的处理，以保证数据的准确性和完整性。

### （三）支持灵活的查询和分析

数据模型应该能够支持各种查询和分析需求，包括复杂的关联、聚合和过滤操作。模型设计时需要考虑业务决策的不同维度和粒度，以支持多样化的查询和分析。

### （四）具备扩展性和可维护性

数据模型应该具有良好的扩展性，以适应业务的变化和扩展需求。同时，模型的设计应具备可维护性，便于进行数据模型的更新和调整。

### （五）数据安全和隐私

需要制定严格的数据安全策略，并注意数据的隐私保护。

## 三、客户数据仓库设计的基本路径

客户数据可能存在于订单处理、客户支持、营销、销售、财务、物流等各个环节或部门，客户数据仓库需要把企业内外的客户数据集成起来，并在此基础之上实现对客户的挖掘、分析和管理。而达到最终期望目标的前提，需要一个科学合理的实施路径，以保障客户数据仓库的设计能够满足业务需要。实施路径包括以下几点：

### （一）定义数据仓库范围

数据仓库可应用的业务范围非常广，所以在设计客户数据仓库的时候，首先需要定义好数据仓库建设项目的范围，以保障实施时能够把握好边界，避免过度设计。

典型的范围定义是组织、地区、应用、业务功能的联合表示。定义范围时通常需要权衡考虑资源（人员、系统、预算等）、进度（项目的时间和里程碑要求）、功能（数据仓库承诺达到的能力）三方面的因素。项目范围是设定正确的期望值、评估成本、估计风险、制定开发优先级的依据。

### （二）确定数据仓库需求

数据仓库项目的需求通常需要通过业务调研、需求调研、数据调研等方式来确定，而按照应用和技术实现两个维度，需求又可以分为业务需求和技术需求。

**1. 定义业务需求**

建立数据仓库的主要目的是为组织赋予从全局访问数据的能力。数据的粒度必须能够满足用户执行分析的需求，并且数据应该用能被用户所理解的业务术语表示。

对数据仓库中数据的分析将辅助业务决策：数据仓库的设计者应该清楚业务用户是如何作决策的，在决策过程中提出了哪些问题，以及哪些数据是回答这些问题所需要的。在为数据仓库收集需求的过程中，还要考虑设计能否适应需求的变化。

**2. 定义技术需求**

数据来源：数据仓库的数据来源是操作型系统，这些系统日复一日地处理着各种事务活动。操作型系统大都是联机事务处理系统。数据仓库会从多个操作型源系统抽取数据。

ETL：操作型系统里的数据需要一个中间处理过程，这就是所谓的 ETL。需要知道如何清理操作型数据，如何移除垃圾数据，如何将来自多个源系统的相同数据整合在一起。

数据的更新频率：例如，如果需要进行长期或大范围的数据分析，可能就不需要每天装载数据，而是每周或每月装载一次。注意，更新频率并不决定数据的细节程度，每周汇总的数据有可能每月装载。

### （三）划分主题与主题域

数据仓库是一个将原始数据转化为有用信息，以便进行决策支持的平台。在构建数据仓库时，主题和主题域的划分是非常关键的一步。

主题是在数据仓库中特定领域的业务流程或者工作焦点，通常是一个独立的、完整的业务领域，如销售、客户、产品等。每个主题都包含了该领域的特定数据，如销售总额、客户满意度、产品库存等。这些数据可以在数据仓库中进行整合和分析，以提供决策支持。

主题域是主题的一个特定方面，涵盖了与特定主题相关的所有数据。例如，在一个以销售为主题的数据仓库中，主题域可能包括销售数据分析、销售渠道分析、产品分析和客户行为分析等。这些主题域中的每一个都包含了与该领域相关的数据，如销售数据、客户信息、产品数据等。

在建设数据仓库时，主题和主题域的划分对于数据仓库的设计和构建有着深远影响，有助

于确保数据仓库中的数据结构和内容是清晰明确的。通过明确"主题"和"主题域",可以实现以下效果:

**1. 提高数据组织的有效性**

清晰的"主题"和"主题域"使得数据仓库中的数据结构更加清晰,便于数据的存储和处理,提高数据组织的有效性。

**2. 提升决策支持**

明确的数据分类使得数据仓库能够更好地提供决策支持,通过对特定"主题域"的数据分析,我们可以更好地理解业务运营状况,从而作出准确的决策。

**3. 优化数据处理**

明确的"主题"和"主题域"可以帮助我们更好地理解数据处理的需求。通过优化数据处理,可以提高数据处理效率和质量。

**4. 识别数据冲突**

定义"主题"和"主题域"还有助于我们在构建数据仓库的过程中识别和解决潜在的数据冲突问题。例如,在多个"主题"之间可能存在数据重复或不一致的情况,通过明确"主题域",我们可以更好地管理和解决这些冲突问题。

总之,"主题"和"主题域"是构建数据仓库的关键概念。明确这些概念可以帮助我们更好地组织和存储数据、确保数据的一致性和准确性,这对于构建一个高效且准确的数据仓库至关重要。

### (四)构建总线矩阵

在构建数据仓库前,往往需要通过总线矩阵设计来快速理解业务并规划数据仓库体系,以求从宏观的角度描述企业的业务和数据现状,并指导后续的数据仓库建模。

总线矩阵是指导维度模型建设的规划性文件,包含业务过程、公共一致性维度,还包括业务过程与维度间的联系,即业务过程与维度的关联外键。另外,可加入主题划分和业务过程包含的度量值。如图 8-2 所示,行是业务过程,列是公共维度(一致性维度),图中×表示的是哪些列与哪些行有关系,也表示这一个业务过程需要有哪些公共维度。

公共维度

| 业务过程 | 日期 | 产品 | 仓库 | 商店 | 促销 | 客户 | 雇员 |
|---|---|---|---|---|---|---|---|
| 提出购买订单 | × | × | × | | | | |
| 接收仓库存货 | × | × | × | | | | × |
| 仓库库存 | × | × | × | | | | |
| 接收商店存货 | × | × | × | × | | | × |
| 商店库存 | × | × | | × | | | |
| 零售 | × | × | | × | × | × | |
| 零售预测 | × | × | | × | | | |
| 零售促销跟踪 | × | × | | × | × | | |
| 客户退货 | × | × | | × | | × | × |
| 退货至供应商 | × | × | × | | | | × |
| 常客注册 | × | | | × | | × | |

图 8-2 零售商的企业数据仓库总线矩阵示例

总线矩阵编写完成后，应组织多方参与评审，包括业务方、分析人员、架构师、产品经理等，以确定业务矩阵的最终版本。

### （五）数仓建模

数仓建模的本质是通过模型完成对复杂业务的抽象，清晰、准确、完整地刻画业务场景，以便用户通过业务视角便捷地获取所需数据，完成对业务活动的度量。

**1. 数仓建模的要素**

数仓建模应当具备四个要素：一个过程（抽象）和三个目标（清晰、准确、完整）。

（1）抽象。

抽象是指从众多的事物中抽取出共同的、本质性的特征，而舍弃其非本质特征的过程。通过抽象可以屏蔽烦琐的底层细节，聚焦业务本质；同时，提升模型的稳定性，减少业务系统变更带来的冲击。

（2）清晰。

清晰是指模型信息必须是清楚、明了、有条理的。通过抽象，可以将繁杂无章的数据进行归纳总结，以结构化的方式清晰地描述业务。

（3）准确。

准确是指模型表达的语义和用户理解的语义是一致的。通过理清业务关系、明确统一业务概念，就可以对业务活动进行准确的描述。

（4）完整。

完整是指业务信息必须是完整的，没有信息丢失的。信息丢失会造成业务描述不完整，最终导致无法满足业务诉求。

**2. 维度建模**

数仓建模具有范式建模、维度建模、Data Vault 建模、Ancor 建模等多种方法，在此我们重点介绍一下维度建模。

维度建模是从便于分析的角度，按照维度、事实的形式来构建数据模型，主要以星型模式来展现。维度建模能够同时满足以商业用户可理解的方式发布数据和提供高效的查询性能这两大需求。具有以下优点：

（1）便于理解。

维度建模是将层次化的数据结构展开为单一层次，构建出来的数据库结构表更加符合人的直觉、易于被人所理解，从而有利于数据的推广使用；易于达成共识，方便查询，不必理解业务系统规范化复杂的 3NF（Third Normal Form，第三范式）模型。

按照事实表、维度表来构建数据仓库和数据集市。在维度建模方法体系中，维度是描述事实的角度，如日期、地址、商品等；事实是要度量的指标，如配送员人数、完成单量等。

（2）快速地响应业务。

维度建模是面向分析构建的，每次不需要编写冗长的 SQL（Structured Query Language Server Database，结构化查询语言数据库），查询大宽表，减少 join，方便分析人员和业务人员（不太懂技术，不会写复杂的 SQL 的人员）使用，能快速地响应业务需求。

（3）标准框架。

维度建模是数据仓库工具书，定义了业界广泛理解的概念。新员工可以快速地掌握数据仓库的结构，不需要熟悉具体的业务系统数据。工程师和分析师对事实、维度、粒度这些概念都比较了解，可以促进协作。

> 知识链接
> 
> 如何编写总线矩阵？

## （六）设计分层架构

分层能使结构更加清晰：每一层都有它的作用和职责，我们在使用表的时候能更快速地定位和理解。设计分层架构主要有以下目的：

**1. 分层能使血缘关系更加清晰**

高层依赖低层，不允许跨层依赖（例如，不允许明细层的表依赖应用层的表），这样表格的血缘关系会更加清晰，使用也比较方便。

**2. 方便维护数据的准确性**

如果有一张表出了问题，我们能够根据层级快速定位影响，通过字段血缘快速识别影响范围。当数据出现问题，可以不用修复所有的数据，只需要修复问题表并回刷下游影响表即可。

**3. 减少重复开发**

规范数据分层，开发一些通用的中间层数据，能够减少一些重复计算，节省计算资源。

**4. 把复杂问题简单化**

将一个复杂的任务分解成多个步骤来完成，每一层都有不同定位，比较简单和容易理解。

**5. 屏蔽业务变动影响，屏蔽原始数据的异常**

即使原始数据变动，在明细层兼容处理，不会影响模型和下游业务。

**6. 权限控制**

对不同人员选择性开放对应的层，可以开放粗粒度的管理权限。

以上是数据仓库设计的主要环节。

### 【方法工具】

运用 Visio 工具或者 PPT 等绘图工具，绘制架构图。

### 【任务实施】

通过对 S 公司的基本情况分析，根据客户数据仓库构建的四个层次关系，S 公司客户数据仓库的基本架构图如图 8-3 所示：

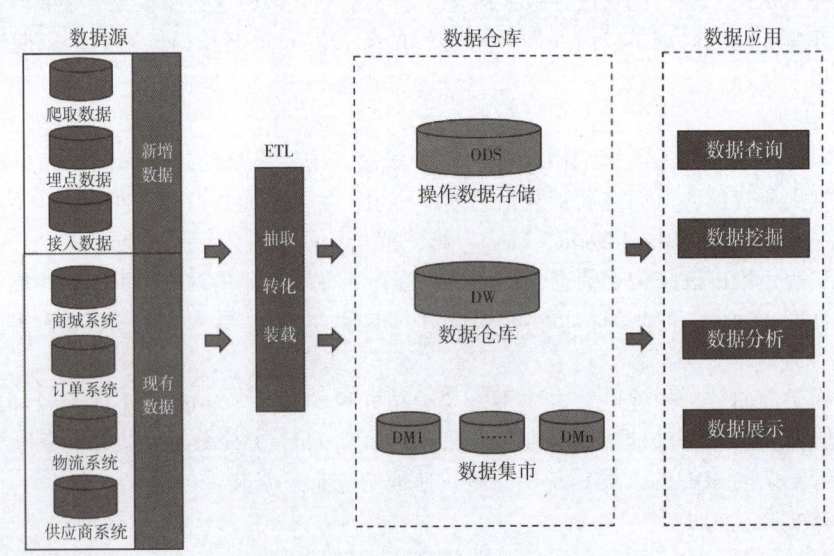

图 8-3　S 公司客户数据仓库基本架构图

由于数据仓库是基于业务分析和决策需要而构建的，所以需要考虑在现有信息系统中还不存在的其他数据源的获取，通常可以采取在现有信息系统中设置新的数据埋点、外部公开数据的爬取或者其他数据服务商及合作伙伴数据的接入等来源。

**知识链接**

数据仓库：DW、ODS、DM 及其区别

**学习标杆**

李宁的精细化客户管理

## 任务二　获取供应链客户信息

### 【学习目标】

**知识目标：**
- 掌握供应链客户信息的主要类型。
- 了解供应链客户数据的来源和数据获取的方法。
- 熟悉获取客户数据的合规性要求。

**能力目标：**
- 能够根据业务需要，分析和辨别有价值的客户信息。
- 能够通过合规的渠道和手段获取必要的客户数据。

**素养目标：**
- 培养学生建立合规使用客户数据的法律意识，遵守相关法律法规和数据保护政策。

### 【任务导入】

完成客户数据仓库的基本架构设计之后，在建设客户数据仓库时需要从各个信息系统中抽取大量与客户相关的数据，因此需要提前规划和设计数据仓库的数据维度。此过程会涉及用户的一些敏感信息，在设计时需要充分考虑客户隐私信息的保护，遵循数据最小化原则，仅收集与业务需求相关的客户数据，避免收集不必要或过多的个人数据，避免收集敏感个人信息。

**学习资源**

获取供应链客户信息

本任务中，需要结合公司商城系统、订单系统、物流系统中已有的客户数据，构建客户基本信息表，作为客户数据仓库中的客户基础数据。

### 【任务分析】

客户基本信息是数据仓库中最基本的客户数据，每一条客户信息都代表着一个独立的客户身份，是后续客户分析最基本的信息单元。

S 公司是一家面向 C 端的跨境电商平台企业，其主要客户为终端消费者。在本任务中，我们需要根据数据最小化原则，规避客户敏感信息，构建可用于描述每个消费者基本特征的客户基础数据表，以保证后期数据仓库在业务系统中能够定期抽取到需要的客户信息。

要完成本任务，我们需要了解客户分析需要哪些个人基本信息，以及哪些属于个人的敏感隐私信息。

## 【必备知识】

客户信息是企业客户关系管理的基础。通过管理和分析客户信息，企业可以将客户信息应用于产品设计、销售和服务当中。随着现代信息技术的发展，企业对客户信息的要求越来越高，提升客户信息管理的能力是改善客户关系、提升企业竞争力的重要基础。本任务将介绍客户信息的主要类型，以及如何获取必要的客户信息。

### 一、客户信息的主要类型

从供应链的角度而言，客户的概念更为广泛，不仅仅局限于购买商品的最终消费者，还包括可以提升供应链整体效率的上游供应商、制造商、经销商、内部协同部门等。本任务重点从客户服务的角度，对客户信息和类型进行说明。

客户信息是指有关客户购买行为的一切相关信息，包括客户的基本资料、购买产品或服务的记录等。客户信息能为企业提供包括有形物品、服务、人员、地点、组织等大量信息。根据信息的特点，可以将客户信息分为描述性信息、促销性信息、交易性信息和关联性信息四大主要类型，如图8-4所示。

图8-4 客户信息的类型

#### （一）描述性信息

描述性信息，即"客户是什么人"，主要是指客户最基本的信息。这类信息大多是描述客户基本情况的静态信息，相对容易收集。从个人客户和企业客户的角度而言，个人客户信息包括个人的姓名、性别、年龄、联系方式等；企业客户信息包括企业的名称、规模、联系人、法人代表等，如表8-1所示：

表8-1 描述性客户信息

| 客户类型 | 信息类型 | 详细信息 |
| --- | --- | --- |
| 个人客户 | 基本信息 | 姓名、性别、年龄、联系方式、地址、工作类型、收入水平、婚姻状况、家庭成员情况等 |
| | 信用信息 | 信用卡、信贷额度等 |
| | 行为爱好信息 | 生活方式、兴趣爱好、消费偏好等 |
| 企业客户 | 基本信息 | 公司名称、营业地址、公司规模及所处行业；公司主要联系人姓名、职位及联系方式；法人代表等 |
| | 行为信息 | 银行账号、信贷额度、付款与还款情况、消费能力、消费偏好、与其他竞争对手的联系情况等 |

#### （二）促销性信息

促销性信息，即"企业曾对客户做过什么"，主要是指企业曾经为客户提供产品或服务的历史信息，包括促销活动的类型、促销活动的时间等，如表8-2所示：

表 8-2　促销性客户信息

| 信息类型 | 详细信息 |
|---|---|
| 促销活动的类型 | 降价促销、电话促销、业务推广促销、网络促销等 |
| 促销活动的内容 | 促销活动的具体内容，如参与促销活动的员工、发放礼品的形式等 |
| 促销活动的渠道 | 电视、报刊、广播、网络等 |
| 促销活动的时间 | 年、月、日、时、分 |
| 促销活动的意图 | 简单说明企业开展促销活动的目的，如提高销量、提升知名度等 |
| 促销活动的成本 | 促销活动所消耗的人力、物力和财力 |

### （三）交易性信息

交易性信息，即"客户曾经做过什么"，主要是指反映客户消费全过程的信息，包括购买记录、购买频率等，如表 8-3 所示：

表 8-3　交易性客户信息

| 信息类型 | 详细信息 |
|---|---|
| 购买产品记录 | 购买记录、购买频率、购买数量、购买金额、购买种类、购买途径等 |
| 产品售后与服务 | 售后服务内容、对产品或服务的评价、反馈的问题、要求退换货的记录等 |

### （四）关联性信息

关联性信息，即"客户接下来会怎么做"，主要是指反映或影响客户消费行为与消费心理的信息，包括客户满意度、客户忠诚度、客户流失倾向等。企业可以通过关联性信息了解客户的消费行为与消费心理，以便制定合适的客户关系管理策略，同时，也是供应链需求预测的重要基础信息。

了解客户信息的类型，可以帮助我们在获取客户信息的时候做到有的放矢，提高信息收集的准确性和有效性。

## 二、客户数据获取的渠道和方法

客户信息是建立在客户基础数据之上的，那么这些客户信息可以从哪里获取呢？在当前信息化时代，除了传统方式外，客户数据往往存在于企业信息系统、互联网等多个渠道当中，需要通过不同的方式来获取。在企业实践中，客户数据获取的渠道通常可以从企业内部数据渠道和企业外部数据渠道两个维度来划分。

### （一）内部数据渠道和方法

随着企业信息化的普及，通常在企业运营中都会借助如 ERP、CRM、WMS、OMS 等信息系统来提升整体管理效率，这些基于业务构建的信息系统往往沉淀了大量的业务数据。例如，一家电子商务公司可以通过订单管理系统获取每个客户的购买历史、订单金额和产品偏好等信息。而一家软件公司可以从客户服务系统中获取客户的技术支持请求、反馈和解决方案。再如，一家汽车制造商可以从 CRM 系统中获取客户的联系信息、购车历史和服务需求。

这些存在于企业信息系统中的数据，往往就是客户数据仓库的重要数据来源，可以借助技术手段从各类企业信息系统中抽取需要的数据，进行清洗、处理后储存于数据仓库之中，为各类型业务的分析决策提供数据支持。

除了信息系统之外，运用表格来管理日常运营的各项信息仍然是当前企业实践的重要手段，同样也是内部数据的重要来源，在信息获取的时候不可忽视。

### （二）外部数据渠道和方法

通常企业内部的数据主要是围绕业务管理而产生的，属于事务型数据，这类型数据往往难以完全满足提升客户服务质量、客户需求预测等需求，因此还需要通过外部渠道获取更多维度的数据。外部数据的渠道来源和存在形式更加复杂，按照来源主要可以分为公共开放网络平台的数据、运用调查方法获取的数据和供应链合作伙伴共享的数据这三个主要途径，如图8-5所示：

| 公共开放网络平台的数据 | 运用调查方法获取的数据 | 供应链合作伙伴共享的数据 |

图 8-5　企业外部来源的数据

**1. 公共开放网络平台来源的数据**

公共开放网络平台来源的数据主要来自互联网的社交媒体、交易平台、公共信息平台、第三方数据服务商等渠道。例如，一家酒店连锁集团可以通过社交媒体监测工具追踪客户在推特上的评论和反馈，了解客户的入住体验和意见。又或者，可以与第三方数据提供商合作，获取关于目标客户群体的人群结构和消费行为数据。

**2. 运用调查方法来源获取的数据**

公共开放的数据也是有限的，往往难以提供粒度更细的数据，那么就需要借助第三方调查机构来获取相关数据。通常，调查方法可以采用电话调查和面对面访谈，或者通过在线调查和问卷的方式，通过在线平台设计和分发调查问卷来获取客户对供应链体验、产品满意度等方面的数据。例如，企业可以将在线问卷与客户促销活动结合，通过活动邀请客户填写关于购物体验和产品偏好的调查问卷。

**3. 供应链合作伙伴来源的共享数据**

从供应链运营的角度，建立上下游合作伙伴数据共享，是提升供应链合作的重要手段，因而来自供应商、经销商的数据，也是当前外部数据的一个重要来源。

通过数据共享，企业可以与经销商等合作伙伴建立数据共享机制，共享客户交互和交易数据，以获取更全面的客户信息。例如，食品企业可以与零售合作伙伴共享销售数据，了解产品在不同渠道的销售情况。与供应商共享客户需求和市场反馈数据，以帮助供应商优化产品和服务。例如，一家服装品牌可以与供应商共享客户的购买历史和产品偏好数据，以支持供应商的生产和库存规划。

在企业实践中，数据的收集与获取往往存在成本、技术、法规等多种限制，所以，需要根据具体业务需求与目标，结合不同的渠道和方法综合运用，以获取全面、准确的客户信息，支持供应链决策和业务优化。

## 三、获取数据的合规性要求

虽然客户信息对企业高效运营有着重要的作用，但是这些信息往往包含客户的隐私，所以在获取客户信息数据时，必须严格遵守相关的合规性要求和数据保护法规，以保护客户的隐私和数据安全。以下是一些常见的合规性要求，需要在获取客户信息数据时加以考虑和遵守：

### （一）合法性和透明性

确保获取客户信息的合法性和透明性，必须依据适用的隐私法律法规，并向客户明确说明数据收集目的和使用方式。例如，在获取客户数据之前，需明确告知客户数据的用途，如通过隐私政策或明示同意条款。

### （二）主动同意和选择权

主动同意和选择权是指获取客户信息应基于客户的明确同意和自愿提供，客户有权选择是否共享自己的数据。例如，提供明确的选择机制，让客户决定是否同意提供个人信息，并明确记录客户的同意。

### （三）数据最小化原则

数据最小化原则是指只收集和使用必要的客户信息，避免收集不必要或过多的个人数据。例如，仅收集与业务需求相关的客户数据，避免收集敏感个人信息。

### （四）数据安全和保护

数据安全和保护是指要确保采取适当的技术和组织措施，保护客户信息的安全和机密性。例如，采用加密技术、访问控制和数据备份等措施，保护客户数据的机密性和完整性。

### （五）数据存储和保留期限

明确客户数据的存储和保留期限，并在超过期限后进行安全销毁。例如，制定数据保留政策，明确客户数据的保存时间，并按照规定的期限安全销毁过期数据。

### （六）数据分享和转移

数据分享和转移是指在与合作伙伴共享客户数据时，确保有合法合规的数据共享协议和安全机制。例如，与合作伙伴签订数据处理协议，明确数据分享的目的、范围和安全保障措施。

### （七）用户权利尊重

充分尊重客户的权利，包括访问、更正、删除和注销个人数据的管理权利。例如，建立适当的用户数据管理机制，让客户可以行使相关权利并管理自己的个人数据。

请注意，具体的合规性要求和法规可能因地区和行业而异。因此，在设计和实施客户数据采集和管理策略时，应根据适用的法律、行业准则和内部政策确保合规性，并定期进行合规性审核及更新。

> **素养园地**
>
> 建立合法合规的获取和使用数据的边界意识，既是对他人隐私或者企业信息安全的保障，也是对自己在工作中合法运用数据的保障。

## 【方法工具】

利用 Excel 表格工具设计客户基础数据需求说明。

## 【任务实施】

### 一、分析描述客户的基本信息应当包括哪些

通常一个人的基本信息主要由登录账号、密码、姓名、性别、年龄、身份证号码、国籍、手机号码、即时通信账号、电子邮件地址、工作地址、家庭住址、工作类型、教育程度、收入水平、婚姻状况、家庭成员等构成，这些信息如同一个人身份的标签，可以在客户分析时识别和判断一个客户的某些特征和偏好，例如，收入水平与他（她）的购买力存在直接关系，工作和家

庭住址代表这个人主要的活动区域，通过年龄和性别可以归纳出他（她）的基本消费偏好，如果有小孩则可能会对儿童用品感兴趣等。原则上来讲，描述一个客户的颗粒度越细，对这个客户了解得就越全面。

## 二、剔除不必要和转化敏感的个人隐私信息

考虑客户数据最小化原则，我们再次来审视这些数据，会发现有些数据虽然看似可以很好地确定客户的准确信息，但它对我们做客户分析并没有什么实质性的作用，例如，登录账号、密码、姓名、身份证号码等主要是为了定位某个客户的身份，而且这些信息往往都属于个人敏感信息，所以我们在收集时应当剔除该类数据，直接用用户 ID 来替代就可以确定这个用户的身份。用户的手机号、邮箱地址、家庭住址等信息通常也属于个人的敏感信息，在建立用户基础信息时也应当剔除或者转化，例如，可以把家庭住址转化为国家、省份、城市、区县等信息，如果我们考虑用户后期的跟踪或推广服务，应当对该类数据另行处理，而不应当把其纳入客户数据仓库的客户基本信息。

## 三、编写客户基本信息数据需求说明

通过上面的分析，我们可以初步设计出一个客户基本信息的数据字典，如表 8-4 所示，为后续实施数据仓库建设的技术人员提供更加准确的基本需求信息。

表 8-4　客户基本信息数据字典

| 字段名 | 说明 |
| --- | --- |
| 用户 ID | 每个用户一个 ID，不可重复 |
| 性别 | 男/女 |
| 年龄 | 初始年龄，每年递增 |
| 国家 | 国家 |
| 省份 | 所处的省份 |
| 城市 | 所处的城市 |
| 区县 | 工作或所住的区县信息 |
| 教育程度 | 受到的最高教育程度 |
| 工作类型 | 按照大类进行划分 |
| 收入水平 | 按照某种区间进行划分 |
| 是否结婚 | 是/否 |
| 是否有小孩 | 是/否 |

学习标杆

用户数据的隐私合规在
字节跳动是如何落地

# 任务三　分类与分析供应链客户

## 【学习目标】

知识目标：
- 掌握供应链客户常见的分类方法。
- 了解客户分析的常用指标体系。
- 掌握客户管理中的常用分析方法和模型。

能力目标：
- 能够根据分析目标合理规划和设计分析指标体系。
- 能够使用数据分析方法和工具，对供应链客户数据进行分析和解读。

素养目标：
- 培养学生运用数据发现问题和洞察趋势的素养。

## 【任务导入】

学习资源

分类和分析
供应链客户

随着多年的发展，某公司客户遍布全球 150 多个国家，积累了大量的客户群体。在完成公司客户数据仓库的建立之后，业务端希望能够具备对当前客户进行自动分层的功能，这样有助于帮助业务端更好地为来自全球不同市场的客户进行更加科学的划分和管理，便于下一步针对每一层级设定更加精准的推广方案及优惠活动，提供更具个性化的服务，持续提升客户满意度和黏性，延长用户的生命周期。

在实现功能之前，需要先确定基本的设计思路，以便为后续客户分层管理功能的开发提供准确可靠的设计需求。

## 【任务分析】

通过对需求的分析，我们不难理解，业务部门希望通过对客户的分类来对不同价值的客户进行分类管理和服务，所以，我们可以采取价值分类的方式对现有客户进行划分。为完成本任务，需要确定分析方法、收集分析数据、建立分析模型。

## 【必备知识】

### 一、客户标签与主要分类

在供应链客户管理中，客户标签扮演着至关重要的角色。客户标签是用来描述和归类客户的标签，这些标签可以为企业更好地了解顾客提供重要的信息。在客户数据仓库设计中，根据不同的分类维度为客户建立标签，有助于对客户数据进行精细化管理，为后续基于客户数据仓库的分类查询、分层管理等具体应用建立基础。

客户标签需要从市场应用需求出发对之进行梳理，需要根据不同企业业务类型的实际情况对客户进行某些维度的划分，如根据客户与企业的关系、客户对企业的商业价值、客户对企业的忠诚度、客户在企业的状态等维度，对客户进行进一步细分，建立客户标签。如图 8-6 所示：

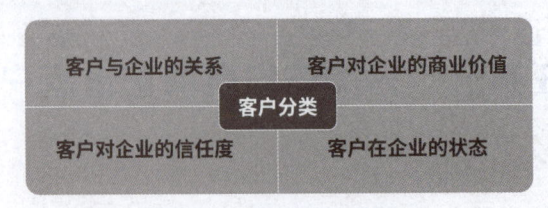

图 8-6　客户分类示意图

了解这些划分方式，可以帮助我们在建设客户数据仓库时，对客户数据的收集和管理进行合理的规划与设计，建立合理的客户标签体系。

### （一）根据客户与企业的关系划分

根据客户与企业的关系，客户可以划分为消费者客户、中间商客户、内部客户及公利客户。

**1. 消费者客户**

消费者客户购买企业最终产品与服务的通常是个人或家庭，又称终端客户。该类客户数量众多，但消费额一般不高。

**2. 中间商客户**

中间商客户是指处在企业与顾客间的经营者，指那些购买产品和服务是为了转卖而获取利润的个人或组织采购者。由于中间商是通过买卖差价赚取利润，这就决定了他们往往会大批量采购，依靠多购多销取得更多利润，他们的满意程度和购买行为对于企业的产品和服务的销售来说关系重大。

**3. 内部客户**

内部客户是指企业内部的个人或业务职能部门，这是最难被企业忽视的一类客户。在企业内部，通常采购职能部门为生产职能部门提供服务，生产职能部门为产品销售职能部门提供服务，销售职能部门为外部客户提供服务。

在企业实践中，采购职能部门、生产职能部门、产品销售职能部门三者间逐步形成了客户服务关系。而对销售职能部门而言，每个销售人员或团队又成为这个职能部门的内部客户。

**4. 公利客户**

公利客户是指代表公众利益向企业提供资源，然后直接或间接从企业获利中收取一定比例费用的客户，如政府、行业协会、媒体等。

### （二）依照客户对企业的商业价值大小划分

依照客户对企业的商业价值大小，可以划分为核心客户、关键客户及一般客户。

**1. 核心客户**

核心客户一般是指消费总额占企业产品营业总额的比例十分高，对企业产品销售贡献商业价值最大的客户，此类客户数目极少。

**2. 关键客户**

关键客户是指除宾客型客户之外，对产品或服务项目消费频率高、消费大、客户利润率高，对企业经营业绩能产生一定影响的重要客户。

**3. 一般客户**

一般客户是指个体消费总额不大，给企业带来的利润也不多，有时甚至可能给企业带来负利润的客户，此类客户为数众多。

### （三）依照客户对企业的信任度划分

依照客户的信任度，客户可以划分为忠诚客户、老客户、新客户及潜在客户。

**1. 忠诚客户**

忠诚客户是指那些对企业十分满意和信任，长期、重复地购买同一企业产品和服务的客户。从其购买行为上看，具有指向性购买、重复性购买、相关性购买、推荐性购买四个特征。

**2. 老客户**

老客户是指与企业有较长时间的交易，对企业的产品和服务项目有较深的了解，但同时还与其他企业有一定交易往来的客户。

**3. 新客户**

新客户是指刚开始与企业有交易往来，对企业的产品和服务项目缺乏较全面了解的客户。

**4. 潜在客户**

潜在客户是指对企业的产品或服务项目有市场需求，但尚未与企业展开交易、需要企业大力争取的客户。可以借助客户数据仓库展开潜在客户的开发和挖掘以及后期的维护。

### （四）依照客户在企业的状态划分

依照客户状态，客户可以划分为非客户、潜在客户、目标客户、现实客户及流失客户。

**1. 非客户**

非客户是指那些与企业没有直接或间接地的交易，不可能买回企业产品或服务项目的群体。

**2. 潜在客户**

潜在客户是指那些与企业没有直接或间接的联系，但是对企业的产品和服务项目有市场需求或者有欲望，并且有买回动机和买回支付能力，但买回行为还没有发生的人群。

**3. 目标客户**

目标客户是指那些能够给企业带来收益，企业力图开发为现实客户的群体。

**4. 现实客户**

现实客户是指企业产品或者服务项目的现实买回群体。

**5. 流失客户**

流失客户是指那些曾经是企业的客户，但是现在不再买回企业产品或服务项目的群体。

## 二、客户分析的常用指标体系

指标体系是企业用来评估客户关系管理效果的重要工具，通过衡量客户满意度指标、服务质量指标和运营效率指标等多个方面，来全面了解企业与客户之间的关系和互动情况。企业可以根据这些指标来制定、改进和优化客户关系管理的策略，提升客户满意度和市场竞争力。下面，将从不同维度介绍常用指标体系的内容。

### （一）客户满意度指标

**1. 客户投诉率**

客户投诉率反映客户对企业产品或服务的不满意程度，低投诉率代表较高的客户满意度。

**2. 客户维护率**

客户维护率可衡量企业保持客户关系的能力，高维护率代表客户满意度高且较为忠诚。

**3. 重复购买率**

重复购买率可衡量客户的忠诚度和购买意愿，高重复购买率代表客户满意度高。

**4. 客户流失率**

客户流失率可衡量企业失去客户的速度和比例，低客户流失率代表客户满意度高。

## （二）服务质量指标

### 1. 响应时间
响应时间指客户提出问题或需求后企业响应的速度，反映企业的服务效率和态度。

### 2. 问题解决率
问题解决率指客户问题得到解决的比例，高问题解决率代表企业的服务质量好。

### 3. 服务满意度
服务满意度指客户对企业服务的满意程度，通过问卷调查等方式进行评估。

### 4. 售后服务指标
售后服务指标包括维修周期、维修费用、维修质量等指标，反映企业售后服务的质量和效率。

## （三）运营效率指标

### 1. 客户生命周期价值
客户生命周期价值指客户在与企业建立关系期间产生的总价值，用于评估企业的客户管理效果。

### 2. 客户留存成本
客户留存成本指为保留一个客户而需要花费的成本，包括营销费用、客户服务成本等。

### 3. 市场推广成本
市场推广成本指企业为获取新客户而投入的市场推广费用，用于评估推广效果和成本效益。

### 4. 售前咨询率
售前咨询率指潜在客户咨询企业产品或服务的比例，反映企业的市场知名度和产品吸引力。

了解客户关系管理中常用的指标体系，可以帮助我们在进行客户分析时，更好地明确分析目标，找到分析方向。

# 三、应用数据模型进行客户分析

在企业数字化发展的进程中，学会运用合理的方法分析和挖掘客户数据的价值，是客户管理的重要技术手段。模型分析法是依据各种成熟的、经过实践论证的管理模型对问题进行分析的方法，可以指导我们更加科学地进行客户分析，本任务重点介绍两种常见的可用于客户分析的模型。

## （一）RFM模型——用户分层分析

RFM分析是美国数据库营销研究所提出的一种简单实用的客户分析方法，能发现客户数据中三个神奇的要素：

最近一次消费时间（Recency，R）：客户距离最近一次采购时间的间隔。

最近一段时间内消费频次（Frequency，F）：指客户在限定期间内所购买的次数。

最近一段时间内消费金额（Monetary，M）：客户的消费能力，可以用客户消费金额的平均值。

RFM模型是将最近一次消费、消费频率、消费金额这三个要素构成数据分析指标，衡量客户价值和客户创利能力。RFM分析也就是通过这三个指标对客户进行观察和分类，针对不同特征的客户采取相应的营销策略。

RFM模型的数据要求非常简单，原始数据需要的表头是"人、时、钱"。人是指用户ID，时是交易时间，钱是消费金额，在做模型分析前也要确定好分析的起止时间。RFM模型好用，是因为其能很好地界定出八类用户，并针对这八类用户做精细化运营策略，如表 8-5 所示：

表 8-5　RFM 模型表

| 分类 | R 值 | F 值 | M 值 | 用户类型 |
|---|---|---|---|---|
| 分类 1 | R 高 | F 高 | M 高 | 沉睡 VIP 客户 |
| 分类 2 | R 高 | F 高 | M 低 | 流失熟客 |
| 分类 3 | R 高 | F 低 | M 高 | 流失 VIP 客户 |
| 分类 4 | R 高 | F 低 | M 低 | 完全流失客户 |
| 分类 5 | R 低 | F 高 | M 高 | 活跃 VIP 客户 |
| 分类 6 | R 低 | F 高 | M 低 | 普通熟客 |
| 分类 7 | R 低 | F 低 | M 高 | 潜力 VIP 客户 |
| 分类 8 | R 低 | F 低 | M 低 | 普通新客 |

有了八大用户分类后，我们需要充分理解这八类用户的特征并制定合理的营销计划，做精细化运营。例如，R 低 F 高 M 高的用户，说明该用户近期处于活跃中、在近期复购频率较高、花费金额较高，属于活跃 VIP 用户。这时，可以针对这类高质量用户做优质的活动邀约和品牌活动。但由于此类用户本身黏度很高，可考虑适当减少在此类用户身上过度营销。

RFM 模型要结合企业实际情况灵活运用。例如，因营销节日将到，某家快消品公司的运营需要准备一个营销活动，但是预算有限，那么开展这项工作的思路是什么呢？

首先，因为预算有限，不能全面撒网，此时可以借助 RFM 模型找出八大类型用户，并进一步做出如表 8-6 中的分类：

表 8-6　营销活动推广策略表

| 营销推广策略 | 用户类型 |
|---|---|
| 重点推广 | 沉睡 VIP 客户、潜力 VIP 客户、流失 VIP 客户 |
| 普通维持 | 活跃 VIP 客户、普通熟客、普通新客 |
| 暂时不做重点 | 完全流失客户、潜力 VIP 客户 |

注意，不同的行业和产品之间可能存在差异，具体的客户分类和维护方式需要视情况而定，不可生搬硬套。

在此基础之上，可以结合有限的预算情况，做出以下的营销活动策略：

**1. "沉睡 VIP" "潜力 VIP" "流失 VIP" 类客户**

"沉睡 VIP" "潜力 VIP" "流失 VIP" 类客户具有消费能力，并且曾经为产品付费过，可以作为活动重点客户，通过一些优惠活动策划，重点激发和召回该类型具有消费潜力的客户。

**2. "活跃 VIP" "普通熟客" "普通新客" 类客户**

"活跃 VIP" "普通熟客" "普通新客" 类客户要么已经是铁杆忠实用户了，要么是长久以来没有购买力的用户，相同的营销费用花下去，可能产生的价值不大，性价比不高。

**3. 像 "流失熟客" "完全流失" 类客户**

"流失熟客" "完全流失" 类客户通常没有购买付费行为或者完全不活跃，短期可以考虑不做重点营销，如果有多余的营销费用的话，可以在做流失客户分析的基础之上，进行流失客户打捞。

## （二）AARRR 漏斗模型——客户转化分析

AARRR 模型是美国的肖恩·埃利斯在他的书《增长黑客——如何低成本实现爆发式成长》中提出的，这个模型可以应用到面向大众消费者的各个行业当中，帮助业务成长。AARRR 模型对客户分析的五个重要环节分别是：

- 获取用户（Acquisition）：客户如何找到我们？
- 激活用户（Activation）：客户的首次体验如何？
- 提高留存（Retention）：客户会回来吗？
- 增加收入（Revenue）：如何赚到更多的钱？
- 环节推荐（Refer 病毒式营销）：客户会告诉其他人吗？

如果我们把转化过程比作蓄水池的话，这五个环节可以画成如图 8-7 所示：

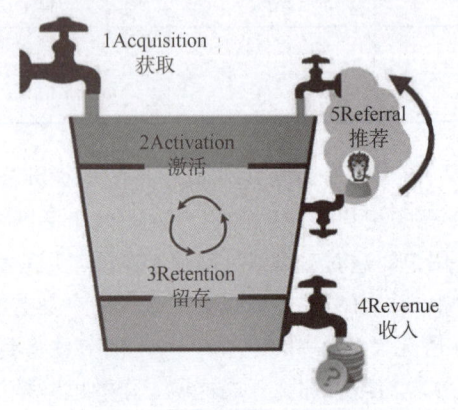

图 8-7　客户转化过程示意图

转化分析可以分析多种业务场景下转化和流失的情况，不仅找出产品潜在问题的位置，还可以定位每个环节的流失用户，进而定向营销促转化，如图 8-8 所示：

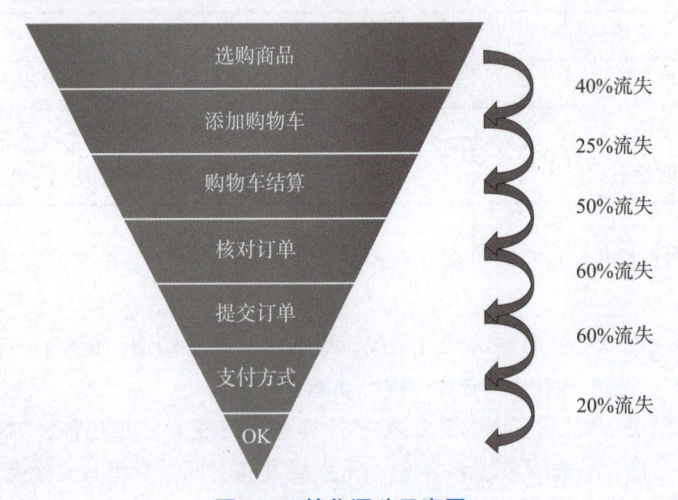

图 8-8　转化漏斗示意图

**知识链接**

RFM 模型的优缺点

【方法工具】

### （一）方法

利用 RFM 分析法构建分析模型。

## （二）工具

利用 Excel 中的计算函数、条件函数、Vlookup 以及数据透视表。

# 【任务实施】

我们可以调取出 2022 年的客户订单，对这些历史客户购买数据进行分析，利用 RFM 模型标记客户价值，分别从如下三个维度 R（Recency）最近消费时间、F（Frequency）消费频率、M（Monetary）消费金额，对客户的过往行为进行统计，对客户群进行分级，了解公司目前的客户价值分层。

## 一、分析数据

要根据 RFM 的定义维度对用户分类，就得分别统计得出每位客户的 RFM 值。如表 8-7 所示，R 值和 B 列订单日期字段有关，F 值和 A 列订单 ID 的数量有关，M 值可以把每笔订单的销售额求和得出。

**表 8-7　用户订单数据样本表**

| 订单ID | 订单日期 | 客户ID | 客户姓名 | 产品ID | 产品类别 | 产品名称 | 销售额 | 销售量 |
|---|---|---|---|---|---|---|---|---|
| ES-2014-2774938 | 2022/1/1 | FH-14350 | Fred Harton | TEC-MA-10001777 | Technology | Okidata Printer, Red | 677.4075 | 3 |
| IN-2014-47134 | 2022/1/1 | KN-16450 | Kean Nguyen | TEC-MA-10002134 | Technology | Konica Inkjet, Wireless | 846.288 | 3 |
| IT-2014-4810734 | 2022/1/1 | AS-10240 | Alan Shonely | TEC-PH-10002586 | Technology | Nokia Office Telephone, with C | 332.163 | 6 |
| US-2014-105830 | 2022/1/1 | DB-13660 | Duane Benoit | OFF-ST-10002554 | Office Supplies | Tennsco Industrial Shelving | 156.512 | 4 |
| CA-2014-160395 | 2022/1/1 | KL-16555 | Kelly Lampkin | OFF-BI-10003984 | Office Supplies | Lock-Up Easel 'Spel-Binder' | 159.768 | 7 |
| CA-2014-100202 | 2022/1/1 | BD-11620 | Brian DeCherney | TEC-PH-10002563 | Technology | Adtran 1202752G1 | 302.376 | 3 |
| AG-2014-2040 | 2022/1/1 | CR-2730 | Craig Reiter | FUR-RUB-10003004 | Furniture | Rubbermaid Frame, Durable | 106.92 | 1 |
| IN-2014-47134 | 2022/1/1 | KN-16450 | Kean Nguyen | OFF-EN-10002035 | Office Supplies | Kraft Mailers, Set of 50 | 203.31 | 6 |
| ES-2014-2283801 | 2022/1/1 | GP-14740 | Guy Phonely | OFF-AR-10002681 | Office Supplies | Stanley Canvas, Fluorescent | 152.19 | 3 |
| RO-2014-340 | 2022/1/1 | LW-6825 | Laurel Workman | OFF-STA-10004108 | Office Supplies | Stanley Canvas, Easy-Erase | 99.48 | 2 |
| PL-2014-150 | 2022/1/1 | DO-3645 | Doug O'Connell | OFF-CAM-10000497 | Office Supplies | Cameo Manila Envelope, Set of | 54 | 2 |
| IR-2014-420 | 2022/1/1 | CG-2520 | Claire Gute | OFF-HON-10004698 | Office Supplies | Hon File Folder Labels, Laser P | 34.56 | 4 |
| CG-2014-920 | 2022/1/1 | EN-3780 | Edward Nazzal | OFF-KLE-10001644 | Office Supplies | Kleencut Trimmer, Steel | 40.83 | 1 |
| CA-2014-156139 | 2022/1/1 | BP-11355 | Becky Pak | OFF-BI-10004233 | Office Supplies | GBC Pre-Punched Binding Pap | 38.376 | 3 |
| ES-2014-4158324 | 2022/1/1 | BN-11470 | Brad Norvell | OFF-ST-10001255 | Office Supplies | Fellowes Trays, Single Width | 137.808 | 4 |
| IN-2014-48758 | 2022/1/1 | GM-14680 | Greg Matthias | OFF-LA-10003396 | Office Supplies | Avery Color Coded Labels, Las | 39.87 | 3 |
| ES-2014-4158324 | 2022/1/1 | BN-11470 | Brad Norvell | OFF-SU-10000171 | Office Supplies | Elite Trimmer, Easy Grip | 43.29 | 1 |
| AG-2014-2360 | 2022/1/1 | JE-5475 | Jeremy Ellison | OFF-CAM-10003933 | Office Supplies | Cameo Business Envelopes, Re | 19.35 | 1 |
| ES-2014-2283801 | 2022/1/1 | GP-14740 | Guy Phonely | OFF-BI-10001833 | Office Supplies | Ibico Hole Reinforcements, Rec | 51.45 | 7 |
| ES-2014-2774938 | 2022/1/1 | FH-14350 | Fred Harton | OFF-AR-10003658 | Office Supplies | Boston Markers, Water Color | 29.55 | 1 |
| US-2014-165953 | 2022/1/1 | EP-13915 | Emily Phan | OFF-AR-10000588 | Office Supplies | Newell 345 | 47.616 | 3 |
| US-2014-165953 | 2022/1/1 | EP-13915 | Emily Phan | OFF-PA-10002250 | Office Supplies | Things To Do Today Pad | 23.48 | 5 |
| ES-2014-2774938 | 2022/1/1 | FH-14350 | Fred Harton | OFF-LA-10003132 | Office Supplies | Smead Round Labels, Laser Pri | 13.8 | 2 |
| CA-2014-160395 | 2022/1/1 | KL-16555 | Kelly Lampkin | OFF-AR-10003759 | Office Supplies | Crayola Anti Dust Chalk, 12/Pa | 3.64 | 2 |
| ES-2014-1530779 | 2022/2/1 | JM-15535 | Jessica Myrick | OFF-ST-10003153 | Office Supplies | Tenex File Cart, Single Width | 484.596 | 6 |
| US-2014-141719 | 2022/2/1 | JD-16015 | Joy Daniels | OFF-ST-10001374 | Office Supplies | Rogers Trays, Wire Frame | 97.2 | 4 |
| ES-2014-1530779 | 2022/2/1 | JM-15535 | Jessica Myrick | OFF-BI-10002570 | Office Supplies | Cardinal 3-Hole Punch, Clear | 84.78 | 3 |
| CM-2014-2470 | 2022/2/1 | DB-2910 | Daniel Byrd | OFF-KLE-10002869 | Office Supplies | Kleencut Letter Opener, High S | 52.92 | 2 |
| US-2014-141719 | 2022/2/1 | JD-16015 | Joy Daniels | OFF-SU-10003474 | Office Supplies | Elite Box Cutter, Easy Grip | 29.208 | 2 |
| US-2014-141719 | 2022/2/1 | JD-16015 | Joy Daniels | OFF-AR-10003336 | Office Supplies | Sanford Pencil Sharpener, Easy | 21.672 | 2 |
| ES-2014-2349858 | 2022/2/1 | LS-17245 | Lynn Smith | OFF-EN-10000271 | Office Supplies | Kraft Peel and Seal, with clear p | 96.12 | 4 |
| US-2014-116778 | 2022/3/1 | JS-16030 | Joy Smith | TEC-CO-10000388 | Technology | Canon Fax Machine, Color | 382.51668 | 2 |
| MX-2014-102120 | 2022/3/1 | TC-21145 | Theresa Coyne | FUR-BO-10000624 | Furniture | Safco Classic Bookcase, Metal | 700.176 | 3 |
| IN-2014-24377 | 2022/3/1 | BS-11755 | Bruce Stewart | TEC-CO-10001482 | Technology | Sharp Ink, High-Speed | 735.66 | 6 |
| BU-2014-7540 | 2022/3/1 | MH-8025 | Michelle Huthwaite | FUR-HAR-10000334 | Furniture | Harbour Creations Swivel Stool | 360.24 | 2 |
| ID-2014-17265 | 2022/3/1 | KB-16240 | Karen Bern | OFF-EN-10001491 | Office Supplies | Jiffy Interoffice Envelope, Set of | 278.64 | 6 |
| IN-2014-49675 | 2022/3/1 | LB-16795 | Laurel Beltran | TEC-MA-10003632 | Technology | Epson Calculator, Wireless | 185.64 | 4 |

## 二、创建数据透视表

如图 8-9 所示，选择字段，把"订单日期"拖入"值"，我们要找出每位客户的最近一次购物日期，就要在"值字段设置"里，把"计算类型"改成"最大值"，M 列显示的就是每位客户 ID 对应的最近一次购物时间，P 列显示的是用现在日期减去 M 列最大订单日期所得出的 R 间隔天数：

**演示数据**

2022 年客户订单表.xlsx

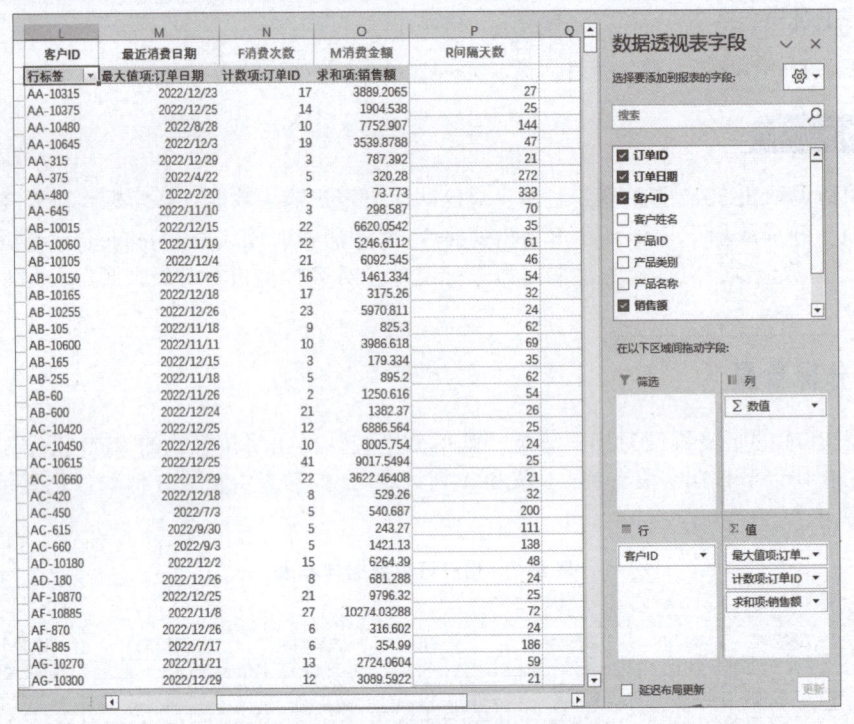

图 8-9 创建数据透视表示意图

要统计 F 消费频次，可以对"订单 ID 号"的数据进行计数，就是消费频次；还需要统计 M 消费金额，对销售额进行求和。

### 三、根据 RFM 这三个维度对客户划分等级，建立客户标签

先求出 RFM 各自的平均值；将每个客户的 RFM 数据与其平均值对比：当 R 值低于平均值，说明间隔时间更短，则评为"H"；当 R 大于或等于平均值，则评为"L"。另外两个维度 F 和 M 如果大于或等于平均值，则评为"H"，低于平均值则评为"L"。这个过程可以利用 IF 函数完成，如图 8-10 所示。

再根据这八个客户等级分类，用 Vlookup 函数就可以将每位客户匹配到对应的类型中，如表 8-8 和图 8-11 所示。

表 8-8 客户等级分类表

| RFM 等级组合 | 客户类型 |
| --- | --- |
| HHH | 重要价值客户 |
| LHH | 重要保持客户 |
| HLH | 重要发展客户 |
| LLH | 重要挽留客户 |
| HHL | 一般价值客户 |
| HLL | 一般发展客户 |
| LHL | 一般保持客户 |
| LLL | 一般挽留客户 |

# 项目八 客户数据仓库的设计与应用

=IF(P3<$X$2,"H","L")

| 客户ID<br>行标签 | 最近消费日期<br>最大值项:订单日期 | F消费次数<br>计数项:订单ID | M消费金额<br>求和项:销售额 | R间隔天数 | R等级 | F等级 | M等级 |
|---|---|---|---|---|---|---|---|
| AA-10315 | 2022/12/23 | 17 | 3889.2065 | 27 | H | H | H |
| AA-10375 | 2022/12/25 | 14 | 1904.538 | 25 | H | H | L |
| AA-10480 | 2022/8/28 | 10 | 7752.907 | 144 | L | H | H |
| AA-10645 | 2022/12/3 | 19 | 3539.8788 | 47 | H | H | H |
| AA-315 | 2022/12/29 | 3 | 787.392 | 21 | H | L | L |
| AA-375 | 2022/4/22 | 5 | 320.28 | 272 | L | L | L |
| AA-480 | 2022/2/20 | 3 | 73.773 | 333 | L | L | L |
| AA-645 | 2022/11/10 | 3 | 298.587 | 70 | H | L | L |
| AB-10015 | 2022/12/15 | 22 | 6620.0542 | 35 | H | H | H |
| AB-10060 | 2022/11/19 | 22 | 5246.6112 | 61 | H | H | H |
| AB-10105 | 2022/12/4 | 21 | 6092.545 | 46 | H | H | H |
| AB-10150 | 2022/11/26 | 16 | 1461.334 | 54 | H | H | L |
| AB-10165 | 2022/12/18 | 17 | 3175.26 | 32 | H | H | L |
| AB-10255 | 2022/12/26 | 23 | 5970.811 | 24 | H | H | H |
| AB-105 | 2022/11/18 | 9 | 825.3 | 62 | H | L | L |
| AB-10600 | 2022/11/11 | 10 | 3986.618 | 69 | H | H | H |
| AB-165 | 2022/12/15 | 3 | 179.334 | 35 | H | L | L |
| AB-255 | 2022/11/18 | 5 | 895.2 | 62 | H | L | L |
| AB-60 | 2022/11/26 | 2 | 1250.616 | 54 | H | L | L |
| AB-600 | 2022/12/24 | 21 | 1382.37 | 26 | H | H | L |
| AC-10420 | 2022/12/25 | 12 | 6886.564 | 25 | H | H | H |
| AC-10450 | 2022/12/26 | 10 | 8005.754 | 24 | H | H | H |
| AC-10615 | 2022/12/25 | 41 | 9017.5494 | 25 | H | H | H |
| AC-10660 | 2022/12/29 | 22 | 3622.46408 | 21 | H | H | H |
| AC-420 | 2022/12/18 | 8 | 529.26 | 32 | H | L | L |
| AC-450 | 2022/7/3 | 5 | 540.687 | 200 | L | L | L |
| AC-615 | 2022/9/30 | 5 | 243.27 | 111 | L | L | L |
| AC-660 | 2022/9/3 | 5 | 1421.13 | 138 | L | L | L |
| AD-10180 | 2022/12/2 | 15 | 6264.39 | 48 | H | H | H |
| AD-180 | 2022/12/26 | 8 | 681.288 | 24 | H | L | L |
| AF-10870 | 2022/12/25 | 21 | 9796.32 | 25 | H | H | H |
| AF-10885 | 2022/11/8 | 27 | 10274.03288 | 72 | H | H | H |
| AF-870 | 2022/12/26 | 6 | 316.602 | 24 | H | L | L |
| AF-885 | 2022/7/17 | 6 | 354.99 | 186 | L | L | L |
| AG-10270 | 2022/11/21 | 13 | 2724.0604 | 59 | H | H | L |
| AG-10300 | 2022/12/29 | 12 | 3089.5922 | 21 | H | H | L |

图 8-10 建立客户标签示意图

=VLOOKUP(Q3&R3&S3,$W$5:$X$12,2,FALSE)

| 客户ID<br>行标签 | 最近消费日期<br>最大值项:订单日期 | F消费次数<br>计数项:订单ID | M消费金额<br>求和项:销售额 | R间隔天数 | R等级 | F等级 | M等级 | RFM等级 |
|---|---|---|---|---|---|---|---|---|
| AA-10315 | 2022/12/23 | 17 | 3889.2065 | 27 | H | H | H | 重要价值客户 |
| AA-10375 | 2022/12/25 | 14 | 1904.538 | 25 | H | H | L | 一般价值客户 |
| AA-10480 | 2022/8/28 | 10 | 7752.907 | 144 | L | H | H | 重要保留客户 |
| AA-10645 | 2022/12/3 | 19 | 3539.8788 | 47 | H | H | H | 重要价值客户 |
| AA-315 | 2022/12/29 | 3 | 787.392 | 21 | H | L | L | 一般发展客户 |
| AA-375 | 2022/4/22 | 5 | 320.28 | 272 | L | L | L | 一般挽留客户 |
| AA-480 | 2022/2/20 | 3 | 73.773 | 333 | L | L | L | 一般挽留客户 |
| AA-645 | 2022/11/10 | 3 | 298.587 | 70 | H | L | L | 一般发展客户 |
| AB-10015 | 2022/12/15 | 22 | 6620.0542 | 35 | H | H | H | 重要价值客户 |
| AB-10060 | 2022/11/19 | 22 | 5246.6112 | 61 | H | H | H | 重要价值客户 |
| AB-10105 | 2022/12/4 | 21 | 6092.545 | 46 | H | H | H | 重要价值客户 |
| AB-10150 | 2022/11/26 | 16 | 1461.334 | 54 | H | H | L | 一般价值客户 |
| AB-10165 | 2022/12/18 | 17 | 3175.26 | 32 | H | H | L | 一般价值客户 |
| AB-10255 | 2022/12/26 | 23 | 5970.811 | 24 | H | H | H | 重要价值客户 |
| AB-105 | 2022/11/18 | 9 | 825.3 | 62 | H | L | L | 一般发展客户 |
| AB-10600 | 2022/11/11 | 10 | 3986.618 | 69 | H | H | H | 重要价值客户 |
| AB-165 | 2022/12/15 | 3 | 179.334 | 35 | H | L | L | 一般发展客户 |
| AB-255 | 2022/11/18 | 5 | 895.2 | 62 | H | L | L | 一般发展客户 |
| AB-60 | 2022/11/26 | 2 | 1250.616 | 54 | H | L | L | 一般发展客户 |
| AB-600 | 2022/12/24 | 21 | 1382.37 | 26 | H | H | L | 一般价值客户 |
| AC-10420 | 2022/12/25 | 12 | 6886.564 | 25 | H | H | H | 重要价值客户 |
| AC-10450 | 2022/12/26 | 10 | 8005.754 | 24 | H | H | H | 重要价值客户 |
| AC-10615 | 2022/12/25 | 41 | 9017.5494 | 25 | H | H | H | 重要价值客户 |
| AC-10660 | 2022/12/29 | 22 | 3622.46408 | 21 | H | H | H | 重要价值客户 |
| AC-420 | 2022/12/18 | 8 | 529.26 | 32 | H | L | L | 一般发展客户 |
| AC-450 | 2022/7/3 | 5 | 540.687 | 200 | L | L | L | 一般挽留客户 |
| AC-615 | 2022/9/30 | 5 | 243.27 | 111 | L | L | L | 一般挽留客户 |
| AC-660 | 2022/9/3 | 5 | 1421.13 | 138 | L | L | L | 一般挽留客户 |
| AD-10180 | 2022/12/2 | 15 | 6264.39 | 48 | H | H | H | 重要价值客户 |
| AD-180 | 2022/12/26 | 8 | 681.288 | 24 | H | L | L | 一般发展客户 |
| AF-10870 | 2022/12/25 | 21 | 9796.32 | 25 | H | H | H | 重要价值客户 |
| AF-10885 | 2022/11/8 | 27 | 10274.03288 | 72 | H | H | H | 重要价值客户 |
| AF-870 | 2022/12/26 | 6 | 316.602 | 24 | H | L | L | 一般发展客户 |
| AF-885 | 2022/7/17 | 6 | 354.99 | 186 | L | L | L | 一般挽留客户 |
| AG-10270 | 2022/11/21 | 13 | 2724.0604 | 59 | H | H | L | 一般价值客户 |
| AG-10300 | 2022/12/29 | 12 | 3089.5922 | 21 | H | H | L | 重要价值客户 |

图 8-11 客户等级划分处理示意图

## 四、客户分类统计及解读

给每位客户都贴上了一种类型标签之后,接下来就可以用 countif 函数给各类进行计数和占比统计,再求出占比,如表 8-9 所示:

表 8-9　客户分类占比情况表

| RFM 等级组合 | 客户类型 | 计数 | 占比 |
| --- | --- | --- | --- |
| HHH | 重要价值客户 | 489 | 32.36% |
| LHH | 重要保持客户 | 41 | 2.71% |
| HLH | 重要发展客户 | 55 | 3.64% |
| LLH | 重要挽留客户 | 21 | 1.39% |
| HHL | 一般价值客户 | 114 | 7.54% |
| HLL | 一般发展客户 | 407 | 26.94% |
| LHL | 一般保持客户 | 13 | 0.86% |
| LLL | 一般挽留客户 | 371 | 24.55% |
|  | 总计 | 1 511 |  |

通过对不同客户的行为分析并结合案例的结果可以得出,该平台重要价值客户占总体的 32.36%,在所有占比中相对最高,说明该公司已经沉淀了相当数量的优良客户,且比例相当可观。另外,一般发展客户占到了 26.94% 的比例,说明在客户新增的阶段做得还不错;有 2.71% 的重要保持客户,这批客户是曾经高频购买且消费金额大的客户,但是近期没有成交行为,说明已经有流失倾向,这批客户需要着重关注。

但是,其他类型的比例都偏少,还有 24% 的已流失客户。针对不同类型的客户,策略也不同,概括而言就是需要维护现有的忠诚客户,同时也要花精力在新客户向重要价值客户的转化上。

### 实训项目

**学习标杆**

华为的客户分级

#### 一、背景

品牌与市场推广是企业产品销售的重要手段,某公司一直以来非常重视市场推广工作,并且每年都会投入大量的品牌和推广预算。随着当下新媒体的发展,通过新媒体平台来推广产品也是公司目前的重点,但之前在不同平台推广预算产生的实际价值并不十分清楚。年底,公司在做下一年度推广预算时,希望你能够对今年各渠道推广价值做一个总结报告,并发现目前哪些渠道值得加大投入,哪些渠道应当适当压缩。

#### 二、项目目标

运用客户转化漏斗模型分析各渠道投入价值。

## 三、项目步骤

### （一）分组
将学生分成小组，每组三到四人。

### （二）工作分工
小组成员选定一个组长，小组完成数据预处理、数据分析、报告撰写三项主要工作。

### （三）工作目标
根据给定的数据，利用 AARRR 漏斗模型完成客户转化分析，并形成渠道投入价值分析报告。

### （四）工作要求
小组分工完成原始数据的清洗、加工、模型应用、可视化和报告撰写。

### （五）分析总结
根据分析报告给出下一年度各渠道投入的决策建议。

## 四、实训评价

每个小组需要选派代表讲解分析报告，并阐述根据分析结果得出的结论。
完成实训任务后，请填写实训项目考核评价标准表（见表8-10）。

**练习数据**

渠道运营数据.xlsx

表8-10 实训项目考核评价标准

| 专业 | | 班级 | | 学号 | | 姓名 | |
|---|---|---|---|---|---|---|---|
| 考核内容 | | | | 扮演的角色 | | | |
| 考核标准 | | 评价内容 | | | | 分值/分 | 评分/分 |
| | 教师评价70% | 掌握相关理论知识、方法和技能 | | | | 15 | |
| | | 能够根据项目要求完成对原始数据表格的清洗 | | | | 15 | |
| | | 能够根据分析需求完成对数据的加工处理 | | | | 25 | |
| | | 能够完成用户漏斗模型图的制作 | | | | 25 | |
| | | 撰写报告完整、格式规范，并提出分析结论 | | | | 20 | |
| | 小组成员互评30% | 具有团队协作精神 | | | | 40 | |
| | | 积极主动承担并完成所分配的任务 | | | | 50 | |
| | | 创造亮点，为小组争取荣誉 | | | | 10 | |

**自测习题**

### 一、单选题

1. 数据仓库建立的初衷是为了（　　）。
A. 满足事务型数据的处理需求
B. 提供战略集合支持企业所有级别的决策制定过程
C. 支持日常业务中的事物处理

D. 满足信息系统数据库的要求

2. 客户数据仓库的设计原则中，易于理解和使用的原则要求数据模型应该是（　　）。
A. 复杂而抽象
B. 简单、清晰，符合业务领域的语义
C. 难以理解但灵活
D. 与业务领域的语义无关

3. 客户信息中属于描述性信息的是什么？（　　）
A. 促销活动的记录
B. 购买频率
C. 客户的姓名、性别、年龄等基本情况
D. 客户满意度

4. 外部数据渠道中，以下哪一项属于供应链合作伙伴数据共享的数据？（　　）
A. 互联网社交媒体评论
B. 第三方数据服务商提供的人群结构数据
C. 与渠道商共享销售数据
D. 在线调查问卷反馈

5. 根据客户对企业的商业价值大小划分，哪一类型客户对企业产品销售贡献商业价值最大？（　　）
A. 核心客户　　B. 关键客户　　C. 一般客户　　D. 潜在客户

二、多选题

1. 在客户数据仓库的设计原则中，哪些属于重要的设计原则？（　　）
A. 易于理解和使用
B. 注重数据质量和准确性
C. 不考虑灵活的查询和分析需求
D. 具备扩展性和可维护性
E. 忽略数据安全和隐私保护

2. 数据仓库的基本概念包括以下哪些特点？（　　）
A. 用途仅限于事务处理
B. 面向主题的
C. 不可扩展的
D. 集成的

3. 外部数据渠道中调查方法来源的数据获取方式包括哪些？（　　）
A. 电话调查
B. 面对面访谈
C. 在线调查和问卷
D. 互联网社交媒体评论

4. 获取客户数据的合规性要求中，哪些属于数据安全和保护的原则？（　　）
A. 主动同意和选择权
B. 数据最小化原则
C. 采取适当的技术和组织措施
D. 用户权利尊重

5. 哪些属于常用的客户满意度指标？（　　）
A. 客户投诉率　　B. 客户维护率　　C. 重复购买率　　D. 客户流失率

三、问答题

1. 数据仓库的基本架构包括哪四个层次？简要描述每个层次的作用。
2. 企业在获取客户数据时，为何需要综合运用内部和外部数据渠道？
3. 在获取客户数据的过程中，合规性要求对企业有何重要性？
4. 说明 AARRR 漏斗模型——客户转化分析的主要阶段及其在企业中的应用。

# 项目九　培养稳定的客户关系

### 项目背景

深圳百果园实业（集团）股份有限公司成立于2001年，2002年开出中国第一家水果连锁专业店。截至2022年，百果园全国门店数超过5 000家，遍布全国130余个城市，在全球建立200多个水果特约供货基地，是中国百强连锁品牌企业，全国一体化新零售的标杆企业。2023年1月，百果园在香港交易所成功上市，成为全球第一家也是最大的水果专业连锁店。企业官网https://www.pagoda.com.cn。

### 项目导航

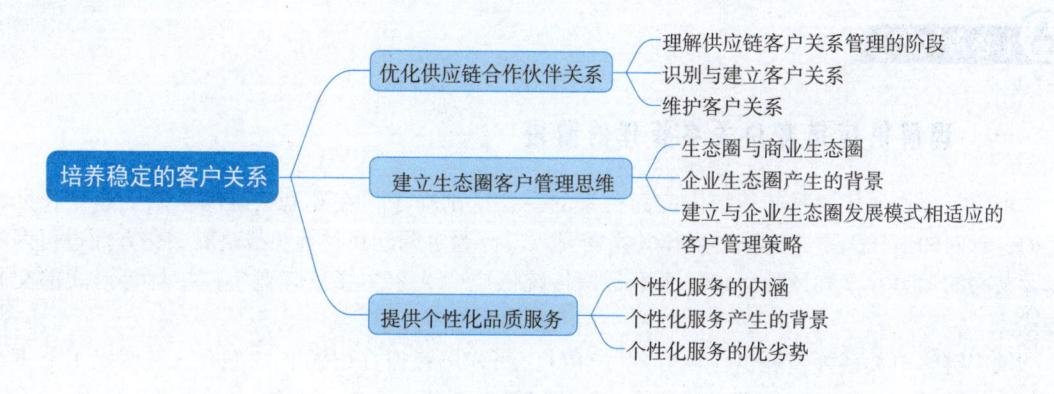

培养稳定的客户关系
- 优化供应链合作伙伴关系
  - 理解供应链客户关系管理的阶段
  - 识别与建立客户关系
  - 维护客户关系
- 建立生态圈客户管理思维
  - 生态圈与商业生态圈
  - 企业生态圈产生的背景
  - 建立与企业生态圈发展模式相适应的客户管理策略
- 提供个性化品质服务
  - 个性化服务的内涵
  - 个性化服务产生的背景
  - 个性化服务的优劣势

## 任务一　优化供应链合作伙伴关系

### 【学习目标】

**知识目标：**
- 熟记实施客户选择的策略。
- 树立全面了解客户背景信息的意识。
- 熟记客户关怀本质、内容与原则。

**能力目标：**
- 能通过有效途径掌握客户主要信息。
- 会编制客户互动管理方案。
- 会构建客户关怀管理体系。

**素养目标:**
- 建立合作、共赢、发展、强大的客户关系维护价值观。
- 树立客户识别和风险防范能力。

## 【任务导入】

请大家登录百果园企业官网,深入了解企业文化、理念、价值观、一体化新零售战略布局和服务政策等详细信息,并且实地考察当地的百果园实体店以及运用百果园线上商城进行购物体验。完成下列任务:

第一,该企业文化体现出怎样的客户服务价值观?
第二,你通过哪个渠道购买了百果园水果?你有哪些消费者购物体验?
第三,说明百果园是如何进行客户关系日常维护的。

**学习资源**

如何建立客户战略互动伙伴关系

## 【任务分析】

本任务需要大家在实地调研的基础之上,运用本单元所学知识,明晰品牌企业运营的底层逻辑,运用供应链客户生态系统思维分析企业现实做法,从而理解现代品牌企业客户关系选择、培育、维护、升级对于企业运营的意义。

## 【必备知识】

### 一、理解供应链客户关系管理的阶段

供应链合作伙伴关系与传统供应商关系的主要区别在于,在互利共赢的基础上建立长期稳定的、双向的信任关系,这样的合作关系需要双方沟通协调,在目标、战略和文化方面进行匹配以及共同的信息共享和风险管理,而不是像传统供应商关系主要依赖竞争性招标等形式的交易方式。

供应链客户关系管理是供应商管理(SRM)和客户管理(CRM)的融合,其明确了上下游合作伙伴关系建立的基础为供应需求结合点,如图9-1所示:

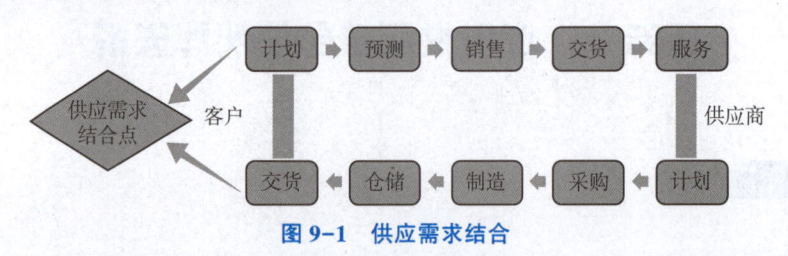

图9-1 供应需求结合

供应链上的客户关系发展一般经历五个阶段:客户关系识别、客户关系建立、客户关系的维护、客户关系赢返、客户关系升级。上下游多方企业经历这五个阶段的发展形成战略伙伴关系状态,促进彼此商业流程改善,发展彼此的竞争能力并取得市场竞争优势。

### 二、识别与建立客户关系

优化供应链合作伙伴关系需要在满足客户需求的框架下,对供应链上的合作伙伴进行调查、选择、识别与维护。

## （一）调查并选择客户

企业在通过专业渠道对潜在合作伙伴进行调查基础之上，结合企业设定的评价指标进行客户选择。一般情况下，企业搜集的客户信息应包括四类资料，如表 9-1 所示：

**表 9-1　客户信息收集表**

| 类别 | 客户个人资料 | 客户企业资料 | 客户财务资料 | 行为资料 |
|---|---|---|---|---|
| 细目 | 主要包括客户的名称、地址、电话、所有者、经营管理者、法人代表及他们的个性、兴趣、爱好、家庭、学历、年龄、创业经历、与本公司交易时间等 | 1. 企业特征，主要包括服务区域、销售能力、发展潜力、经营理念、经营方向、企业规模等 2. 业务状况，主要包括销售业绩、管理者和业务员的素质、与其他竞争者的关系、与本公司的业务关系及合作态度、是否有多个制造基地等 3. 交易现状，主要包括客户的销售活动现状、存在的问题、保持的优势、财务健康状况、信用状况、交易条件等 | 客户企业财务资料包括账户类型、第一次与最近一次的订货日期、平均订货价值及供货余额，平均付款期限等 | 行为数据是有关客户和潜在客户与企业交往的历史记录。它表明客户过去做过什么、每次订货的多少以及订货的频率等。包括回应类型（订货，询问，对调查活动、特价品、竞赛活动的反应等）、回应频率、回应的价值、回应的方式（电话、传真、电子邮件等）、每次发生纠纷原因、延迟交货或付款以及产品残次的详细资料 |

企业通过初步调查和深入调查两个阶段，获得潜在合作伙伴客户的信息，每个阶段选择的目的和依据不同，产生的客户选择结果也不同。

初步确定的供应商等不同类型的合作伙伴还要进入试运行考察阶段。试运行阶段的考察更实际、更全面、更严格，需要进行各个评价指标的考核评估，包括产品质量合格率、准时交货率、准时交货量、交货差错率、交货破损率、价格水平、进货费用水平、信用度、配合度等。在单项考核评估的基础上，还要进行综合评估。综合评估就是把以上各个指标进行加权平均计算而得到一个综合成绩，从而确定各级各类供应商合作伙伴。

企业实施客户选择是为了寻找和发现需要企业产品或服务的企业，以及企业有能力为其提供产品或服务的客户，从而让企业获得最大的收益，让企业的资源发挥最大的价值。

客户选择考虑的因素包括客户购买需求与企业能力的匹配度、客户的发展潜力、客户在产业结构中的地位和客户的服务成本。实施客户选择的策略主要有以下几点：

**1. 选择与企业定位一致的客户**

目标客户的发展阶段、经营理念、客户价值观最终会影响到双方长期合作关系的建立，因而在关系开始的初期就应选择与企业定位一致的客户。

**2. 选择优质客户**

优质客户具有一定的行为表现特征，区分优质客户与劣质客户的标准如表 9-2 所示：

表 9-2　客户类型区分表

| 客户类型 | 区分标准 |
| --- | --- |
| 优质客户 | 具有较强的购买欲望和购买能力，对企业提供的产品或服务有足够大的吸收能力，尤其对企业高利润产品有足够高的需求度 |
| | 能够为企业带来稳定的收益，对企业产品或服务的价格敏感度较低，能够及时付款，有良好的信誉 |
| | 企业为其提供产品或服务花费的成本较低 |
| | 客户拥有良好的发展前景 |
| | 向企业提供有益的意见和建议，以友好的方式帮助企业完善产品或服务，从而提高企业产品或服务的水平 |
| | 忠诚度高，合作意愿强，愿意与企业建立长久的合作关系 |
| 劣质客户 | 购买的产品或服务的数量少，却提出了很多要求，使得企业花费了较高的服务成本，企业为这些客户提供产品或服务花费的成本远远高于这些客户给企业带来的收益 |
| | 信誉较差，会让企业产生呆账、坏账 |
| | 分散企业的注意力，让企业做自己不擅长的事 |
| | 对企业的忠诚度低，甚至没有忠诚度 |

**3. 选择有潜力的客户**

**4. 选择与自己实力相近的客户**

（1）分析目标客户的综合价值。

分析目标客户的综合价值主要考虑以下因素：

①客户从企业购买产品或服务的交易总金额。

②客户因扩大需求而形成的增量购买和交叉购买等。

③客户对企业产生的无形价值，如规模效应价值、口碑价值和信息价值等。

④企业为客户提供产品或服务需要花费的总成本。

⑤客户为企业带来的风险大小，如信用风险、资金风险、违约风险等。

（2）分析企业自身的综合能力。

企业自身综合能力的分析可以采用如图 9-2 所示象限图工具，将客户状况与自身状况进行匹配，寻找双方结合点的多寡，然后区分重点选择、择机选择、被动选择和放弃选择的客户。

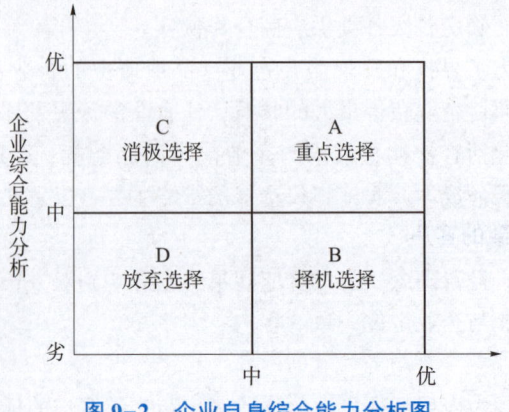

图 9-2　企业自身综合能力分析图

#### 5. 选择与"忠诚客户"具有相似特征的客户

现有忠诚客户往往具有反复购买、宽容度高、愿意购买品牌不同产品、乐于向他人推荐、排斥企业的竞争对手等特征。

在客户关系管理工作中，销售服务工作人员应养成定期分析客户基本情况的习惯，从而判断出每一类客户的行为特征、需求价值取向和成本收益，是否具有与"忠诚客户"相似的特征，以此作为个人和企业营销决策的重要依据。客户基本情况分析包括以下几个方面：

（1）客户构成分析。

销售人员可以将自己负责的客户按不同的方式（企业性质、经营模式、所属行业等）进行划分，如可以划分为批发店、零售店、代理店、连锁店等，或家电行业、旅游行业、金融行业、物流行业等。

（2）客户与本公司的交易业绩分析。

销售人员可以统计出各客户与本公司的月交易额或年交易额，并计算出各客户占本公司总销售额的比重，同时按由高到低的标准进行排列。

（3）不同商品销售毛利率分析。

销售人员对客户销售的商品按毛利率大小进行排序，从而可以发现对某一客户所销售的商品中哪些商品的毛利率高，哪些商品的毛利率低，以调整销售商品的配置，取得更大的利润。

$$销售毛利率=[（销售收入-销售成本）÷销售收入]×100\%$$

经过对现有客户数据整理、分析，销售人员基本上可以做到识别每一个具体的客户，可以从客户的信息中找到有多个方面相同或相似的客户群，并且这些不同的客户群对企业的重要程度以及对企业的价值是不同的。

### （二）识别客户

识别客户就是通过一系列技术手段，根据大量客户的个性特征、购买记录等可得数据，找出谁是企业的潜在客户，客户需求是什么，哪类客户最有价值等，并把这些客户作为企业客户关系管理的实施对象，从而为企业成功实施 CRM 提供保障。

在客户关系管理中，对客户进行分类管理已经成为业界提升企业总体运营效率的共识，识别客户价值是客户分类管理的基础。

不同客户之间的差异主要表现在两点：一是对产品的需求不同；二是对企业的商业价值不同。因此，对这些客户进行有效的差异分析，可以帮助企业更好地配置资源，更有成效地改进产品和服务。

#### 1. 识别客户需求

识别客户不同需求的方法包括定期面访重要客户、意见箱收集意见、市场调查、客户数据分析、竞争对手分析等，汇总如表 9-3 所示：

表 9-3 识别客户需求表

| 识别客户需求的方法 | 具体内容 |
| --- | --- |
| 会见重要客户 | 企业的客户服务代表或管理人员可定期邀请企业重要客户参加客户研讨会，分析、讨论客户的需求以及客户对企业产品或服务的意见或建议等 |
| 设置意见箱、意见卡或简短问卷 | 在客户可以接触到的地方，如产品包装、客户接待区、产品服务中心等地方，设置意见箱、意见卡或简短问卷，鼓励客户发表自己对企业产品或服务的意见或建议 |

续表

| 识别客户需求的方法 | 具体内容 |
| --- | --- |
| 市场调查 | 企业请专门的市场调查机构开展市场调查，或者企业自己通过打电话、在网络发布调查问卷、向客户邮寄调查问卷的方式开展市场调查，收集客户的需求 |
| 客户数据分析 | 通过多种渠道收集客户数据并建立客户数据库，通过分析客户数据库中的客户信息挖掘或了解客户需求 |
| 当面询问 | 客服人员能与客户进行面对面地交流。此时，客服人员可以直接询问客户对企业的看法、客户有哪些需求等 |
| 分析竞争对手 | 企业可以通过分析同行业竞争对手的产品或服务的设计方法、价值设置等，从竞争对手身上挖掘客户对产品或服务的需求点 |

**2. 分析客户商业价值**

据有关专业机构统计，现代企业57%的销售额来自12%的重要客户，而其余88%中的大部分客户对企业是微利的，甚至是无利可图的。因此，企业要想获得最大程度的利润，就必须找到最有价值的客户，包括：

（1）识别企业的金牌客户。

识别企业的金牌客户是指运用上财政年度的销售数据或其他现有的较简易的数据，来预测本年度占到客户总数目5%的"金牌"客户有哪些。

（2）识别导致企业成本发生的客户。

识别导致企业成本发生的客户是指运用上财政年度的销售额排名，寻找出占到客户总数目20%的"拉后腿"客户。他们往往一年都没有一单或交易额很少，但仍然需要企业付出管理和销售成本。

（3）发现本年度最想与之建立商业关系的企业。

发现本年度最想与之建立商业关系的企业指把相关企业的信息加到数据库中，以便开展营销工作。

（4）寻找上年度有哪些大客户对企业的产品或服务多次提出了抱怨。

企业应尽心保持与上年度对企业的产品或服务多次提出了抱怨的大客户的往来，派得力的销售服务人员与他们保持联系，不惜代价地解决他们提出的问题。

（5）查证上年度最大的客户今年是否也订了不少的产品。

销售服务人员应密切关注上年度最大的客户今年是否也订了不少的产品，哪怕是他们细小的变化，一定要赶在竞争对手之前去拜访该客户。

（6）寻找那些从本企业只订购一两种产品，却从其他企业订购很多种产品的客户。

那些从本企业只订购一两种产品，却从其他企业订购很多种产品的客户由于具有需求、支付能力和可接近的特点，因而对本企业来说是非常优质的潜在客户。销售服务人员需要通过与他们建立更紧密的关系，实现相关联销售。

通过上述六个方面对不同客户的商业价值进行分析，就能够找出企业最有价值的客户、无价值的客户、亟待开发的新客户和能产生新利润增长点的客户。这些分析是客户分类管理的基础。

现在，绝大多数企业已经通过价值区别来对客户进行分类管理，以便取得更大的利润。在金融服务、旅游、电信和零售等行业这项工作开始得较早，这些行业中已有许多企业在运用复杂的数据模型技术分析如何更有效地分配销售、市场和服务资源，以巩固企业和最重要客户的关系。

## 案例

**某商业银行的客户识别模型**

某商业银行从目前价值、潜在价值和客户忠诚三个维度来估计其客户的价值，并在此基础上构建能够精确评估客户价值的模型来指导银行客户识别和营销策略决策，如图9-3所示：

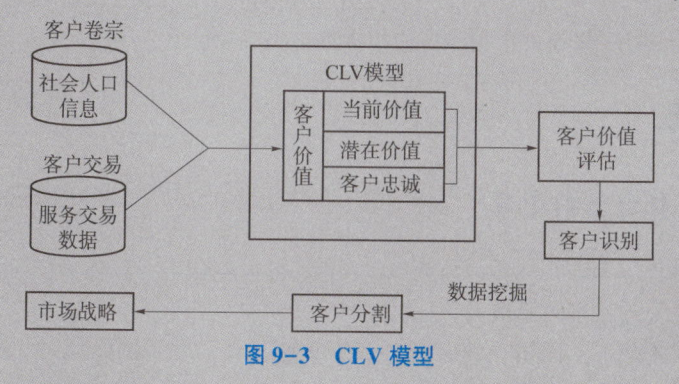

图9-3 CLV模型

银行通过客户所得数据计算获得的全部客户的价值，将结果展示在这个三维空间上，可以观察客户的分布，如图9-4所示。该图显示了根据客户目前价值、潜在价值和客户忠诚度划分出来的8个客户细分市场。由此，可以根据每一细分市场的特点设计简单的营销策略，对营销管理者来说，必须设计出能够推动客户向具有高目前价值、高潜在价值和高忠诚度的细分市场1转移的策略。大体上讲，细分市场3的客户是目前价值和潜在价值低但客户忠诚度高的客户，企业应该通过实施长期策略将这些客户转移到细分市场1。细分市场4的客户潜在价值和客户忠诚度都高，但目前价值低，企业应该通过交叉销售策略如新服务营销策略培养这些客户。细分市场5的客户目前价值和潜在价值高，但客户忠诚度低，企业应该通过短期策略将这些客户推向细分市场1；由于细分市场5的客户利润率高，企业应该通过实行深层次数据挖掘，分析客户扰动率高的原因并建立保持策略。在细分市场7的客户利润率最低，在细分市场8的营销活动是否有效是值得进一步考虑的。

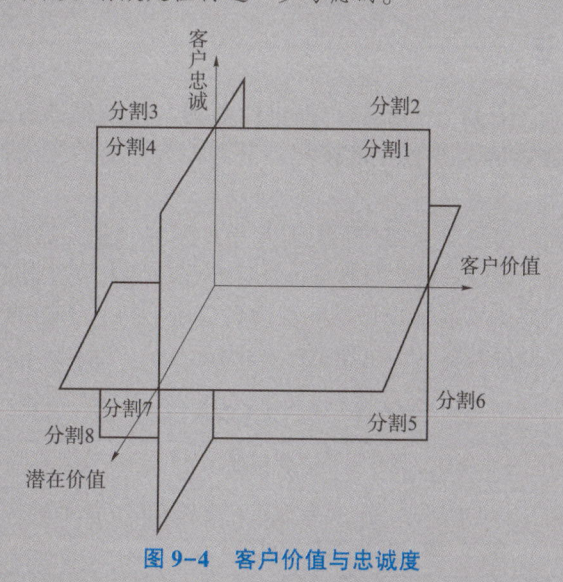

图9-4 客户价值与忠诚度

总的来说，营销管理者能够组合许多上述提到的基本策略并根据每一细分市场特点来开发定制化策略。

### 三、维护客户关系

客户关系日常维护的核心是沟通管理，企业是一个有生命的有机体，而沟通则是机体内的血管，通过信息流动来给组织系统提供养分，实现机体的良性循环。

在客户关系管理活动中，企业通过有效的沟通管理可以掌握客户的经营现状；同时，通过沟通激励客户，提高他们持续购买企业产品的积极性。

## 【方法工具】

### 一、客户信息调查的工具

（1）企业官网。
（2）上市企业公开发布的年报。
（3）用专业服务网站，比如"爱企查""查企业"等，此类网站通过免费与收费的方式提供企业信用状况和人员信用状况信息。
（4）人际关系网络。

### 二、客户互动与关怀管理工具

客户互动与关怀都需要及时把握客户的变动信息，因为借助软件系统进行合作伙伴客户管理可以极大程度地提高效率，比如 CRM 客户关系管理软件、白码采购管理系统等。

## 【任务实施】

企业沟通管理包括三方面的工作内容：客户互动管理、客户关怀管理和客户挽回管理。具体实施及原则如下：

### 一、客户互动管理

客户互动管理是指为了在市场上给客户提供能够为其带来优异价值的产品和服务，企业需要充分利用信息的潜在内涵和各种互动技巧，努力在客户的购买流程中发展与客户的合作关系。

对客户管理而言，客户与企业互动并不只是简单的信息交换，它可以让企业与客户之间建立一定的联系。一般而言，客户只愿意与具备优秀客户互动能力的企业进行接触，所以成功的客户互动管理可以使企业获得更大的客户份额和更多的营业收入。不同的营销发展阶段，客户关系以及客户互动方式有不同的特征，汇总如表 9-4 所示：

表 9-4 客户关系发展阶段

| 发展阶段 | 时间 | 主要特征 | 互动方式 |
| --- | --- | --- | --- |
| 直接营销 | 20 世纪 60 年代以前 | 小商店经营；熟客模式；重视关系；注意对客户了解，培养客户忠诚度 | 个人互动 |
| 大众营销 | 20 世纪 60—80 年代 | 集中化大规模生产，大范围分销，单向媒体沟通为主；成本效益高；大众媒体促销；品牌认知和市场份额是营销成功与否的标志 | 媒体支持下的人工互动为主，频率低、模式化 |

续表

| 发展阶段 | 时间 | 主要特征 | 互动方式 |
|---|---|---|---|
| 目标营销 | 20世纪80—90年代 | 通过电报、电话或电子邮件等手段联系特定目标用户；与目标用户进行双向沟通；存在客户直接回应的潜在可能性，回应率对于营销成功很重要 | 较丰富信息手段支持下的互动，注重反馈 |
| 关系营销 | 20世纪90年代到21世纪初 | 在大规模生产和分销体系同时，注重发展与客户的亲密接触；客户知识与个人接触都是为了获得其信任感与忠诚度；客户份额是营销成功的重要指标 | 以机器为主，更丰富信息手段支持下的互动，深层次、定制化 |
| 新营销 | 21世纪初至今 | 运用现代化信息工具实现了规模性交易；企业与客户关系成为一种实时在线链接状态；新传播成为新营销体系构建中的主线；流量是营销成功的重要指标。 | 现代信息技术为主，更大数据手段支持下的精准互动，用户链接、强关系 |

与客户规律性地互动，可以使企业的形象为客户所认知，同时也可以帮助客户很容易地联系到企业。如果与客户的接触不够充分，企业就可能失去一些带来盈利的销售机会。但是，这种联系不应该成为无意义的骚扰，因而销售服务人员要能够运用多种渠道与方式，并且在跨渠道或媒介中能够将互动活动协调一致，与客户保持经常联系。

向高价值客户提供服务时，保持较多面对面的接触机会；企业在向熟悉交互场景或者面对面沟通价值不大的客户提供服务时，可以减少面对面的接触机会，但应该通过传统信件、官网、微信公众号、小程序、线上渠道服务、在线研讨会等方式保持联系。

图9-5是某电信企业构建的多渠道客户互动体系，这个体系说明了该企业线上线下服务客户的每个渠道及其功能、服务方式与内容以及达成的服务目标。该体系的建立有助于客户受益，增加客户与企业互动的渠道选择自由度，客户依据偏好、特定的用途及互动的类型等选择相应的互动渠道。同时，也有利于企业获益，渠道整合加深了客户数据在不同渠道间共享的程度，既丰富了客户资料，又增加了交叉销售机会，使企业更有可能充分满足客户的需求。

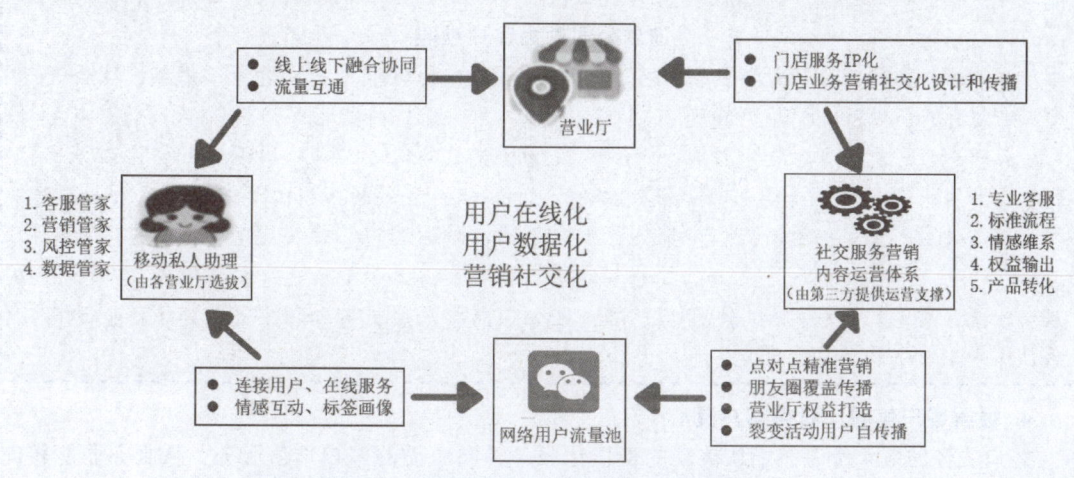

图9-5 某电信企业多渠道客户互动体系

## 二、客户关怀管理

客户关怀是指企业通过对客户行为的深入了解，主动把握客户的需求，通过持续的、差异化的服务手段为客户提供合适的产品或服务，最终实现客户满意度与忠诚度的提高。

我们可以从以下几个方面来理解客户关怀的本质。

**知识链接**

卓越亚马逊网上书店的客户互动管理

### （一）客户关怀的本质

#### 1. 管理客户关系

客户关怀需另辟蹊径，融销售于服务之中，潜移默化地让客户与企业形成高黏性，基于客户的真实需求，立足于整个交易过程（认知—兴趣—购买—复购—忠诚），为客户提供全时段、全地域、全项目的主动化、体系化、品牌化服务，包括基本服务与增值服务、物质服务与情感服务，打造超预期的惊喜服务。

例如，耐克公司通过电子健康系统，与客户建立了持续关联。该系统包括在鞋内嵌入芯片、分析健身结果以及在社交网络上向客户提供健身建议和支持等，这种新经营模式使耐克得以从运动装备制造商转变为健康、健身等指导服务的供应商。

#### 2. 创造全域客户体验

用户体验的本质是沟通。如今，信息干扰过度普遍存在，客户更需要纯净的消费环境。与此同时，人们更倾向于凭自身的能力、知识、经验与感受进行决策。体验是最具价值的决策参考方案，企业应致力于为客户提供完整的决策依据，即全项目、全流程、全渠道、全触点的体验。其中，全项目强调产品细节；全流程指在客户进入企业销售现场后，店面环境、接待人员、技术服务、售后服务等带来的全程体验；全渠道立足于线上与线下整合；全触点则基于每一次接触机会和接触点，如客户来电、电子邮件、即时聊天、网站注册等，力争为客户带来良好的感受。

#### 3. 帮助客户成功

如今客户普遍追求超预期的产品效用或服务价值，销售专家杰弗里·吉特默指出："如果你销售是为了帮助客户，而非销售额达标，那么你将长期保持公司的销售纪录。帮助客户发展、成功、生产及获利，你就会赢得订单。"

**案例**

**迪尔公司助力客户秋收**

迪尔公司是农用生产设备的标杆企业。该公司一直重视客户关系管理。每年，在炎炎夏日到来之际，公司就会携手经销商在宁夏、河北、黑龙江、内蒙古等多地组织多场新老客户关怀活动。为了能使青贮机用户充分有效地做好秋收前的保养，销售服务人员会详细分享青贮机的使用保养要点、调整诊断指南等丰富的"干货"，并现场绕机为客户讲解答疑。同时，企业会在天津工厂和佳木斯工厂盛情接待来自全国各地的客户。在参观执行迪尔全球统一制造标准的生产线时，客户可实地感受迪尔优质产品是如何诞生的；在绕机讲解的过程中，客户充分理解到优质产品和服务的价值所在；在公司品牌及历史的介绍中，客户了解到迪尔传承百年的高端品质来源于日复一日的坚持。

#### 4. 缓解客户焦虑、获得客户真心

客户关怀的最大价值在于从被动的责任化服务转向主动的客户增值服务，从服务职能转向营销导向，把服务营销做到位。

弗雷斯特市场咨询研究公司（Forrester）的研究结果表明，长期以来，情绪被认为是比便捷

和有效服务更能影响客户忠诚度的因素。客户情绪有两种：一是正面情绪，被重视、被欣赏、被尊重，内心需求得到满足，这是客户积极消费的基础；二是负面情绪，沮丧、烦恼、失望，客户期望落空。服务营销就是把负面情绪转化为正面情绪，通过精准衡量和巧妙定位影响客户行为的情感，赋予客户情感动力，这就是客户关怀的过程。

### （二）客户关怀的内容

在互联网等信息技术高速发展的时代，即使小公司与个体商户也开始花费较少的成本来更细致地管理自己的客户，一系列店铺管理软件、会员管理软件直接推动了客户关怀的普及，可以帮助店主记账并且分析记账数据，找出会员的消费喜好。

对大企业来说，客户关系管理是个系统工程，需要销售服务部门定期地规划与实施，以提升客户消费全过程中的体验，达成较高的客户满意度和忠诚度。系统的客户关系管理是以客户购物全流程为载体的服务项目设计，包括售前、售中与售后三个阶段，每个阶段的主要内容有：

售前客户关怀的主要形式包括产品推广、展示会、广告宣传和知识讲座等；售中客户关怀包括订单处理有关细节，满足客户各种便利，创造洽谈环境，手续的简化等；售后客户关怀的主要形式包括跟进和围绕产品的服务、客户关怀、提醒或建议、跟踪管理，最终达到企业与客户互动，使客户产生重复购买行为。图9-6表现了某电商企业业务各阶段客户关怀的关键点与功能所在。

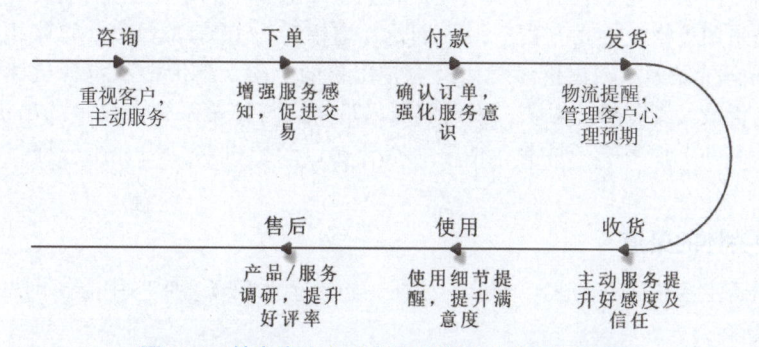

**图9-6　某电商企业业务各阶段客户关怀示意图**

图9-7是某企业依照客户全生命周期的各阶段，以促进销售为目标，勾勒出的各阶段客户关怀的方式与目的。

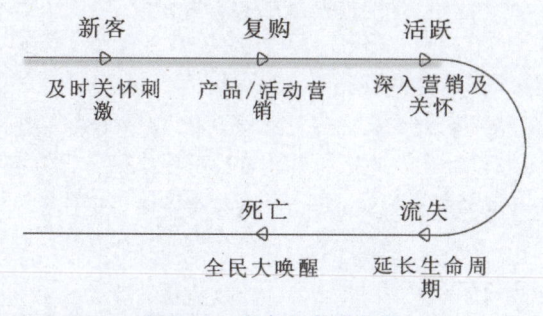

**图9-7　客户生命周期图**

### （三）客户关怀的原则

有效客户关系管理需要把握三个原则，从而全面接触客户，给客户提供精准化关怀，制造客户惊喜。

### 1. 通过客户行为了解客户需求

销售服务人员必须在与客户日常持续的互动中注意观察客户行为，分析其心理，并识别客户的真实需求。例如，河南颇具知名度、美誉度的商业零售企业巨头胖东来 2022 年的调研数据显示，平均每 35 名客户中就有 1 人选择"零干扰服务"，于是其提供了婴儿购物车、儿童购物车和老年购物车，覆盖全群体；小号购物车、附篮购物车和手提购物车，覆盖全用途。在购物时，如果不想被促销员或者其他人打扰，可在购物车上挂上"免打扰购物牌"。这一满足客户需求的改进措施使得门店次年服务满意度由 80.1% 提升到 91.74%。

### 2. 客户关怀不是市场活动

一旦企业明确了客户差异化的体验标准，客户关怀行动就必须成为企业日常工作的组成部分，而不能仅仅停留在规定里。以 OPPO 手机为例：为解决维修点中心区域化且线下维修难问题，其建立了多个快修中心，消费者可通过手机 App 直接下单，快递员上门取机，修好后寄回，并由厂商承担来回的全部物流费用。为解决维修价格不透明问题，OPPO 还在官网设立"物料价格查询"页面，消费者可查询相关维修价格。

### 3. 客户关怀不是营销

客户关怀并不是追求客户买一件产品或一种服务，而是首先追求客户尽可能长时间留下来。

山东航空公司于 2017 年 3 月 10 日在官方网站中率先推出了"山航机票 疯狂抢拍"活动，精选厦门—杭州、济南—北京、烟台—哈尔滨、青岛—成都、济南—长沙五种热销航班机票参与竞拍。此次竞拍采用英格兰拍卖方式，10 元起价，增幅需为 10 的整数倍。每张机票均显示对应的正常 Y 舱公布运价作为竞拍出价参考以及竞拍出价的上限。出价中不包含机建燃油费。每场拍卖结束后，出价最高者获得此机票，山航客服人员将会与拍卖系统中显示的出价最高者联系。这样的机票竞拍举办了很多次。目前，很多航空公司已经把机票竞拍看作一种与消费者进行良性互动的方式。

## （四）客户关怀的渠道

客户关怀渠道主要指企业与客户交流的手段，包括企业现场、呼叫中心、网站服务、微信微博、企业 App 等。

---

**案例**

### 迪尔公司的客户关怀渠道体系

迪尔农业机械制造公司充分发挥线上系统优势，建立了系统的服务体系，为用户的春耕秋收作业提供服务支持。

**1. 开通客户关怀热线，回访更贴心**

迪尔经销商多渠道公布热线电话，提供 7 天×8 小时在线服务，作业季提供 7 天×24 小时在线服务。经销商对过去 3 年的客户进行电话回访，了解车辆情况、解决客户问题。迪尔 400 客户关怀热线 400-6576-555 提供 5 天×8 小时在线服务。迪尔 400 客户邮箱随时接收客户来信并提供线上解答服务。

**2. 线上培训支持，停工不停"学"**

迪尔客户可以通过官方微信学习如下课程：①客户关怀手册；②维护保养视频；③新机保养检查清单；④可以通过迪尔官网查询零件目录和操作手册。与此同时，迪尔经销商也会通过电话或者视频，对客户关心的技术问题做好在线培训。

**3. 完善零件储备，抗"疫"保春耕**

迪尔经销商制定完善的备货计划，客户可以通过经销商电话、微信订购零件，迪尔全国 5 个零件仓库，提供全面库存支持。

**4. 专业技术平台，服务更权威**

（1）迪尔经销商技术支持中心。

建立迪尔经销商技术支持中心，国内外专家在线解答迪尔全系列产品的售后服务问题，为经销商提供技术支持；提供海量解决方案，经销商可根据机型、零件和问题描述实现快速查询。

（2）服务顾问平台。

经销商可利用服务顾问平台，查找技术手册、操作手册，按照故障代码查找维修指导。

（3）通过电话和视频远程指导用户操作设备、维修保养、排除故障。

（4）零件顾问平台。

经销商可通过零件顾问平台确定故障零件，快速下单订购。

### 三、客户挽回管理

客户挽回管理是一种针对失去或快要失去的客户的行动计划和战略，包括通过一系列的管理方式和技巧来重新吸引、建立和恢复与客户的关系，以重新获得其忠诚度和业务。具体的方法将在项目十任务三中详述。

**学习标杆**

"一带一路"背景下的合作伙伴关系

## 任务二 建立生态圈客户管理思维

### 【学习目标】

**知识目标：**
- 理解企业生态圈的核心本质与运行特点。
- 阐述企业生态圈产生的原因。
- 熟记生态圈客户管理策略。

**能力目标：**
- 会根据企业背景，规划系统的企业客户公关体验活动。
- 会依据企业产品特点，制定客户感谢方案。

**素养目标：**
- 树立协同创新、追求卓越、创建民族国际化品牌的理想。

### 【任务导入】

请大家登录百果园企业官网深入了解企业一体化新零售战略布局、企业大事件、企业新闻等详细信息，并且实地考察当地的百果园实体店以及运用百果园线上商城进行购物体验。需要完成下列任务：

（1）汇出百果园客户生态系统构成图，并分析各企业间相互共生、互生、再生的进化关系。

（2）策划系统的客户公关体验活动。

（3）依据企业产品特点，制定客户感谢方案。

**学习资源**

华为的生态圈

### 【任务分析】

本任务需要大家在实地调研的基础之上，运用本单元所学知识，即供应链客户生态系统思维，分析企业现实做法，从而理解建立客户生态圈管理思维对于企业发展竞争优势的意义。

### 【必备知识】

近些年来，"生态圈"这个词频频出现在各行各业的企业发展战略中，一些行业标杆企业纷纷建立了属于自己的"生态圈"。如早期乐视的"乐视生态"；如今互联网巨头企业：阿里的"阿里生态"，腾讯的"腾讯生态"，以及百度的"百度生态"；手机制造企业：小米的"小米生态"和华为的"华为生态"；乳品制造企业：蒙牛的"蒙牛生态"等。构建企业商业生态圈已经成为最新的企业发展战略模式，值得我们学习！

## 一、生态圈与商业生态圈

生态圈一般指生物圈（Biosphere），是指地球上凡是出现并感受到生命活动影响的地区，是地表有机体包括微生物及其自下而上环境的总称，是行星地球特有的圈层，也是人类诞生和生存的空间。生物圈是地球上最大的生态系统。

1993年，美国著名经济学家詹姆士·穆尔（James F. Moore）首次在《哈佛商业评论》中引用这个概念于商业领域，提出商业生态圈的概念。商业生态圈指的是商业活动的各利益相关者通过共同建立一个价值平台而实现生态价值的最大化，力求"共同进化"，并在实践中逐步演化为企业生态圈。如图9-8中所示阿里的企业生态体系图，核心关键企业是整个生态系统资源的领导者，扮演商业生态系统中资源整合和协调的角色。其核心本质在于资源共享、能力互补、协同创新和提质增效。生态圈的各个角色关注其所在价值平台的整体特性，通过平台撬动其他参与者的能力，使这一系统能够创造价值并从中分享利益。供应链上下游企业互助共赢，降低供应链成本，从而全局性地降低企业运营成本。圈体运转产生的带动效应使得供应链上下游各企业共同参与，互相学习借鉴、共赢发展，并且通过生态圈中企业间

图9-8 阿里生态体系图

不断的合作竞争，不断地促进生态圈的成长与进化，从而产生价值创造乘法效应，进入各企业良性循环发展的状态。

商业生态是从自然生态中衍生出来的概念，自然生态里有几个非常重要的特点：一是多样化、互补性，即共生；二是互相依赖，即互生；三是不断创造新的价值，即再生。与生物生态圈相比的类似之处有：首先，竞争性依然存在，但企业生态圈更多的是强化了彼此间的联动性、共赢性和整体发展的持续性；其次，弱肉强食的收购、吞并现象依然持续，个别非正当竞争现象依然存在，这也是生态圈自由性的体现；最后，生态圈还存在一些非主流甚至怪异的现象，这是进化的体现。这种新企业发展战略模式因其适应性强、成功率高等优点被行业标杆企业广泛用于协同创新和提质增效。

## 二、企业生态圈产生的背景

### （一）适应信息数字共享经济时代的需要

随着信息经济、数字经济和共享经济时代的到来，产品和技术的复杂程度越来越高且生命

周期日益缩短，新技术扩散速度提升，新商业模式不断涌现；同时，互联网使消费者获得信息的广度和速度得到了前所未有的提高，用户需求的不确定性和个性化增加，市场需求的变化速度加快。创新成为更加复杂的活动，需要更加广泛的资源和能力，因此，越来越多的企业认识到仅仅依靠单个企业自身力量进行创新以提高企业竞争力变得更加困难，协同创新逐渐成了企业生存与发展的重要推动力。协同创新体现了各个创新主体之间创新互利、知识和资源共享、行动最优同步和要素高水平匹配，是致力于取长补短的一种智慧行为。

### （二）助力实现以客户需求为导向的竞争战略

在新的市场环境下，用户已经成为市场的决策者和主导者，创新的推进也取决于对市场和客户需求的精准把握和引导。在"生态圈"管理模式中，环境信息的流动是双向的，企业借助生态圈多维网络体系在研发、设计、制造、营销及服务等多环节实现与用户的分享互动，构建客户需求深度挖掘、实时感知、快速响应、及时满足的创新体系。

### （三）信息技术和移动互联网的普及提供了可能

信息技术和移动互联网的普及使得商业关系正以前所未有的速度发生改变。进入以连接为特征的信息时代后，商业元素间的可连接性大大增加，打破了原本栅格分明的商业关系，行业边界趋于模糊，企业竞争与合作范围无限扩大，商业社会进入"无疆界"的竞合时代。在这样的背景下，疏于连接的企业即使核心竞争力再强大，也可能面临被边缘化的危险。要在新的环境下生存和发展，企业须撬动自己所在商业生态的价值，更多企业在通过生态圈战略谋求转型发展。

## 三、建立与企业生态圈发展模式相适应的客户管理策略

越来越多的企业开始创建生态圈发展模式，在这样的模式中，客户关系发展到战略伙伴关系的深度与高度。战略合作阶段是客户关系的最高境界（见图9-9），也是比较牢固的关系状态。在这个阶段，两家企业会建立定期高层互访机制，会将两家企业的资源和能力整合成整体的核心竞争力，并通过资本深入、股份合作和利益共享形成"双边锁定"，并在新产品研发、质量改进方面密切合作，形成共生、互生、再生的商业生态平台。

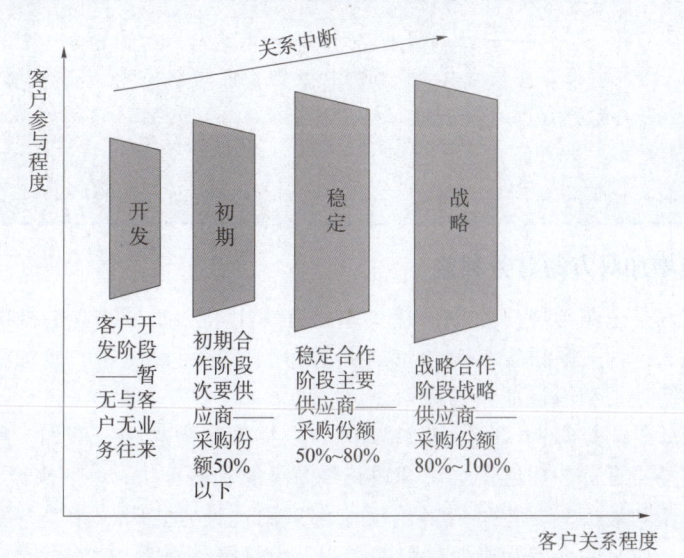

图9-9　客户关系与战略合作阶段

客户关系管理主要通过以下具体的行为保障生态圈有效地运转起来。

## （一）分析客户的业务活动，发现建立伙伴关系的途径

企业若想与客户建立最高级别的客户关系，就需要找到两者密切合作的切入点。这要求企业必须非常熟悉客户的业务，深入了解客户的发展战略、客户本身以及客户所在市场的需求情况，并且结合企业自身的专业和市场优势以及开放创新的精神，为客户提供支持，允许客户获得竞争优势，企业也会得到新的竞争力，从而密切两者的关系。

由于这项工作需要耗费大量的人力和物力，企业应认真分析目前的经营状况和竞争能力，从企业现有的客户名单中选择重点客户进行培养，寻找建立伙伴关系的机会。

> **案例**
>
> 印刷企业竞争相当残酷，长期的低价竞争使得企业利润降低，客户的忠诚度降低，往往是谁家的报价低，客户就把生意交给谁。
>
> 有一家大型商业印刷公司为了改变这种状况，开始实施与自己的重要客户建立伙伴关系的战略，为自己创造出新的价值。该公司认真了解了几个重点客户的业务及其经营理念，通过向他们提出一系列财务变革的方法，帮助客户降低了经营成本。
>
> 该公司在和一个大客户为时三个月的合作过程中，依次完成了下面五个阶段的工作：
>
> （1）分析客户的核心业务——向消费者提供何种产品和服务？如何提供产品和服务？怎样推广这些产品和服务？以什么方式购买印刷产品和服务等？
>
> （2）该公司发现，在双方的一些业务交往中，客户并没有很好地利用印刷公司特有的灵活性和速度优势，而有效地利用这些优势为用户提供更多的服务，有可能为客户带来更高的利润。
>
> （3）对于客户所进行的新产品开发活动，公司为其研发项目提供检测和资金方面的帮助。之后，该公司就成了唯一能满足整个项目需求的厂商。
>
> （4）监控客户新业务所带来的销售反馈并了解顾客满意度，公司成为推动客户新业务发展的幕后动力。
>
> （5）这次成功的合作强化了公司与客户的关系，同时扩展了公司的业务范围。
>
> 在合作过程中，该印刷公司小组人员与客户在各个组织层次上竭诚合作，组成了一个极具战斗力的团队。在发掘市场潜在机会的过程中，往往要求双方共享敏感的内部信息，包括成本与利润数据及个别最终用户的销售记录。因此，深入寻找市场潜在机会的工作，只能提供给那些值得信赖、彼此尊重的客户。这就意味着这种战略只适用于企业的大客户，并且这些客户管理运营通常比较规范，否则他们将无法在企业的帮助下开展新业务。

## （二）合作应增加双方的财务利益

增加彼此的收入是企业与客户建立伙伴关系的有力工具。如果建立的战略关系不能给合作双方带来好处，那么这种关系很容易流于形式并解体。企业经常使用的增加财务收益的传统方式有两种：频繁营销计划和俱乐部营销计划。

频繁营销计划就是向经常购买或大量购买的客户提供物质奖励。例如，航空公司给予经常订票的客户积分奖励，百货公司给予会员客户某些商品的价格折扣。一般来说，最先推出频繁营销计划的公司通常获利最多。在竞争者做出反应都采用这种方式时，频繁营销计划对企业赢得竞争力的影响变小，这时就会变为企业的财务负担。大量研究证明，80%的公司业务是由占公司20%的客户提供的。这20%的客户对企业而言是关键客户，需要企业运用更有效的方式去联络情感。

因而，近年来许多企业开始采用俱乐部（会员）营销计划，逐渐削弱频繁营销行动。客户可以因其购买行为而自动成为该公司的会员，也可以通过购买一定数量的商品后成为会员，或者付一定的会费成为会员，企业需要依据自身的经营模式和商品特点来决定采用哪种方式吸纳会员。山姆会员店需要客户每年缴纳会费才能成为商店会员，但由于该店的会员确实以较低价格享受到了优质的商品，并且品种繁多、服务到位，在消费者间形成了良好的口碑，因此，收费的会员资格也同样获得了消费者的青睐。俱乐部营销计划在保证成员享有具有竞争力价格的同时，更加重视通过一些额外活动和服务为成员提供附加价值。即便每家企业都采用俱乐部营销计划，但由于执行者不同，效果也就大相径庭。

### （三）策划差别化、人情化的公关活动

通过举办一系列公关活动，制造双方共同的美好体验，可以改善企业与客户之间以及其他企业之间的伙伴关系。企业员工通过了解客户的需求和爱好，将企业的服务个别化、私人化，从而增加与客户的社交利益。例如，某空调企业每月组织一次质量改善会议，邀请全国重要经销商参加该会议，反馈质量情况并提出改进建议。邀请客户参与这种活动使得客户在遇到问题时，由原来和企业对立的立场不知不觉转移到共同思考谋求问题妥善处理的立场上来。

策划主客双方共同参与的活动一定要在非交易环境中进行。一个可携带配偶出席的晚会将促成买卖双方的私人情谊；一个自办的展览可将自己的产品特色在不受竞争者干扰的情况下得到最佳展现；一个受欢迎的专家所主持的研讨会可让主客双方形成统一的认识；主客双方一起进行的旅行活动将加强大家的情感交流。这些方式都不失为良好的创意。但是，最需要倡导的是举办符合企业特色、与企业产品和服务紧密相关的共同体验活动。

### （四）改变"销售额至上"的观念

企业期望与客户建立战略伙伴关系是本着"双赢"的原则，既为对方创造价值，也为企业带来更多的销售收入。如果企业管理者用"短视行为"处理日常发生的事宜，时刻看重自己的经济利益，势必会给两者的合作带来不良影响，并可能造成伙伴关系的解体，从而失去更多的长远利益。要避免这种状况，就得改变"销售额至上"的观念，以利于保持战略伙伴关系。

一家知名的机器制造商有一天突然接到一位长期合作的客户打来的电话，声称他们在安装机器时发现少了一颗螺钉，而没有这颗螺钉机器不能运转，他们非常着急地需要这台机器能够开始工作。这家制造商非常懊恼自己的失误给顾客带来的不便，当即决定包机把这颗螺钉送到位于另一个州的客户那里。这颗螺钉价值1美元，而包机费用却花费10 000美元。这一行动赢得了客户的赞许，巩固了伙伴关系。

华为集团从2017年起，提出将合作伙伴转变为生态伙伴的战略规划。在此之前，华为已经团结了一众合作伙伴，但华为觉得这并不够，华为认为做大蛋糕、做大产业、做大市场，比做大自己的份额更重要。因而其高层管理者明确喊出"在数字化转型的巨大蛋糕中，华为只拿1%，其他都是小伙伴们的"的生态圈理念。

### （五）增加双方的结构性联系

增加双方的结构性联系意味着企业与客户间共享某种硬、软件设施，从而增加客户脱离企业的成本，达到稳固双方关系的目的。例如，美国著名的药品批发商麦肯森公司投资几百万美元开发药店管理软件系统，并免费提供给其客户——各药品零售商使用，帮助小药店实现存货管理、订单处理、工资考勤等工作项目的信息化，由此巩固了双方的关系。再如，日用化学品制造商宝洁公司和零售商沃尔玛当初很长时间互不交流，但在20世纪90年代初开始建立了长久的伙伴关系，至今都是制造商与零售商合作的典范。其中的重要因素是两家公司开发了一个复杂的电子数据交换系统，用来连接双方的业务。联网后，宝洁公司能够有效

地监控沃尔玛旗下商场的存货管理。通过卫星传送，宝洁公司可连续搜集到来自众多独立的沃尔玛商场销售其各种不同规格产品的即时销量、存货数量和价格信息，由此确定货架空间、需求数量，并自动传送订单。

在这种情况下，销售代表不再需要经常对商店进行访问，文书工作和出错概率也大大减少。即时订货系统使宝洁公司得以按需生产而减少存货，也使沃尔玛成功地减少了存货和空货架，为双方避免了销售的损失。这种伙伴关系为消费者创造了巨大的价值，消费者可以非常容易地以最低价格得到他们所喜欢的宝洁公司的产品。

### （六）认真履行对客户做出的承诺

忽视和遗忘对客户许下的承诺会成为客户中断关系的第一个原因，因为这会让客户认为企业没有诚信，没有人愿意与毫无诚信的人打交道。

企业在做出每一个承诺之前，都必须考虑到所有需要考虑的事项和限制条件，一旦做出承诺，就一定要想办法兑现。而且在这个过程中，企业应该经常与客户保持沟通，使客户了解承诺处理的状态，使他们感受到企业的关注和重视，这样即使无法百分百地兑现承诺，客户也会表示理解而乐意与企业继续合作。企业做出承诺时应该留有适当的余地，而在兑现承诺时应该尽量做得超出承诺预期，以赢得客户的高度满意。

### （七）为客户提供优异的服务

为客户提供出色的服务是双方合作的基本条件。企业应该通过不断征询客户对产品和服务的反馈建议，及时了解客户关心的焦点问题，不断完善和加强售后服务和支持系统，快速而且及时地解决发生的产品返修、返工、退货、维修等质量问题，查明出现的原因并采取措施，以减少和避免再次发生，这些都是提供优质服务的必要保障。

**【方法工具】**

向客户更有效地表示感谢、培养客户忠诚的方法。

**【任务实施】**

对客户表示感谢的方法也有好坏之分。耶鲁大学 Barry J. Nalebuff（拜瑞·内勒巴夫）教授和哈佛大学 Adam M. Brandenburger（亚当·布兰登勃格）教授通过在一些企业培养忠诚客户的项目中积累经验，总结出一些向客户更有效地表示感谢、培养客户忠诚的方法。

### 一、用诚意表示感谢

向客户表示感谢最有效的方式是用诚意去奖励，而不是用钱。例如，航空公司对于那些忠诚的乘客，有一段时间通行的奖励方式是给累计飞行达到一定公里数的乘客奖励一定金额的现金。这是一种不错的感谢，但对企业来说，每一元钱的感谢都是额外的支出，必然会增加企业的经营成本。现在，大多航空公司采用的方式是给累计飞行达到一定公里数的乘客，奖励一张任意时间的免费机票或送出某个时期到某地度假的往返机票。这样做航空公司不仅会讨得客户的欢心，让客户觉得航空公司确实有诚意，而且还能有效地利用航班上的空座位，降低资源浪费。

### 二、将最优厚的条件留给最有价值的客户

许多企业往往用最优惠的交易条件去吸引新客户，这其实是一个不明智的做法。企业应该把主要精力放在现实客户上，找出对企业最有价值的客户，为他们提供最优异、最增值的服务，

尽可能地减少老客户的流失。

### 三、以促进业务的方式表示感谢

促进业务通常是指企业设计的感谢客户方式，有望推动企业自身的业务发展和增加销售业绩。在西方许多发达国家，手机只要1美元甚至免费送给客户，但条件是想要这部手机的人必须和提供手机的通信公司签订几年使用该公司电话网络的合同。现在不少银行与品牌电影院、健身房、美容院、享有盛誉的餐厅等商家结成战略伙伴，银行会给满足其设定的奖励条件的客户奉送这些商家的消费券。这样，银行既奖励了自己的忠诚客户，又给这些伙伴商家带去了客源，增加了他们的销售额，真是几方同乐的感谢方式。

### 四、把握感谢的时机

感谢的表达不能过早也不能过晚。如果感谢表示得过早会让客户感觉企业有所企图，如果企业的感谢表示得太晚，则失去了意义。

### 五、制定客户忠诚计划并让客户知晓

客户忠诚计划就是为了得到客户的忠诚度，企业事先制定的系列惠及客户的制度，其中包含了多种感谢客户的方式。如今处于客户争夺白热化的时期，降价、折扣等这些容易被他人效仿的方式已经在客户争夺的战争中渐渐失去了作用，企业惠及客户的方式应该与自己的产品紧密结合，并能够为客户带来增值服务。这样的客户忠诚计划才可以帮助企业因兑现这些感谢而营造出一种客户感动的氛围，从而争取到客户的情感，提高客户的忠诚度。

许多企业的会员奖励计划都会明确规定消费数额和与之相对应的奖励措施。这样做的好处是一开始就告诉客户前面有个很大的感谢在等着他。如果企业已经计划要表示感谢，就应该提前让客户知道，这样他们才会为此而努力。

### 六、用宽阔的胸怀对待自己的竞争者

用宽阔的胸怀对待自己的竞争者，允许他们也拥有忠诚的客户。破坏他人的合作机会在任何时候都不是个漂亮的做法，尤其是在电子商务时代，人们更愿意与诚信的人、遵守规则的人打交道。与其花费精力和时间去关注他人的情况，不如把时间和精力用在自己企业的发展上。如果竞争者能够和你做得一样出色，就意味着你们所在的行业蒸蒸日上，大家都能够从行业的发展中获得利益。

### 七、感谢供应商

如今的市场环境使越来越多的人认可，现在的竞争已经不是某一个企业与另一个企业间的竞争，而是某个企业所在的供应链与另一个企业所在的供应链间的竞争。一个企业的成败越来越依赖其所在供应链中每个企业的相互配合和反应速度。因而，一个企业不仅要感谢其供应链的下游客户，还要注意维系与供应链上游客户——供应商的关系。企业的供应商希望企业能够忠诚于他们，同样企业也应该奖励忠诚的供应商。企业可以把自己的产品免费或者以很大的折扣出售给忠诚的供应商或者他们的雇员，也可以运用企业的影响力或渠道去帮助供应商在原材料方面得到一个好的价格，以帮助供应链中供应商的发展，从而巩固两者间的伙伴关系。

**学习标杆**

海尔构建物联网
智慧家庭生态圈

## 任务三　提供个性化品质服务

### 【学习目标】

**知识目标：**
- 理解个性化服务的内涵与特征。
- 阐述个性化服务产生的背景。
- 理解有效实施个性化服务的策略。

**能力目标：**
- 会依据企业背景搭建企业个性化服务基本框架。

**素养目标：**
- 建立"客户导向"服务理念。
- 持有不断创新发展的职业素养。

### 【任务导入】

请大家登录百果园企业官网，深入了解企业一体化新零售战略布局、企业大事件、企业新闻等详细信息，并且实地考察当地的百果园实体店以及运用百果园线上商城进行购物体验。完成下列任务：

(1) 你通过哪个渠道购买了百果园水果？你有哪些消费者购物体验？

(2) 从个性化服务的角度制定提升百果园服务质量的措施方案。

**学习资源**

服务意识的重要性

### 【任务分析】

服务创造价值已经成为业界共识。然而，在激烈的市场竞争中，什么样的服务才能赢得客户呢？随着客户需求的变化，服务工作不能停留在微笑上，只有为客户提供差异化和个性化服务，真正为客户创造价值，才能让客户满意。

### 【必备知识】

#### 一、个性化服务的内涵

##### （一）个性化服务的定义

个性化服务是指以标准化和多样化为基础，根据客户的设定来实现，依据各种渠道对资源进行收集、整理和分类，向客户提供和推荐相关信息，以满足客户的需求。从整体上说，个性化服务打破了传统的被动服务模式，能够充分利用各种资源优势，优化产业链，主动开展以满足客户个性化需求为目的的全方位服务。

个性化服务一般包括两类、四种具体形式。第一类是在标准化服务的基础上，创造各类针对性的差别化服务和价值非凡的特别服务，它不受标准规范的限制，而是根据客户的实际需要设计，给客户输入归属感和信心，从而获得客户的忠诚。第二类是企业提供自己独有的差异化服务。

个性化服务可以通过四种形式表现出来：

**1. 一般个性化服务**

一般个性化服务是指只要客户提出要求，就尽最大可能去满足客户，这些动作在技术上要求不高，只要求员工具备积极主动为客人服务的意识。

**2. 突发服务**

突发服务是指客户并不是原有需求，但在交易期间发生了需要协助解决的问题，如果此时服务高效准确到位，客户会永远难忘。

**3. 针对性服务**

针对性服务是指企业需要站在客户的立场上考虑问题，为客户提供有针对性的服务。

**4. 委托代办服务**

委托代办服务是指客户本人由于各种原因无法亲身办理而委托代办的事宜。

### （二）个性化服务包含的四个关键词

个性化服务只有建立在四个关键点基础之上才会达成预期目标。它们分别是信任（Trust）、价值（Value）、情感（Emotion）和愿景（Vision）。

信任、价值、情感和愿景在任何客户关系的维系中都是贯穿始终的关键词，对于生态圈模式中的战略合作客户关系显得尤为重要。一个小单子，客户会交托给一个他喜欢的人，但是对于大单子，客户需要选择一个他深信能够完成任务的人，因为客户担不起失败的责任。客户通常会通过考察、收集信息、交谈，选择诚实、正直、信守承诺的合作伙伴，并以口头、书面、个人或公司信用为标准建立关系。

战略合作伙伴关系维系的目标是创造价值。在建立好感和信任的基础上，要通过个性化服务让客户感觉到你的价值所在。用你的专业帮助客户的业务发展，在生态圈模式中是彼此协同创新，带动生态圈的良性循环，产生价值的几何级增长。

情感是指在个性化服务过程中，真诚的情感互动会让个性化服务生动起来。也就是说，当客户需求解决方案确定以后，在实施过程中，你需要细致地提前预防问题的出现，一旦出现问题，你需要周到地解决问题。这样，通过多次交往，你与客户之间的情感积累逐渐增加，就如同情感银行账户，你投入得越多，能支取出来的就越多，当你的投入积累到一定程度之后，甚至可以透支。

愿景是一个企业长远的规划、发展前景、资源互换的一种方式，体现出一个企业的价值观和企业文化，是生态圈战略合作伙伴关系的根本。价值观迥异的企业很难成功地推进合作。

个性化服务在酒店、餐饮、银行等服务业已经得到普遍应用。近年来，国家战略层面已经提出了服务型制造和生产性服务业的战略规划，指导制造型企业创新发展，创造企业竞争力。

## 二、个性化服务产生的背景

从国际和理论上来看，企业之间的竞争大致经历了三个阶段：一是产品本身的竞争。早期一些先进的技术过多地掌握在少数企业手里，可以依靠比别人高出一截的质量赢得市场。但随着科技的飞速发展，新技术的普遍应用和频繁的人才流动，企业间常规产品的技术含量已相差无几。二是价格竞争阶段。当质量无差别时，企业间就试图依靠低价打败对手，赢得竞争。三是服务竞争阶段。越来越多的企业摆脱了低价竞争战略，将提升客户满意度和追求客户体验作为企业的经营战略之一。这些企业不断完善客户购买全过程的服务机制，以吸引和保持住客户，最终取得市场竞争优势。

"以客户为中心"的现代市场竞争理念，既促进了个性化服务的发展，同时个性化服务也为企业建立品质服务提供了途径。

### （一）改革开放 40 年提升了人民的生活需求

改革开放 40 年，伴随着我国基础建设创造翻天覆地的惊人成果和民族工业的长足进步，涌现出大批民族品牌企业，居民人均收入显著增长，为人民追求美好生活奠定了物质基础。在这个过程中，居民的消费观念逐步向品质的外在化、个性化、自然化方向发展；由注重物质消费向物质与精神消费并重的方向发展，人们不仅要满足生存的生理需求，还需要满足发展和享受需求，特别是一种自发的心理满意感的需求；由仅满足消费者个人家庭情感需求，到企业之间、人与人之间的相互感情需求，并扩大到人与自然"和谐""协作"的高情感消费需求。

在这样的消费者需求变化环境中，行业龙头企业都在尝试从品质服务到通过个性化服务实现高品质服务的创新。例如，海尔提出"您来设计我来实现"的新口号，由消费者向海尔提出自己对家电产品的需求模式，包括性能、款式、色彩、大小等。再如，2023 年 4 月 10 日，上海市药品监督管理局发布，关于公开征求《上海市浦东新区普通化妆品现场个性化服务审查细则（试行）》（征求意见稿）意见的通知，这是继 2022 年 6 月上海市浦东新区、11 月国家药监局进一步探索化妆品个性化服务的可行模式之后，又一有效监管措施。通知总共 8 章 34 条，从现场个性化服务许可，产品备案管理，机构、人员、质量保证与控制等多方面规范浦东新区普通化妆品现场个性化服务。其鼓励化妆品企业运用数字化、机械化、自动化等先进技术方式开展化妆品现场个性化服务，确保服务操作规范和商品销售全程可追溯。

### （二）我国品牌企业生产力水平的长足进步让个性化服务成为必然

在世界发展的历史进程中，我国错过了以蒸汽机为代表的第一次工业革命和以电力为核心的第二次工业革命。20 世纪 80 年代，我们赶上了以信息技术为代表的第三次工业革命。目前，我国各类企业深度参与以智能化为特征的第四次工业革命。

工业 4.0 的概念最早出现在德国，在 2013 年的汉诺威工业博览会上正式推出，其核心是利用物联信息系统（Cyber-Physical System，CPS）将生产中的供应、制造、销售信息数据化、智慧化，最后达到快速、有效、个人化的产品供应。2015 年 5 月，国务院正式印发《中国制造 2025》，部署全面推进实施制造强国战略，正式宣布对接合作国际工业 4.0 概念。国家层面的战略部署大力地推进了各类企业的技术创新，产品越来越丰富，市场产品供大于求，消费者可以在众多的同类产品中随意挑选。

在这样的市场环境中，企业要生存和发展，就得首先考虑产品的销路。个性化服务是在获取大量用户信息和产品订单后才投入生产的，能够大大减少适销不对路的情况发生。此外，市场需求日益多变，产品寿命周期缩短，技术进步使企业的生产、服务系统经常变化，这种变化已经成为持续不断的事情。因此，在大量生产、大量消费的环境下发展起来的企业经营管理模式已无法适应快速变化的市场，用户的消费习惯已经发生变化，个性化需求已经悄然成为企业变革的新浪潮。

### （三）物联网等智能化技术让个性化服务成为可能

以大数据、云计算、物联网、人工智能、5G 通信为代表的新一代信息通信技术的发展和应用正在重塑各行各业的发展运营模式，为个性化服务的有效实施提供了技术基础与保障。这些信息通信技术的出现让企业可以挖掘和迅速捕捉市场中客户的需求变化，能够以较低的成本实现个性化定制。

## 三、个性化服务的优劣势

个性化服务体现了企业以人为本的经营理念，是现代企业提高核心竞争力的重要途径。

个性化服务的优势主要体现在以下几个方面：

## （一）优势

### 1. 减少企业生产成本，降低企业经营风险

个性化时代，企业根据客户的实际订单来进行生产，能够实现以需定产，因而几乎没有库存积压，大大加快了企业资金的周转速度，减少了资金的占用。此外，由于在产品生产之前就形成了一种契约，就是已经销售出去的产品，因此不会造成产品积压，缩短了再生产周期。

个性化服务减少了各中间环节及其支持费用，缩短了供求双方之间的距离，强化了企业与客户之间的沟通。

在个性化服务中，由于产品是在切实了解客户实际需要的基础上设计和生产出来的适销对路的产品，因而只要质量可靠、定价合理，这些产品就能很顺利地销售出去，大大减少了广告、促销等销售成本。

### 2. 促进了客企间的沟通，有利于巩固伙伴关系

首先，客户通过各种信息渠道及时地与产品提供者进行沟通，节省了寻找、挑选购买产品时消耗的时间和精力，提高了反馈机制的运行；其次，客户及时反映对产品的个性化要求，从专业人士那里得到及时、有针对性的服务，降低了购买风险，提高了客户总价值；最后，个性化服务可以使生产者与客户之间建立起学习型、良好的合作伙伴关系，提高客户的忠诚度，创造固定客户。

## （二）劣势

个性化服务在具备明显优势的同时也存在着劣势，其对企业经营产生的主要消极影响可能包括：

（1）个性化服务实施初期，因为有些条件尚不具备，可能会增加企业的生产成本和交易成本，导致总成本的上涨，在一定程度上影响经济效益。

（2）过于分散的个性化服务增加了企业的服务成本和管理的复杂程度，加大了工作的复杂性。个性化服务把每一位顾客视作一个单独的细分市场，因此对企业来说，庞大的消费者群体往往使营销人员力不从心，难免出现顾此失彼的现象；而企业若要兼顾所有客户，必然会使工作变得非常复杂，营销服务网络将受到严峻的考验。对消费者来说则可能因为过于复杂的选择而不知所措，甚至产生反感情绪。用户对于个性化的需求大于生产能力时，双方的成本都会增加；对于同一需求理解的不同，也会造成双方利益损失。

（3）个性化服务受个人信息保护的制约，企业不可能要求客户提供非常全面的个人资料，否则会引起抵触情绪，结果只能适得其反。

（4）消费者对个性化服务的需求是有限的，因此，并不是所有的个性化服务都有价值。个性化服务不应强调形式，服务的内容才是最重要的。

（5）加大了企业经营的风险。在个性化服务情况下，产品具有很强的个性，一旦客户对产品不满意而退货，这件产品将很难再卖出去。因此对企业来说，制作的差错率只能为零。

【方法工具】

个性化服务通常在信息化管理水平较高的企业中才能实现。通常用到以下工具方法：

企业客户关系管理系统（CRM）或者供应链客户关系管理系统（SCRM），包括的功能一般有客户管理数据化、营销活动自动化、销售管理流程化、数据分析可视化、高度定制个性化、应用系统生态化等，在这个系统中往往应用以下技术：

### 1. 用户行为分析技术

其以信息服务系统中的多元化用户数据为基础，分析用户需求的相通性，并对相关数据进

行知识交叉融合分析，建立关联数据模型，预测用户行为。

**2. 语义向量知识图谱构建技术**

语义向量知识图谱构建技术通过图谱形象直观地展示学科的发展趋势和前沿技术，旨在描述实体世界的关系，其作为"数智化"时代的知识表示方法被广泛应用于各学科领域。

**3. 信息资源深度挖掘技术**

企业采集用户信息的同时会带入一定量的噪声数据，需要使用数据深度挖掘技术将其中的噪声数据排除。

**4. 个性化推送技术**

个性化服务研究要以信息资源深度挖掘技术为基础，建立客户个性化推荐系统模型。

### 【任务实施】

个性化服务虽然是目前推崇的一种提升服务品质的方式，但是企业必须依据自身的环境分析，采用适用个性化服务的策略，才能达成预期目标。有效实施个性化服务的策略主要包括以下几项：

#### （一）商业模式多元化的市场环境促使企业开展制度创新

商业模式多元化和开放化是未来的发展方向，可以为企业提供更多的创新动力和竞争优势。商业模式多元化是指企业在单一的经营模式之外，尝试利用多种方式进行经营，包括直营、加盟、供应链、品牌授权等。多元化的商业模式能够降低企业的风险，同时也能够增加企业的收益。个性化服务也是多元化商业模式的产物。

个性化服务要求企业对客户驱动的市场反应灵活而快捷，因此，应对传统的官僚型、纵高型的组织结构进行变革，建立扁平化的组织结构，削减企业内部层次，促进信息传递与沟通，发挥员工的创造性，增强企业反应的灵敏性。生态圈组织经营模式就是这样一种扁平化的新型网络组织，如阿里生态圈构成图、小米生态圈构成图。该网络组织是一种适应知识社会、信息经济与组织创新要求的新型组织模式（如阿里的生态圈构成图），能使组织更好地适应复杂、不确定的环境变化，更能实现企业的灵捷制造。第一，网络组织在构成上是由各企业组成的联合，而非严格的等级排列，可以提供一种科层组织无法提供的东西——横向联系。第二，企业成员在网络组织中的角色不是固定的，而是动态变化的。第三，企业成员在网络结构中的权力地位不是取决于其职位，而是来自他们拥有的不同知识，可以为满足人们的情感需求创造条件。第四，网络组织围绕特定目标，实现信息共享与无障碍沟通。第五，网络组织具有自相似、自组织、自学习与动态演进等特征。

#### （二）企业流程再造

个性化服务与传统的标准化、规范化服务截然不同，因此，企业必须在制度设计上进行彻底的改进，即企业再造。企业再造也称为企业再造工程或企业重新设计，是指对企业业务流程做根本性的重新思考和彻底的重新设计，以求在成本、高质量服务和速度等各项绩效考核的关键指标上取得显著的改善。

进入21世纪以来的现代企业管理要求企业提高内部组织的地位和责任，在生态圈组织经营模式中，核心企业对于自身的角色功能定位要从"成本中心"上升到"利润中心"，再到"投资中心"。小米集团在过往的发展历程中，成功实现了这三重角色的转变。

#### （三）客户分级管理

客户分级管理是指企业在依据客户带来价值的多少对客户进行分级的基础上，为不同级别的客户设计不同的关怀项目。

企业可以根据所预估的客户终身价值和保持客户所需成本进行成本收益权衡，确定"金牌"客户、"银牌"客户及一般客户。在个性化服务初期，企业首先对能给自己带来丰厚收益的"金牌""银牌"客户提供个性化服务，等个性化服务项目成本降低之后，再逐渐地扩大其服务范围。

### （四）模块化个性化服务

实施模块化定制可以作为平衡个性化服务优劣势的过渡性应对策略。通过对大量的消费者需求进行分析，针对其中较为共性的需求，将相关产品与部分服务内容打包形成"体验通用模块"，而针对其中的特殊个性需求，则将产品与服务打包形成"体验专用模块"。当面向单个消费者体验需求时，可以通过"体验通用模块+体验专用模块"组合的方式来提供服务。当环境与技术更为有利的时候，企业就要充分利用现代技术，探索符合自身实际的个性化服务模式，满足客户追求的感官体验和追求客户对企业的思维认同。

在戴尔品牌计算机的官方销售网站中，提供了一个帮助客户选择产品的有效工具，在这个表格中，纵坐标是不同系列的产品，横坐标是计算机可以达成的功能，客户通过勾选自己需要的计算机功能，产生个性化订单，系统会依此计算出不同的价格。

### （五）个性生产

生产技术的进步，尤其是计算机网络技术的进步，工业机器人、快捷生产、柔性加工、计算机集成加工系统等先进的信息技术和制造技术的出现，使得企业能够在同一条生产线上制造不同规格、不同型号甚至不同式样的产品。

为了满足客户的多样化需求，企业的生产装配线必须具有快速调整的能力。为此，必须实现适用于个性化生产的模块化设计和模块化制造。企业要尽量实现产品的模块化，这由两部分组成：一部分是所有产品共有的，另一部分是体现产品定制特征的。这样，企业将共同的部分先组装起来，一旦客户提出自己的特定要求，便将这些满足要求的部件迅速组装上去，从而提高速度和效率。

### （六）完善企业信息化系统以积累客户信息

物联网等智能化技术使个性化生产成为可能，这对企业的营销和服务系统提出了新的挑战。所有的服务营销行为都需要建立在与客户充分沟通的基础之上，才会产生良好的市场反应。在这样的环境下，客户信息数据成为企业的一项重要资产，企业对每一位客户都必须设定直接的管理者，每位客户管理者建立自己的客户档案。首先，档案的资料应有助于全面描绘客户的概况，不仅要反映客户的姓名、地址、电话、生日等情况，最好还包括其习惯、爱好、消费能力、消费档次等。其次，档案必须是动态的，每一次与客户接触后，企业应及时将这些信息输入档案中，在客户不必言传的情况下，送上贴心的服务和建议。最后，客户档案的信息应在企业内各部门之间得到充分的共享，才能实现真正意义上的个性化服务，提高企业效率和客户价值。

在客户信息较为完善的系统中，企业就可以运用数据挖掘工具分析和预测客户行为，提供更加精准的个性化推荐和精选商品；社交媒体平台可以通过对客户兴趣点的分析和互动数据的精准推荐，提供更加个性化的社交服务；搜索引擎则可以通过对客户搜索行为的分析和匹配，提供更加精准的搜索结果。这些应用有助于企业提升用户体验，增加客户黏性和忠诚度。

企业可借助互联网，在符合数据隐私保护相关法律法规的前提下，收集用户的信息资料，运用信息技术系统与客户一一对话；同时，利用信息高速公路、卫星通信、声像一体化可视电话等多种技术，全方位展示新产品、介绍其功能、演示其使用、建立征询系统，甚至让客户参与产品设计，从而发现并满足客户的需求。通过信息提供交互式沟通，可以实现一对一的个性化服务，促销更具有针对性，更易于与消费者建立长期良好的关系。

## 素养园地——服务意识素养

作为一家企业，要使自己产品体现客户个性，必须先知道客户的"个性"。法国化妆品业的巨头为每一位女客户建立一份详细的个人诊断报告，专家们为她们检查完后，会在四周内将诊断书以私人信件的形式寄到客户手中，其中包括女客户在美容方面所遇到问题的全部处方，并根据客户标明的个人收入情况，列出适合她们使用产品的品名。此项举措的实施，使该企业的美容业务在三个月内增加了75%。亚马逊网上销售公司更是这方面的先锋，它研究每一位客户买过的书，然后根据读者的特点通过互联网向个人推荐新书。腾讯科技在推出QQ聊天软件的测试阶段，四位创始人每天蹲在论坛区，倾听并与可能赞扬或批评其产品的客户交谈，以此获得产品改进的思路。

**学习标杆**

小米通过打造生态圈，提供高品质服务

## 实训项目

### 案例一：三一重工以"根云"平台维护设备降低库存

我国最大、全球第五的工程机械制造商三一重工，先后投入超过10亿元资金，携手腾讯云共同打造了"根云"工业互联网平台。在腾讯云技术支持下，至2017年4月，三一重工通过与腾讯云的云计算能力相结合，把分布在全球的30万台设备接入平台，实时采集近1万个运行参数，利用云计算和大数据，远程管理庞大设备群的运行状况。通过"根云"平台，三一重工不仅实现了故障维修2小时内到现场、24小时内完成，还做到了易损件备件呆滞库存低于同行业40%以上，每年直接为下游经销商降低备件库存超过3亿元，大大减轻了备件的库存压力。

### 案例二：徐工集团用Xrea平台帮客户增效降本

徐工集团联手阿里云打造的Xrea工业互联网平台，服务客户已超350家，覆盖20多个国家、50多个行业。Xrea工业互联网平台，不仅连接了设备，还连接了工厂生产现场的机床、机器人、AGV小车等设备。Xrea工业互联网平台能够精准统计设备的开工率、能耗、健康情况、机床加工精度，能够对设备进行诊断、统计和分析，为设备赋智。徐工集团借助Xrea工业互联网平台，可以帮助大量客户提质、增效、降本，带来更多收益与价值。例如，为某手机壳生产商的数控加工中心刀具进行预测性维护，帮助其良品率从87%提到99%；为徐州某酒店集团打造智能建筑能源管理解决方案，在2017年夏天温度同比升高3.1℃的情况下其电量开销降低23%。

### 案例三：宝钢借助"智能钢包"有效节约成本

2018年，宝钢技术与百度云合作打造了"智能钢包"，通过质检云方案助力宝钢建立连接采集、存储计算、理解决策的感知认知平台，节能提效。宝钢将内部各系统、钢包设备提供的相应数据上传到百度云平台，借助天工物联网平台和天算大数据平台，对钢包安全预警、精确转炉出钢温度、生产优化排程、维修优化排程等关键业务给予有效的数据支撑，实现对精细化生产、设备安全、节能降耗和供应链优化的决策支持。

在智能钢包推广应用后，宝钢平均降低出钢温度10℃，节约能源成本70亿元左右，钢包烘烤能效下降50%，大约可以节约150亿元。传统钢铁企业与云服务公司的合作，加速了宝钢技术智能化转型升级进程。

### 案例四：海尔的大规模定制

通过不断探索，海尔凭借工业互联网平台COSMOPlat，形成了以用户需求为主导的"大规模定制"生产模式，实现了用户在交互、定制、设计、采购、生产、物流、服务等环节的全流程参与，在整个过程中，用户既是消费者，也是设计者、生产者，做到了真正的"产销合一"。大规模定制最大程度地契合消费需求大趋势，能够为消费者提供更多的产品附加值，同时企业也因供应链的创新和生产模式的重塑而实现增效降本，竞争力大幅提升。

**任务步骤：**

（1）案例分析：分析以上案例中客户与公司之间的关系，包括客户的需求、公司的服务和沟通方式等，总结以上四个案例企业在提供客户服务中的典型做法。

（2）方案制定：选取案例企业中的一个，制定个性化客户服务方案。

（3）案例拓展：结合选中案例企业，具体说明培养稳定的客户关系对供应链管理有哪些促进作用。

（4）总结汇报：根据案例分析、方案制定、案例拓展行程分析报告，制作 PPT，向全班展示分析结果。

完成实训任务后，请填写实训项目考核评价标准表（见表 9-5）。

表 9-5 实训项目考核评价标准

| 专业 | | 班级 | | 学号 | | 姓名 | |
|---|---|---|---|---|---|---|---|
| 考核标准 | 教师评价 | 评价内容 | | | | 分值/分 | 评分/分 |
| | | 学生对案例分析的准确性、总结的全面性 | | | | 20 | |
| | | 方案制定逻辑的合理性、方案的可实施性 | | | | 20 | |
| | | 拓展分析的全面性 | | | | 30 | |
| | | 总结汇报的流畅性 | | | | 20 | |
| | | PPT 制作的美观性 | | | | 10 | |

## 自测习题

**一、单选题**

1. 以下对选择客户策略的描述不正确的是（　　）。
   A. 选择与企业定位一致的客户　　　B. 选择优质客户
   C. 选择要求较少的客户　　　　　　D. 选择有潜力的客户

2. 客户关怀是客户管理工作的重点，而关怀客户的本质则是（　　）。
   A. 管理客户关系　　　　　　　　　B. 时刻对客户保持关注
   C. 满足客户的所有诉求　　　　　　D. 设法降低客户的期待

3. 以下对企业生态圈产生背景描述不正确的是（　　）。
   A. 适应信息数字共享经济时代的需要
   B. 助力实现以客户需求为导向的竞争战略
   C. 信息技术和移动互联网的普及提供了可能
   D. 第三次工业革命使生态圈的产出成为必然

4. 企业往往需要根据客户的特点制定客户感谢方案，以下关于客户感谢方案的描述不正确的是（　　）。
   A. 向客户表示感谢最有效的方式是用诚意去奖励
   B. 为他们提供最优异、最增值的服务也是一种感谢的方法
   C. 通过与品牌电影院、健身房、餐厅等商家结成战略伙伴为客户提供消费券是一种感谢的方法

D. 为客户直接提供现金感谢

5. 以下不属于实施个性化服务关键核心的是（　　）。

　A. 信任　　　　　　B. 谈判　　　　　　C. 价值　　　　　　D. 愿景

## 二、多选题

1. 以下对客户关怀本质描述正确的是（　　）。

　A. 管理客户关系　　　　　　　　　　B. 创造全域客户体验

　C. 帮助客户成功　　　　　　　　　　D. 缓解客户焦虑、获得客户真心

2. 以下不属于建立与企业生态圈发展模式相适应的客户管理策略的是（　　）。

　A. 分析客户的业务活动，发现建立伙伴关系的途径

　B. 合作应增加双方的财务利益

　C. 根据客户供应链端的需求，制定合作策略

　D. 根据自身影响力，说服客户服从本企业发展策略

3. 以下不属于个性化服务优势的是（　　）。

　A. 对客户实现集约化管理　　　　　　B. 增加企业经验的风险

　C. 减少企业生产成本，降低企业风险　D. 有利于巩固合作伙伴关系

4. 开展个性化服务的对策包括（　　）。

　A. 企业流程再造　　　　　　　　　　B. 客户分级管理

　C. 模块化个性化服务　　　　　　　　D. 个性生产

5. 分析目标客户是实施客户选择策略的重要环节之一，而客户综合价值的主要考虑因素包括（　　）。

　A. 客户从企业购买产品或服务的交易总金额

　B. 客户因扩大需求而形成的增量购买和交叉购买等

　C. 客户对企业产生的无形价值，如规模效应价值、口碑价值和信息价值等

　D. 客户单次采购的金额大小

## 三、问答题

1. 工作情景描述：假设你是一名销售人员，遇到了两名客户：一名客户对你介绍的产品、提出的购买方案都比较感兴趣，一直在与你进行积极讨论；另一名客户却总是对你说"这款产品的外观不太符合我的要求""你提供的优惠力度太小了"。

　任务：作为销售人员，你认为这两名客户哪个是潜在客户？请说明理由。

2. 工作情景描述：有三名客户：客户 A 订货量大，但是付款不积极，有拖欠货款的情况；客户 B 订货量较小，但是付款及时，且订货周期稳定；客户 C 订货周期不稳定，但是订货单价高。

　任务：假设经理让你跟进这三名客户，你会将重心放在哪名客户身上？为什么？

3. 请阅读"学习标杆"栏目案例：服务型制造，未来企业打造核心竞争力的必由之路。请说明服务型制造的含义、产生背景和发展趋势。

# 项目十　持续巩固生态圈客户关系

## 项目背景

深圳百果园实业（集团）股份有限公司成立于2001年，经过20余年的发展，已成为我国最大的水果零售商。全球知名的企业增长咨询公司 Frost & Sullivan（弗若斯特沙利文）报告显示，按2021年水果零售额计算，百果园同时在我国水果专营店和零售企业中位列第一。2023年1月，公司成功在香港交易所主板挂牌上市。2023年4月，百果园集团发布了上市以来的首份《2022年百果园环境、社会与管治报告》（以下简称 ESG 报告）。

ESG 报告显示，截至2022年年末，百果园共受理36 616件投诉，其中，受理服务及质量类投诉24 702件，已解决35 881件，投诉办结率为98%。数据显示，大部分投诉与水果质量与安全问题相关联，包括但不限于货不对板、发霉变质、食品异物、缺斤少两等情况。在某30天对百果园的14条投诉中，有5条投诉涉及"三无退货"服务。据了解，"三无退货"是百果园推出的信任服务体系，只要客户对商品不满意，无小票、无实物、无理由也可退货。2022年，百果园"三无"退货金额占上半年总收入的0.2%。2022年客户满意度调研结果显示，91.45%的客户将百果园作为购买水果的首选平台，92.67%的客户对百果园食品安全表示"较满意"和"很满意"。

目前，百果园门店数量超5 600家，遍布22个省份的140余座城市，其中，加盟门店占比超99%。百果园2022年营收113.12亿元，其中超八成来自加盟门店。即便是在这样一个快速发展的品牌企业运营中，也难以避免会发生客户不满意的情况。

## 项目导航

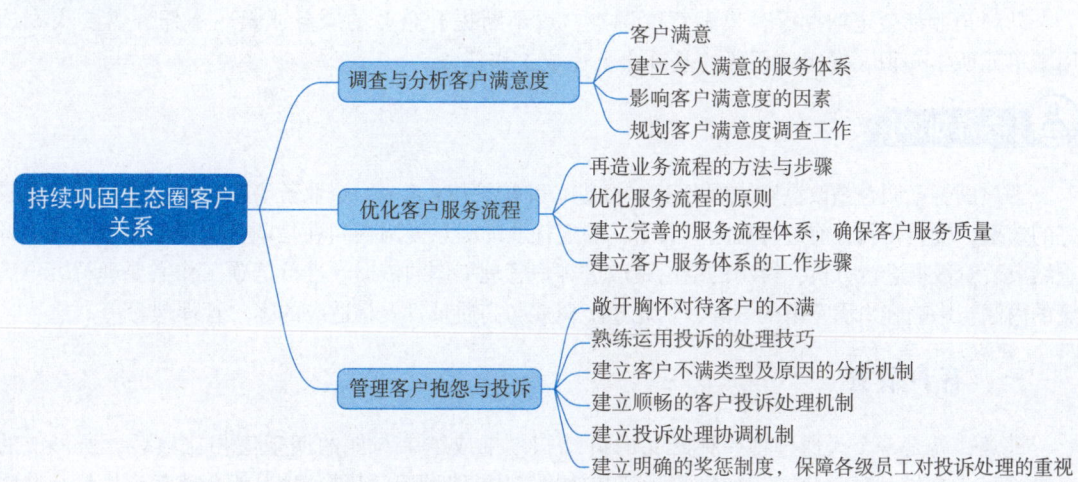

- 持续巩固生态圈客户关系
  - 调查与分析客户满意度
    - 客户满意
    - 建立令人满意的服务体系
    - 影响客户满意度的因素
    - 规划客户满意度调查工作
  - 优化客户服务流程
    - 再造业务流程的方法与步骤
    - 优化服务流程的原则
    - 建立完善的服务流程体系，确保客户服务质量
    - 建立客户服务体系的工作步骤
  - 管理客户抱怨与投诉
    - 敞开胸怀对待客户的不满
    - 熟练运用投诉的处理技巧
    - 建立客户不满类型及原因的分析机制
    - 建立顺畅的客户投诉处理机制
    - 建立投诉处理协调机制
    - 建立明确的奖惩制度，保障各级员工对投诉处理的重视

## 任务一 调查与分析客户满意度

### 【学习目标】

**知识目标：**
- 理解客户满意的内涵。
- 熟记影响客户满意度的因素。
- 明晰客户满意度调查的工作步骤。

**能力目标：**
- 能运用问卷开发技术设计一份调查问卷。
- 会规划企业的客户满意度调查工作。

**素养目标：**
- 建立持续改进的质量意识。

### 【任务导入】

请大家登录百果园企业官网，深入了解企业文化、理念、价值观、一体化新零售战略布局和服务政策等详细信息，并且实地考察当地的百果园实体店以及运用百果园线上商城进行购物体验。完成下列任务：

（1）收集企业相关信息，完成任务实施中以表格形式规划的该企业某年消费者满意度调查工作。

（2）收集企业相关信息，设计1份企业消费者满意度调查问卷。

（3）发放50份满意度调查问卷，分析造成消费者不满意的主要原因并提出改进措施。

**学习资源**

如何对客户需求"收放自如"

### 【任务分析】

品牌企业都会定期执行客户满意度调查，以不断提升企业的服务质量。本任务需要大家运用本单元所学知识，在实地调研的基础之上完成工作任务。

### 【必备知识】

客户满意度调查是改进客户服务工作的基础和重要手段之一。企业若要客户满意度调查取得较好的效果，就须在调查前进行规划。其中，制定优质的满意度调查问卷是调查取得成功的关键，调查结束后对数据进行分析，得出的结论是改进客户管理工作的依据。进行这项工作需要理解客户满意的内涵与影响客户满意度的因素，从思想上树立与高质量发展相适应的客户管理理念。

#### 一、客户满意

满意，就是一个人通过将一种产品的可感知效果或结果与他的期望值相比较后，所形成的一种满足或愉悦的感觉状态。如果实际感知效果与内心期望值相同，此人就会感觉到愉悦，并因此感到满意；如果实际感知效果超出内心期望值，此人就会感觉非常愉悦，并因此感到非常满意；如果实际感知效果低于内心期望值，此人就会感觉失望，并因此对企业的产品或服务感到不满意。

满意的客户对企业的发展有着巨大的意义，一个高度满意的客户往往会：①忠诚于企业更久；②购买企业更多的新产品和提高购买产品的等级；③宣传企业及其产品；④忽视竞争品牌和广告，并对价格不敏感；⑤向企业提出产品和服务建议；⑥减少企业在客户开发上的投入。

据研究机构统计，如果客户对企业产品不满意，他们会将不满意告诉22人，除非该企业是独家经营，否则该客户不会重复购买；如果客户对企业产品满意，他会将满意告诉8个人，但该客户未必会重复购买，因为竞争者可能提供性能更好、更便宜的产品。美国贝恩公司的调查显示，在声称对产品和企业满意的客户中，有65%~85%的客户会转向其他产品，只有30%~40%的顾客会再次购买相同的产品；而如果客户高度满意，他就会将满意告诉10人以上，该客户肯定会重复购买，即使与竞争者相比该企业的产品没有什么优势。

大多数人作为客户的时候，不会将服务标准或者期望毫无道理地提得很高，他们通常会容易得到满足。同样，大多数企业并不能成功地做到让客户特别满意，他们的工作一般都是按部就班地进行。问题在于，如果企业做的每件事情都是按部就班的，那么企业做得可能不够。企业只有做得超出客户的期望，让他们惊喜和感动，才能获得竞争优势。因此，追求品牌战略的企业都会将客户高度满意作为追求目标。

## 二、建立令人满意的服务体系

客户满意既是企业追求的目标，也是企业改善管理的工具。企业若想建立完整的、令人满意的服务体系就需要从以下几方面着手，才可能让客户满意。

### （一）建立"服务客户"的服务理念

建立"服务客户"的服务理念是指企业的精神、使命、经营宗旨、价值观念等带给内外部客户的心理满足感，其核心在于正确的企业客户观。例如，某企业的愿景"为大众创造更美好的生活"就是令人赞赏的价值观，更多的企业将客户满意度百分比的提高作为最高的战略目标之一，这些都是从理念上做到了让客户满意，建立了客户满意的思想基础。

### （二）建立完善的行为运行系统

建立完善的行为运行系统是指企业通过科学设置各业务环节的流程、相关制度和运转规则，使企业能够良好运转，不受人为因素的影响，如企业的用人制度、产品研发制度、客户服务体系等。各业务流程也应以客户便利为中心，而不是以企业管理便利为中心，从而将企业制定的"客户至上"的经营理念和提高客户满意度的战略目标落到实处。

### （三）建立企业形象识别系统

企业通过建立形象识别系统（Corporate Identity System），将企业经营理念具体化、视觉化。企业是否拥有一套视觉满意系统，将直接影响客户对企业的满意程度。它包括企业名称、品牌标志、字体、色彩、企业口号、承诺、广告语、企业内部的软硬环境、企业形象、员工制服等。

## 三、影响客户满意度的因素

客户满意度即客户满意的程度。客户满意度是由客户对其购买产品的预期与客户购买或使用后对产品判断的吻合程度决定的。客户满意度一般分为不满意、一般、满意、非常满意四种程度状态。

客户满意度是客户建立在期望与现实比较基础之上的、对产品与服务的主观评价，一切影响客户期望与客户实际感知的因素都可能影响客户满意度。

从企业经营的各个方面分析，影响客户满意度的因素可以归结为以下几个方面：

### （一）产品因素

产品质量是影响客户满意度的基础。一般情况下，客户考虑的第一要素是产品质量。企业在产品研发阶段就需要调查客户的需求，以此为依据不断改进产品的性能，在产品制造上精益求精，才能得到越来越多客户的肯定和支持。只有客户满意了，企业才会有更多的回头客和口碑效应。

### （二）企业因素

企业品牌形象是影响客户满意度的关键。企业品牌形象是企业在产品、服务、社会责任等方面经过长期努力积累建立起来的，很难一蹴而就。当客户计划购买时，他们会非常关注购买谁家的产品。一般情况下，客户都希望购买品牌信誉度高的企业的产品。

### （三）服务和系统支持因素

服务和系统支持因素是提高客户满意度的保障。营销人员和客服人员往往是客户与企业的第一接触点，他们的服务水平决定客户对企业的第一印象。

只有一线员工的高水平服务是不够的，企业的运行系统是否支持员工的行为、是否能为客户带来方便，一样会对客户满意度产生直接的影响。例如，企业做出了某种承诺，客户自然期望企业能够遵守，但如果这种愿望没能得到满足，客户就会产生不满和失落。很多企业都是在这个层次上失败的，因为他们不能信守承诺，更好地满足客户对服务的内在和外在期望。企业实施高标准的满足服务，使之甚至超过客户对服务供应的期望，就会取得竞争优势。

### （四）互动沟通

能否便捷地与企业沟通是影响客户满意度的关键。在交易完成后，客户希望企业能够主动提供有关产品后续服务的信息。当客户有特别需要时，能够轻易找到专业人员解决问题。现在越来越多的企业提供多渠道为客户服务，包括24小时客服电话、线上客服、企业公众号客服，这都是服务品质改进的重要途径。

### （五）情感因素

情感因素是提高客户满意度的法宝。从客户调查中获得的很多证据表明，相当一部分的客户满意度与核心产品或者服务的质量并没有关系。实际上，客户可能因为他们在与供应商员工的互动过程中感到满意，也有可能因为员工的某些话或者其他一些小事情没有做好而感到不满意，从而使企业失去这个客户。

### （六）环境因素

环境是影响客户满意度不可或缺的因素。当客户走进一家企业的一刹那，就会感觉到企业的氛围，客户对企业的第一印象就在那短短几秒内形成了。这种氛围是由企业的硬环境和软环境形成的。硬环境包括企业的装饰风格、整洁程度等；软环境包括员工的精神面貌、行为举止等。

另外，客户的期望和容忍程度会随着环境的变化而变化。这位客户满意的东西不一定能让另一位客户满意，在这种环境下令客户满意的东西在另一种环境下可能不会让客户满意。例如，当你走进一家经济型酒店，你对酒店的期望值不会太高，这时哪怕服务人员说一句"欢迎光临！"，你心中都会有所触动。而当你走进一家五星级酒店，你对酒店的期望值自然提高，恐怕同样的一句"欢迎光临！"不会在你内心掀起任何涟漪。认识到环境中存在的这些区别，对提供高质量的服务和创造客户满意度是非常重要的。

## 四、规划客户满意度调查工作

如果想获得客户满意度数据，就需要进行定量调查。国际企业或大型品牌企业往往都邀请第三方调研咨询公司对本企业的客户满意度进行调研和评估,以提高结果的公正性和专业性。而中小型企业出于规模限制和成本的考虑,仍然由企业内部成员进行调研。不管是第三方公司还是企业内部成员,都要求由专业人员专门负责客户满意度的调查,以保证结果的有效性。定量调查通常包括以下一些必要步骤:

### (一)确定调查目标、对象与范围

企业的客户类别可以按照不同标准划分:按照客户类型划分,有消费者、中间商和内部客户;按照客户级别划分,有大客户、潜在客户、普通客户和临时客户;按照客户性质划分,有大型国有企业、外资企业、中小型企业、事业单位、政府机关和社会团体。应当按照不同的客户类别确定调查的目标,以完成此目标来确定调查的对象及范围。

案例:某国际性电信企业客户满意度调研项目。

调查目标:为全面了解高端客户的需求,不断改善和提高其产品和服务质量,2022年5月—8月间对中国地区的大客户开展客户满意度调研。

访问对象:通信类企业用户。

地域范围:北京、上海、深圳、南京、大连5座城市。

### (二)确定调查方法

客户满意度调查方法通常包括二手资料搜集、内部访谈、问卷调查、深度访谈和焦点访谈。

**1. 二手资料搜集**

二手资料来源渠道比较广,可来自企业内部报告、人口普查报告、世界银行报告、统计年鉴等出版物,也可来自报纸、杂志、各类书籍以及一些商业性的调查公司资料等。二手资料的优点是成本低,可立即使用,但详细程度和有用程度均不够,因而需要用其他方法补充。不过在进行问卷设计的时候,二手资料能提供行业的大致轮廓,有助于设计人员把握和草拟调查问题。

**2. 内部访谈**

内部访谈是对二手资料的确认和重要补充。通过内部访谈,可以了解企业经营者对所要进行的调查项目的大致想法。

**3. 问卷调查**

问卷调查是一种最常用的数据搜集方式,通常采用抽样法。抽样调查的方法有随机抽样、等距抽样、分层抽样和整体抽样。抽样调查使客户从自身利益出发来评估企业的服务质量,能客观地反映客户满意水平。

**4. 深度访谈**

为了弥补问卷调查存在的不足,有必要实施典型用户的深度访谈。深度访谈是针对某一论点或话题进行一对一(或2~3人)的交谈,在交谈过程中提出一系列探究性问题,用以探知被访问者对某事的看法或做出某种行为的原因。

**5. 焦点访谈**

为了更周到地设计问卷,可以采用焦点访谈的方式获取信息。焦点访谈就是一名主持人引导8~12人(客户)对某一主题或观念进行深入的讨论。焦点访谈通常避免采用直截了当的问题,而是以间接提问激发与会者自发讨论,从中发现重要的信息。

### (三)设计问卷并进行预调查

调查问卷的结构一般包括前言、正文、结束三部分。前言主要说明调查目的及意义,以打消被调查者的顾虑以及问卷回收方法等。正文部分包括两部分:一是顾客购买行为特征问题,即何时购买、何地购买、购买何物、如何购买等问题;二是客户满意度测评指标体系,这是问卷的核心部分。结束部分包括两部分:一是被调查者的基本情况,如性别、年龄、教育水平、职业、家庭月收入等有关社会人口特征的问题，以了解消费者特征；二是对被调查者表示感谢。

客户满意度测评指标体系的建立需遵循以下步骤：

**1. 设定调查内容**

设定调查内容，即确定影响客户满意度的因素。客户满意度的调查项目如表 10-1 所示：

表 10-1　客户满意度调查项目

| 调查项目 | 解　释 |
| --- | --- |
| 基本项目 | 如客户基本情况、购买的产品或服务、产品取得方式及时间等 |
| 总体满意度 | 即客户对企业总体的满意度评价 |
| 产品指标 | 产品的性能、价格、质量、包装等 |
| 服务指标 | 包括服务承诺、服务内容、响应时间、服务人员态度等 |
| 沟通与客户关怀指标 | 如沟通渠道、主动服务等 |
| 与竞争对手比较 | 产品、服务等方面的比较 |
| 客户再次购买和向其他人推荐的可能性 | 从中可分析客户忠诚度 |
| 问题与建议 | 让客户没有限制地提出问题，并对企业提出宝贵的建议 |

表 10-1 展示的是客户满意度调查通常应该包括的项目。具体到每一家企业，满意度调查项目组应首先采用深度访谈、焦点访谈或抽样调查的方法，采集来自企业内部不同岗位员工和消费者关于客户满意度影响因素的看法，从而发现影响客户满意度的因素，并对每个因素进行充分分解，初步建立起客户满意度影响指标体系。

**2. 确定满意度指标**

确定满意度指标即确定哪些满意度因素能成为满意指标。初步建立的客户满意度影响指标体系包含了几乎所有可能影响满意指数的指标，多数都以三级或四级指标的形式表现出来。首先，问卷的制作者需要依据企业发展战略和调查目标的需要，删除与发展战略和调查目标关联性较小的因素，仅保留与顾客满意度指数有较强相关关系的指标。其次，需要剔除与其他因素高度相关的指标，使剩余的指标保持相对独立。例如，有两个客户满意度指标，分别是"货品种类是否齐全"和"是否能够购买到您需要的货品"，这两个指标的相关程度较高，只能选择一个作为满意度指标。

**3. 将满意度指标转化为客户能够回答的问题**

调查项目"沟通与客户关怀指标"，可以用类似的问题来表述："您知道的企业联系方式有几种？""您最常使用的企业沟通渠道有哪些？""企业客服人员一般多久回访您一次？"。

例如，美家商场"如何购物"满意指标可以由这些问题组成：您认为可以方便地获得美家的购物信息吗？您认为到达商场的指示路标清晰吗？您在商场购物时能够很容易地找到自己要买的商品吗？您在购物时产品标签上的信息能为您选择商品提供帮助吗？您是否能很快地找到停车场？

**4. 测试方法（问题）的设计**

第一种方法：可以通过询问直接衡量，如"请按下面的提示说出您对某服务的满意程度：非常满意、满意、一般、不满意、非常不满意"（直接报告明确满意程度）。

第二种方法：可以要求受访者说出他们期望获得什么样的产品属性，以及他们实际得到的是什么（引申出来不满意的原因）。

第三种方法：可以要求受访者说出他们在产品上发现的任何问题及提出的任何改进措施（问题分析）。

第四种方法：企业可以要求受访者按产品各要素的重要性进行排列，并对公司在每个要素上的表现做出评价（重要性/绩效等级排列）。

例如：

（1）下面是客户满意度的影响因素，请根据这些因素对您的重要程度从高到低进行排列，1代表最重要，5代表最不重要。

产品质量　　　　　　　　　　　　　　　　　　　　（　　）
服务效率　　　　　　　　　　　　　　　　　　　　（　　）
企业品牌形象　　　　　　　　　　　　　　　　　　（　　）
企业购物环境　　　　　　　　　　　　　　　　　　（　　）
与企业接触过程中客服人员的沟通互动　　　　　　　（　　）

（2）您认为本公司在上述5个方面的表现如何，请从高到低进行排列，1代表做得最好，5代表做得最不好。

产品质量　　　　　　　　　　　　　　　　　　　　（　　）
服务效率　　　　　　　　　　　　　　　　　　　　（　　）
企业品牌形象　　　　　　　　　　　　　　　　　　（　　）
企业购物环境　　　　　　　　　　　　　　　　　　（　　）
与企业接触过程中客服人员的沟通互动　　　　　　　（　　）

最后，这种方法可以帮助公司了解他们是否在一些重要的因素方面表现不佳，或在一些相对不重要的因素方面过于投入。

**5. 问卷设计注意事项**

（1）提出问题应注意策略，不能涉及客户隐私。

（2）提问的语言应保持客观、中立，不能让客户有不舒服或哗众取宠之嫌。

（3）调查内容和指标不能太多，一般根据调查目的有侧重点地提出。

（4）表格结构与问题应简洁明了，让客户容易回答，不能让客户计算或推理，只能让客户根据设计好的答案选择。

（5）问题的排列应井然有序，内在逻辑清晰。

（6）语言的表述应尽可能前后一致。

问卷设计完成之后，必须选择部分人群进行小范围的问卷调查，以发现问卷中的问题并及时改正，提高问卷的有效性。

### （四）挑选和培训调查人员

企业根据调查所要达到的目标挑选调查人员并对其进行培训，以保证调查实施人员理解问卷内容和调查中的注意事项，确保调查进行过程中的公正性和客观性，提高有效答卷的比例。

### （五）实际执行调查

定量调研可以采取的方式有：面访（包括入户访问、拦截式访问）、邮寄调查（包括传统邮件和电子邮件）、电话调查、网络调查、短信调查等。

例如，某大型商场进行客户满意度调查可采用在商场出口处进行拦截式访问，效果较好，若能到附近社区进行入户访问，更能保证结果的科学性。保险公司和一些生产企业现在多采用业务发生后的电话回访方式；电子商务企业多采用电子邮件和网络调查方式。

### （六）回收和复核调查问卷

进行满意度调查的企业应该提供多种方式便于客户回送答卷，以提高问卷回收的比例。

### (七) 编码录入和统计分析调查数据

调查完成后，调查人员应该进行数据的统计和分析处理，写出调查报告供管理层参考。客户满意度测评的本质是一个定量分析的过程，即用数字去反映客户对测量对象的态度。根据设定的规则，对不同的态度特性赋予不同的数值。例如，第一档为"很满意（很好）"，得 10 分；第二档为"比较满意（较好）"，得 8 分；第三档为"满意（一般）"，得 6 分；第四档为"不满意（较差）"，得 3 分；第五档为"非常不满意（很差）"，得 0 分。这样便于数据录入和统计。

### (八) 分析客户满意度

客户满意度分析就是在客户满意度调查基础上，分析各满意指标对客户满意度影响的程度，以此来确认改善服务的重心。

在满意度的量化分析中，数据分析既包括对各满意度指标百分率变化的描述性分析，也包括运用复杂的统计技术确定不同的满意度指标对整体满意度的重要性、根据历史数据预测整体满意度，以及比较本企业与竞争对手在各满意度指标上的优势和劣势。

在满意度的定性分析中，通过对满意度调查得出的开放性问题的答案进行分析，可以确定对各个满意度指标的评价和重要性，也可以找出客户满意或不满意的主要原因。

最终在这些分析的基础上，由专业人员出具调研报告，包括技术报告、数据报告、分析报告及附件。技术报告详述如何定义调查对象、其代表性如何、样本框如何构成、采用何种抽样方法等。数据报告通过频数和百分比列表、图形、简单文字等说明本次调查的主要结果，确定企业在改进产品、服务和提高满意度上应该采取的措施。分析报告及附件根据调研数据给出本次满意度研究的结论与建议，对决策者有直接的参考意义。

## 【方法工具】

客户满意度调查与分析需要用到的方法工具如下：

### 一、问卷设计与编辑技术

### 二、线下线上收集数据技术

#### (一) 面对面访谈

面对面访谈可以针对某个具体问题提供详细的信息。

#### (二) 电话调查

电话调查是一种快捷、高效的调查方法，可以迅速获取客户的反馈意见。电话调查可以节省成本和时间，但会受到客户的时间限制和电话骚扰的影响。

#### (三) 在线调查

通过创建在线问卷，企业可以向客户发送调查链接，大规模收集客户的反馈意见并进行统计和分析。

#### (四) 邮件调查

邮件调查是一种传统的客户满意度调查方法，为了提高回复率，企业可以在邮件中提供一定的激励或奖励，鼓励客户参与调查。

#### (五) 社交媒体调查

通过在社交媒体上发布调查问题或创建投票功能，企业可以快速获取客户意见和反馈，社交媒体调查具有广泛的覆盖性和互动性,但需要注意样本的偏倚和信息的真实性。

## 三、数据分析工具

企业还可以利用各种数据分析软件工具来处理和分析客户满意度调查的结果,例如 Excel、Python 和品牌公司开发的数据分析软件等。

各类信息技术公司开发的线上满意度调查、口碑监测和体验管理平台将调查后的数据进行理论分析后,相关部门将分析结果在工作中进行检验,如果分析结果有偏差,就需要进行适当调整,以保证分析的结果更接近现实。

### 【任务实施】

鉴于工作任务的开放性,这里只给出工作步骤供参考:①制定调查计划;②设计调查问卷;③实施调查;④分析调查结果;⑤将分析结果用于改善工作。

企业客户满意度调查工作的具体执行用类似表格形式(见表10-2)可以达到一目了然的效果。

表10-2 企业客户满意度调查的工作计划

| 规划项目 | | 具体内容 |
|---|---|---|
| 调研目标与目的 | | |
| 调研对象与范围 | | |
| 调研方法 | | |
| 调研时间 | | |
| 调研工作时间安排 | 问卷设计 | |
| | 问卷试访 | |
| | 修改问卷并正式印刷 | |
| | 培训调查人员 | |
| | 执行问卷调查 | |
| | 问卷统计与分析 | |
| | 报告生成 | |
| 经费预算 | | |

**学习标杆**

某科技企业的 SAPA 客户满意度分析方法

# 任务二　优化客户服务流程

**【学习目标】**

知识目标：
- 理解业务流程优化的步骤。
- 说明服务流程设定的原则。
- 理解服务体系建立的工作步骤。

能力目标：
- 会从提升客户满意度的角度，优化企业某个环节的服务流程。

素养目标：
- 树立精益求精的质量管理意识。

**【任务导入】**

**学习资源**

优化服务流程，重视服务过程

　　有位年轻人刚刚成家，收入不少却总是不够花。因此他想学习一些理财知识，让自己的生活过得轻松一些。一动念头，他就想起了一本有价值的书《理财有道》，下班后兴冲冲地直奔北京某图书大厦，找了半天，却无果。于是，他到一楼付款台旁边查询，可偏偏又记不清书名，只知道是某作者关于理财的书。工作人员很娴熟地在管理系统中查询"理财有道"，找到了该书所在的位置。年轻人拿着查询结果去找经济类图书的管理员，管理员在指定书架位置来回找了半天，却没有任何发现。

　　年轻人不死心，又找查询处询问，工作人员很诧异地说："系统显示库存还有这么多呢，为何没有呢？"

　　"到底有没有？"

　　"有，仓库有。你要订吗？"

　　"几天到？"

　　"应该是7天内，到了就电话通知你来取。"

　　年轻人也很诧异地说："谢谢，不用了。我再逛逛。"

　　年轻人回到家中，在网上书店找了一下，最终在网上书店买了这本书。付款后的第2天，就有快递员给他送来了书。

　　该图书大厦看似通过信息化的建设可以很快地查询到相关的一切信息，但为什么还会出现让客户失望而走的情况呢？那就要看看从书店的库存到上货架再到客户的购买直至书店采购图书，中间都走了哪些流程（见图10-1）：

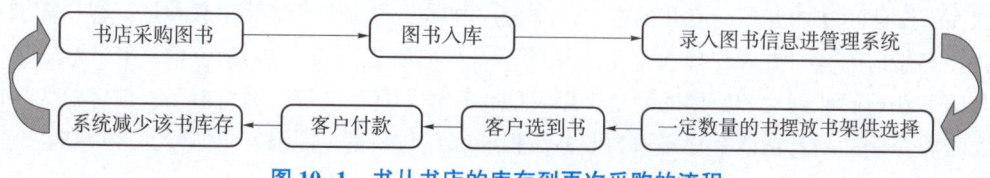

```
书店采购图书 → 图书入库 → 录入图书信息进管理系统
    ↑                                    ↓
系统减少该书库存 ← 客户付款 ← 客户选到书 ← 一定数量的书摆放书架供选择
```

**图10-1　书从书店的库存到再次采购的流程**

请你指出该图书大厦服务流程存在的主要问题，并从方便顾客的角度出发，考虑如何优化该服务流程以提高图书销售量。

### 【任务分析】

项目背景中的案例是服务流程和服务体系不符合现实需要的典型例子。该书店的服务流程只考虑了其内部业务流程，却没有考虑客户对于便利的需要，这种流程增加了客户的购买成本，只能被客户所抛弃。在当今线上线下融合的新零售时代，客户可以选择的产品和购买渠道都足够多，他们倾向于选择便利的渠道买到自己喜欢的商品。

因此，该图书大厦服务流程的完善已经迫在眉睫。

### 【必备知识】

服务流程是指客户享受到的、由企业在每个服务步骤和环节上为客户所提供的一系列服务的总和，从范围上划分包括业务流程和信息流程。目前，业务流程优化有两种方法，即系统化改造法和全新设计法。系统化改造法以现有流程为基础，通过对现有流程的消除浪费、简化、整合以及自动化等活动来完成重新设计的工作。全新设计法是从流程所要取得的结果出发，从零开始设计新流程。这两种流程优化方式的选择取决于企业的具体情况和外部环境。一般来说，外部经营环境相对稳定时，企业趋向于采取系统化改造法，以短期改进为主；而在外部经营环境处于剧烈波动状况时，企业趋向于采取全新设计法，着眼于长远发展而进行比较大幅度的改进工作。

### 一、再造业务流程的方法与步骤

从多数单位的具体情况来说，比较适宜的方式是采取系统化改造法，而且最好用流程图形式表现出来。企业实施业务流程系统改造的一般步骤与方法如下：

#### （一）成立专门的工作小组

企业一旦决定实施服务流程优化，高层领导必须充分意识到该项目的重要性。企业要想使流程优化能够顺利实施，必须成立专门的工作小组，在小组内指定项目负责人、客户需求调研者、资料搜集者、流程图绘制者，并共同讨论现有服务流程存在的问题。小组人员要具备开拓的精神以及对流程再造的全面了解，才能更好地保证流程优化项目的成功实施。

#### （二）以客户需求为流程优化的首要出发点

流程优化始于对客户需求的深度理解与全面把握，且始终围绕客户需求。以技术为导向或以产品为导向的流程重组是很难在市场中获得成功的。对客户需求的理解与把握，是服务流程优化的第一步。企业通过了解不同细分市场的客户偏好（如客户的生活习惯，对产品、服务方

式与服务渠道的偏好），构建客户喜欢的服务体系与服务环境，提供吻合客户需求的个性化产品与服务，目标是创造最佳的全面客户体验，从而提升客户忠诚度。

然而，了解现在的客户、潜在的客户及非客户群体并非易事。需要注意的是，客户需求在不断变化，三年前的客户需求与现在是不一样的。客户的眼光变得"挑剔"了，客户越来越注重业务与服务获得的便利性、使用的简单性以及能否轻松得到帮助等。面向市场、以客户为导向的流程意味着企业必须真正以客户需求为业务流程的起点与归宿，围绕客户体验、客户利益、客户满意度组织流程。

具体实施人员可以选择至少 10 名被访者全面了解他们在购物过程中的需求，并将客户的需求进行归纳总结，作为流程改进的依据和目标。

### （三）识别各个服务流程，并找出流程中存在的问题

企业在充分了解客户的需求之后，需要仔细审视现有各个环节的服务流程，以"方便与满足客户需求"为主要原则，剔除流程中无价值的步骤，重点关注能给企业带来效益的高价值的流程，以全面提高企业的管理效率。例如，海尔的"国际星级一条龙服务"流程被分解为研发、制造、售前、售中、售后、回访六个环节，各个环节都有规范化的操作要求。同时，要识别出主要竞争对手相应环节的服务流程，找出自身与竞争对手之间的差异，针对在流程中发现的问题，想出对应的解决方案。

下面举个超市优化其业务流程的例子。超市购物的特点是方便、快捷，但一般消费者都有排长队等候付款的不愉快经历。如何优化收款作业流程、提高收款作业效率是每个超市都比较关注的问题之一。下面是某大型超市优化前的收银服务流程，如图 10-2 所示：

| 步骤 | 情况 ||||| 工作说明 | 改善要点 ||||
| --- | --- | --- | --- | --- | --- | --- | --- | --- | --- | --- |
|  | 操作 | 运送 | 检验 | 等待 | 储存 |  | 剔除 | 合并 | 排列 | 简化 |
| 1 | ○ | ⇨ | □ | D | ▽ | 欢迎客户，等待客户将商品放在收银台上 |  |  |  |  |
| 2 | ○ | ⇨ | □ | D | ▽ | 扫描商品，放在另一旁 |  |  |  |  |
| 3 | ○ | ⇨ | □ | D | ▽ | 金额总计 |  |  |  |  |
| 4 | ○ | ⇨ | □ | D | ▽ | 等待客户付款 |  |  |  |  |
| 5 | ○ | ⇨ | □ | D | ▽ | 收款确认并打印小票 |  |  |  |  |
| 6 | ○ | ⇨ | □ | D | ▽ | 找零 |  |  |  |  |
| 7 | ○ | ⇨ | □ | D | ▽ | 拿出购物袋 |  |  |  |  |
| 8 | ○ | ⇨ | □ | D | ▽ | 撑开购物袋 |  |  |  |  |
| 9 | ○ | ⇨ | □ | D | ▽ | 根据入袋原则装袋 |  |  |  |  |
| 10 | ○ | ⇨ | □ | D | ▽ | 商品交给客户并感谢 |  |  |  |  |

图 10-2　优化前的收银服务流程图

该超市流程优化小组成员依次对各个工序进行提问。根据提问、归结、整理、应用程序分析的四大原则，总结出以下意见：①借助购物袋支架，可以预先把购物袋撑开准备好，将扫描完的商品，直接放进购物袋，取消原来先把扫描过的商品放一旁，然后再逐一放进购物袋的方法；

②在等待客户付款或其他空闲时间把放在辅助工具上的购物袋撑开,以获得更高的服务效率。经过改进,可将操作次数减少3次,等待次数减少2次,改进后缩短作业程序,提高了收银作业的效率。改进后的收银服务流程如图10-3所示。

| 步骤 | 情况 操作 | 情况 运送 | 情况 检验 | 情况 等待 | 情况 储存 | 工作说明 |
|---|---|---|---|---|---|---|
| 1 | ○ | ⇒ | □ | D | ▽ | 欢迎客户,等待客户将商品放在收银台上 |
| 2 | ○ | ⇒ | □ | D | ▽ | 扫描商品,把商品放进准备好的购物袋 |
| 3 | ○ | ⇒ | □ | D | ▽ | 金额总计 |
| 4 | ○ | ⇒ | □ | D | ▽ | 等待客户付款 |
| 5 | ○ | ⇒ | □ | D | ▽ | 收款确认打印小票 |
| 6 | ○ | ⇒ | □ | D | ▽ | 找零和将小票给客户 |
| 7 | ○ | ⇒ | □ | D | ▽ | 把商品交给客户并感谢客户 |

图10-3 优化后的收银服务流程图

图书大厦流程优化负责人依据对客户需求的深度理解,带领工作小组分析图书大厦现有服务流程中需要解决的问题:首先,保证所供书籍在书架上始终保持一定数量的存货,以便客户随时可以买到想要的书。其次,增加订购服务。当书店缺少某本书时,客户可以进行订购。但书店需要解决送货的及时性问题,否则意义不大。

### (四)结合企业战略和愿景,设计新流程

企业的服务流程优化,同时需要考虑企业战略和愿景。要紧密结合企业战略,根据内外环境分析,剔除解决方案中明显不可能实现的解决方法,因地制宜地重新规划建立具有本企业特色的服务流程。

### (五)绘制流程图

清晰的流程图可以更好地实施和反馈企业进行业务流程优化的情况。一项服务所需的每一项工作及各工作间的相互关系都将在流程图中画出。流程图中还应该指明可能出现错误并可能破坏服务质量的失误点,以便在计划过程中采取预防措施。国内某知名服务器供货商的服务流程如图10-4所示。

### (六)实施新流程

企业实施新流程要对员工做好充分培训,使其具有执行新流程所需要的知识、技能并能及时转变服务观念。同时,也要做好企业文化以及员工表现评价体系的转变,以引导、规范员工的行为,提高他们对变革的积极性以及学习的热情,为新流程的实施提供保证。

### (七)新流程实施后的评价与反馈

新流程实施后,企业要对新流程进行事后的监测,评价新流程是否给企业经营带来了效益。如果流程优化确实给企业带来了效益,那么便将新流程标准化并加大执行力度,否则,需要重新找出流程中存在的问题,形成一个闭环系统。通过不断地循环反复来保持流程同企业内外环境的适应匹配。

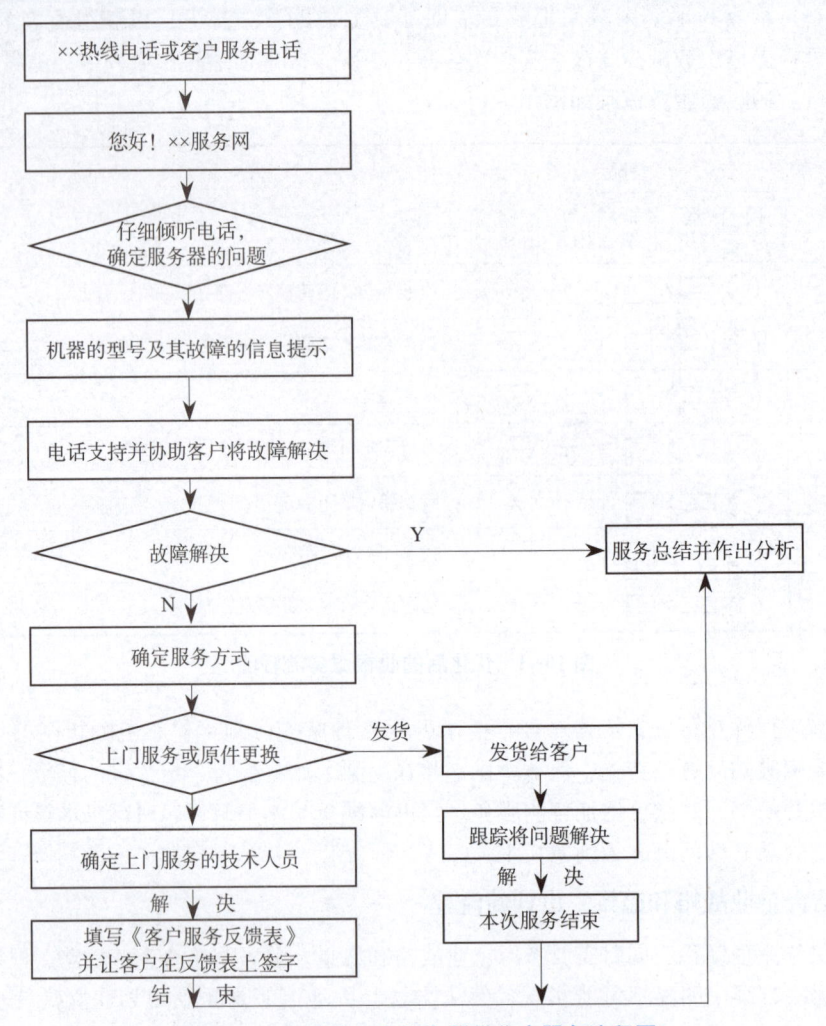

图 10-4　国内某知名服务器供货商服务流程图

## 二、优化服务流程的原则

一个企业想要赢得客户，只拥有优秀的服务人员是不够的，因为有些客户的问题不是依靠微笑就能解决的，而是源于企业本身服务模式与体系存在的问题。任何不重视服务体系建设和流程优化的企业都不会被当今时代所接受。

实施成功的服务流程优化，以下几个原则非常重要：

### （一）流程优化始于对客户需求的深度理解与全面把握，且始终围绕客户需求

本任务背景中的图书大厦在经营观念上明显存在偏差。这类企业往往忽视对客户需求的研究与挖掘而以内部管理为核心对待流程，即业务流程的起点和归宿都是管理，客户利益需要服从于内部管理的需要，因而导致由内到外的、一厢情愿的流程设计模式，缺乏对客户需求的真正关注。市场商品的极大丰富使客户的眼光变得"挑剔"了，他们越来越注重产品与服务获得的便利性、使用的简单性以及能否轻松得到帮助等。

面向市场、以客户为导向的流程，意味着企业必须真正以客户为业务流程的起点与归宿，围绕客户体验、客户利益、客户满意度来组织业务流程。

## (二)服务流程体系要体现整体服务的思路

整体服务的思路是指整合企业全部资源,以流程突破部门界限,全体员工共同努力改进客户服务。

中国银行业客户满意度调研报告由全球知名市场营销公司 J. D. Power(君迪)亚太公司实施,它所确定的银行业满意度评估基于六大因素,即交易/业务办理、账户管理/产品选择、账户信息、设施、收费及问题解决。英国对移动通信企业的客户满意度评价,除了客户服务之外,网络质量、客户费用、计费账单、品牌形象、营销促销、手机捆绑等都是非常重要的衡量指标。

从世界知名调研公司确定的客户满意度衡量指标来看,把客户不满意的压力都集中在客户服务直接涵盖的部门(如营业厅、热线中心)是不恰当的,尽管客服部门往往是企业与客户之间最重要的触点,但其自身提升客户满意度的能力有限,必须由后台的各个系统都建立以客户为中心的流程,才能全面提高客户满意度。在流程优化与重组中,需要借助"流程穿越"的工作方式,促使企业高层、各部门成员切身感受到客户服务不仅是前台岗位或市场部门的工作,更是企业各部门共同的责任,客户满意是全体员工的共同目标。

## (三)流程优化应体现服务重心前移原则,将客户需求尽可能地在前端予以满足

业务流程优化应立足于将客户服务的重心不断前移,使客户需求在与客户接触的前端就迅速得到满足;客户需求不能及时得到解决,往往会造成客户的要求加码。在企业中,应该形成前台服务于客户、后台服务于前台的工作风格,以实现客户满意度的提高。

以客户投诉处理流程为例。前台投诉处理人员往往缺乏足够的资源,无法及时、有效地解决问题。投诉处理流程的核心问题集中表现在:投诉处理客户满意度低,前台直接处理能力低,投诉处理口径不一致,问题解决治标不治本。因此,需要将前台直接处理率、重复投诉次数等指标引入优化后的流程控制目标中。一方面,通过建立明确的一线人员分层授权体系,在辅以有效监控的条件下,尽可能地剔除不增值环节,缩短投诉处理路径,将问题尽可能地前移解决;另一方面,后台支持部门根据前台需要,为前台投诉处理人员开发相应的辅助软件,整合现有的多个处理平台并进行必要的指导与培训,提升前台咨询、投诉处理的工具和手段。例如,某沿海地区移动运营商将分散在多部门的投诉处理工作纳入了一体化管理体系,成功地将不同类型的客户投诉处理时间缩短了 30%~80%,前台直接处理率得到了明显的提升。此外,该运营商还以客户投诉为切入口,进一步挖掘公司运营管理中的深层次问题,通过引入合署办公、部门经理联席会议等机制,前、后台共同寻找影响客户服务质量的瓶颈与解决办法,达到了对客户投诉标本兼治的良好效果。

## (四)服务流程优化既要关注企业与客户接触的层面,也应关注内部运营效率

在典型的 A 餐厅,内部流程是高效的,一切都有条不紊地进行着,客户可以享受到高质量的美食,很少出什么差错,然而服务生的态度是冷冰冰的,客户感受不到尊重,因此常常觉得不满意。在典型的 B 餐厅,服务生非常彬彬有礼、和蔼可亲,客户一开始往往会觉得很舒服,但是当上错菜、点餐姗姗来迟、账单出错之类的问题频繁发生时,即使服务生一再有礼貌地致歉,客户也难以觉得满意了。所以,仅有好的流程、没有好的客户服务意识,或者仅有好的客户服务意识、缺乏高效的流程,都无法令客户满意。只有高效的流程与一流的客户服务意识结合,才能提供令客户满意的优质产品与服务。

## (五)制定与流程控制目标相匹配的绩效衡量体系

仅规划以客户需求为导向的业务流程优化是不够的,还需要改变企业内部的运营规则,最

为重要的是企业的目标管理体系、激励机制、考核机制，要与以客户需求为导向的业务流程体系相匹配，只有这样才能有效改变一个企业多年来形成的传统与经营惯性，支持优化后的流程得到切实执行。

### （六）成功的服务流程优化离不开客户的参与

企业可以邀请重要客户参与到流程重组中去，体验重组前后的客户服务流程，与客户实现真正的互动，只有这样才能使业务流程做到围绕客户需求而组织。在20世纪80年代末期，雷诺汽车公司在新车开发流程重组中引入了客户参与，征询特定用户群、经销商和维修服务人员等多方面的意见，从而逐渐改变了重视生产胜于重视客户的文化偏向。客户（包括最终用户与经销商）是流程优化中新主意最好、最主要的来源，经常能对与其相关的流程设计提出有价值的看法和建议，邀请他们参与流程设计会产生积极的影响。

## 三、建立完善的服务流程体系，确保客户服务质量

美国管理大师罗伯特·凯利曾经说过："建立完善的客户服务体系，既是巩固现有市场的必须，又是企业可持续发展的需要。"

> **案例**
>
> 武汉市鄱阳街有一座建于1917年的6层楼房——"景明大楼"，该楼的设计者是英国的一家建筑设计事务所。20世纪末，这座楼宇在漫漫岁月中度过了80个春秋后的某一天，它的设计者远隔万里给这座大楼的业主寄来一份函件。函件告知：景明大楼为本事务所在1917年所设计，设计年限为80年，现已超期服务，敬请业主注意。真是让人不由得感慨：80年前盖的楼房，恐怕设计者和施工人员都不会有在世的了吧？然而，至今竟然还有人为它的安危操心！为它持续提供服务的就是它最初的设计者，一家异国的建筑设计事务所。
>
> 虽然只是一封简短的函件，但其背后隐含的却是该事务所完善的客户服务体系，正是这种有效的客户服务体系使得他们的服务不因人员的更替、岁月的流逝而改变。今天的时代是以客户为主的时代，只有树立"以客户为中心"的服务理念，制定出完善而优化的客户服务体系，并通过严格地执行来确保优质服务，才能增加客户满意度，从而赢得客户，赢得市场，保证企业的可持续发展。

## 四、建立客户服务体系的工作步骤

服务体系包括服务内容、服务流程和服务标准，以及为高效地实现服务内容所采用的信息技术手段。

建立服务体系需要进行如下工作：

### （一）确立本企业的服务文化

依据本企业的内外环境分析、发展阶段和企业经营战略确定符合发展需要的服务文化。例如，某知名服务器供货商确立的企业服务文化如下：

服务宗旨：全程、全面、全天候专业化服务。

服务目的：提高用户满意度。

服务方式：厂家一站式服务。

服务理念：以客户为本，全心全意为客户服务。

## （二）明确客户服务的内容，注重细节服务

确定客户服务内容必须以满足客户的需求为出发点，本着客户关系管理的最终目标"以实现客户价值最大化和企业收益最大化之间的平衡"，为客户增加价值，为企业带来利润。

## （三）优化客户服务流程，重视服务过程

客户在消费时付出的总成本包括货币成本、时间成本和精力成本。客户在消费时获得的总收入包括产品价值、服务价值、形象价值和人员价值。提升客户服务的质量就是尽可能地减少客户总成本和提高客户总收入，其中的一个因素是减少客户的时间和精力成本，从而提高企业的服务、形象和人员价值。因此，企业要避免客户为了解决一个问题和多个不同部门接触的现象，尽可能地优化服务流程，简化服务环节，提供统一的客户服务窗口。

## （四）建立完善的客户信息库

客户数据库管理系统已经被越来越多的企业所采用。客户数据库系统包括客户基本信息、与客户合作的历史、关键联系人的状况、当前合作的状态、反馈信息记录、客户问题解决状态等。通过数据挖掘技术，还能预测今后可能合作的项目等内容。该信息系统还可以开发服务日期预警功能，提醒客服人员关键服务项目到期的日子，从而为客户提供更有针对性的服务。客户信息库的建立使企业对客户的服务不会随着交易的完成而终止，而是帮助企业在客户使用产品或服务的过程中感受到来自企业的默默关怀，就像那家英国建筑设计事务所在项目完成80年之后还会与客户保持联系，该行为向我们说明了高品质客户服务的内涵。

### 【方法工具】

客户服务流程优化的方法工具主要有：
（1）客户需求调查技术。
（2）服务流程分析技术。
（3）服务流程优化技术。

### 【任务实施】

本任务实施的两个标准：
（1）原流程图存在的问题分析透彻，以客户需求为依据。
（2）新流程简洁明了，方便客户购买。

该图书大厦的服务流程经过前四个步骤的分析工作，绘制优化后的服务流程图如图10-5所示：

### 素养园地

当今时代是以客户为主的时代，只有树立"以客户为中心"的服务理念，制定出完善而优化的客户服务体系，并通过严格执行来确保提供优质服务，才能增加客户满意度，从而赢得客户，赢得市场，保证企业的可持续发展。

### 学习标杆

H公司的客户服务流程优化之路

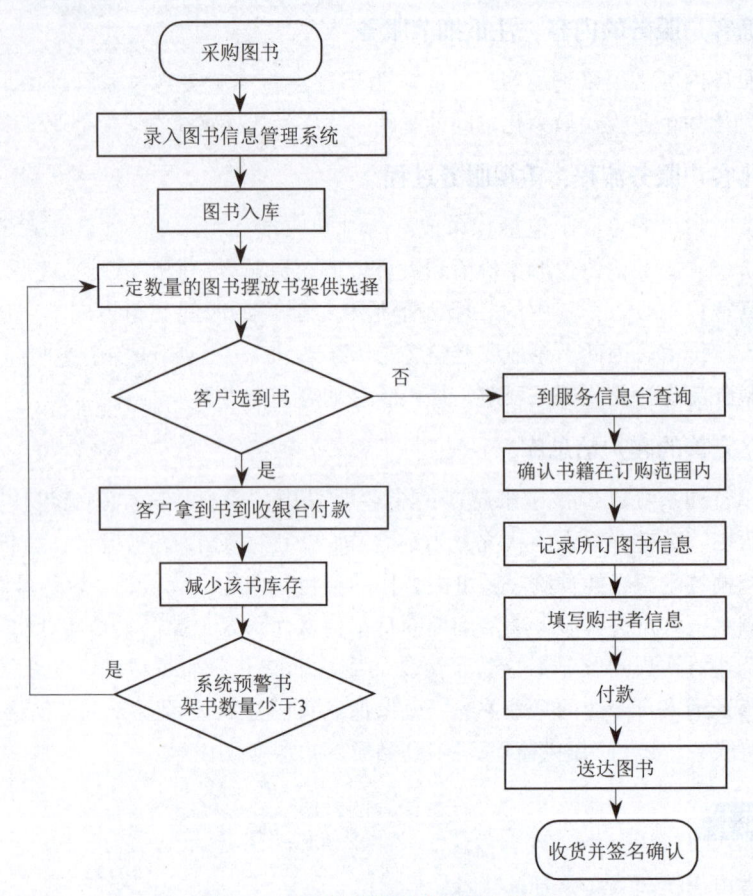

```
                    采购图书
                       ↓
              录入图书信息管理系统
                       ↓
                    图书入库
                       ↓
          一定数量的图书摆放书架供选择 ←──┐
                       ↓                    │
                  ◇客户选到书◇ ──否──→ 到服务信息台查询
                       ↓是                       ↓
              客户拿到书到收银台付款      确认书籍在订购范围内
                       ↓                       ↓
                   减少该书库存            记录所订图书信息
                       ↓                       ↓
            ◇系统预警书架书数量少于3◇    填写购书者信息
                  是 ↑                         ↓
                    └────────────────         付款
                                                ↓
                                             送达图书
                                                ↓
                                          收货并签名确认
```

图 10-5 图书大厦优化后服务流程

## 任务三 管理客户抱怨与投诉

### 【学习目标】

**知识目标：**
- 理解客户投诉的价值。
- 理解客户抱怨与投诉管理机制的组成部分。

**能力目标：**
- 运用投诉处理技巧，妥善处理客户投诉。
- 会编制客户投诉处理基本制度与工作流程。

**素养目标：**
- 巩固"客户至上"的服务理念。

**学习资源**

深度挖掘客户的投诉价值

### 【任务导入】

假设你是百果园一家门店的店长，一天一位客户到店投诉其购买的水果被压坏。

(1) 请描述你的处理流程。
(2) 请以两人一组现场模拟投诉处理并重新获得客户满意的经过。

## 【任务分析】

客户抱怨或者投诉事件的发生，即使对品牌企业来说，也是难以避免的，因而投诉处理的方式和过程就格外重要，这项工作质量的高低是企业价值观和运营能力的综合体现。

## 【必备知识】

### 一、敞开胸怀对待客户的不满

很多企业或员工一碰到客户提意见就烦躁，甚至不能理解，认为客户挑剔，这样就把自己摆在了与客户对立的位置。可想而知，抱有这种理念的企业或员工是不可能让"小事"化了的，只会让客户的不满升级，使"小事"变为"大事"。

其实，没有哪个企业是完美的，在开门做生意的过程中遇到客户不满是极为正常的现象。企业或者员工应以一种平和的心态来看待客户的不满，并进一步意识到当有客户向你表达抱怨甚至投诉时，应该感激客户。因为：

#### （一）客户前来抱怨或者投诉给了企业化解矛盾的机会

客户购买了企业产品或服务之后，一般只有两种心理状态：满意或者不满意。当客户感到满意时他会持续购买企业的产品，甚至会为企业做口碑宣传。当客户感到不满意时，往往分为两种情况：一是选择采取行动，如向企业相关部门投诉，甚至传播不良言论等；二是选择不采取任何行动，只是不再购买企业的任何产品。客户购买行为发生后的不同反应如图 10-6 所示，表明了客户购买行为发生之后，其不同的心理状态带给企业的不同效果。

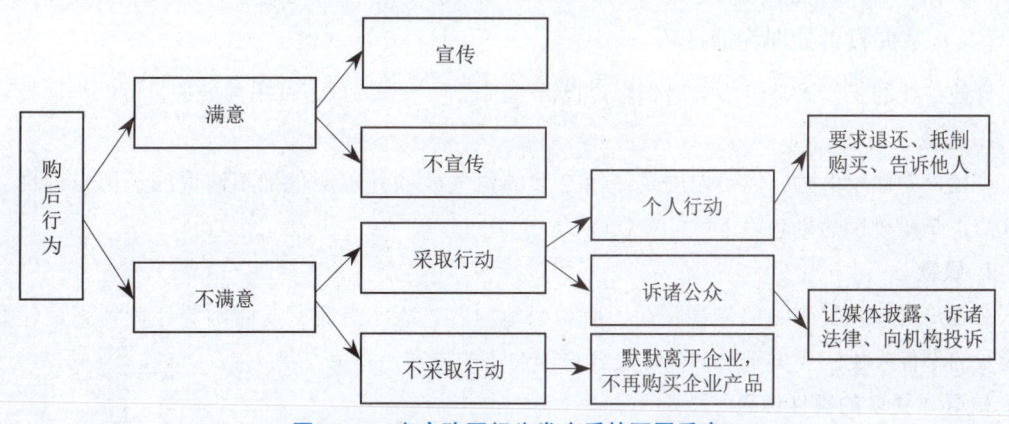

图 10-6 客户购买行为发生后的不同反应

有统计表明，在不满意的客户中仅有不到 5% 会选择向企业投诉，而其他绝大部分不满意客户会选择离开给他造成不愉快的企业或把糟糕的经历告诉身边的消费者。如果矛盾处理不好，还会引起事件升级、引发公众关注。因此，当客户前来抱怨或投诉时，企业应该与客户进行充分的沟通，争取得到客户的理解，并协助客户解决问题，尽可能地将客户的不满意化解于企业内部。

### （二）客户不满促进企业改进管理

客户表达不满是企业获得客户反馈的途径之一。许多客户提出的意见是非常有价值的，他们实际上充当了企业的义务监督员。如果企业能够将客户的不满分门别类进行统计，就会发现管理上存在哪些漏洞和不足，从而有所侧重地制定改进目标，使企业始终处于良性循环中。

### （三）客户不满带给企业创新的思路

创新是当今企业生存的根本。客户对于产品和质量的不满，实际上反映了客户的真实需求，这为企业改革产品提供了思路。3M是世界知名企业，以创新著称于世，其总裁曾经骄傲地说过，3M有三分之二的产品创新来源都来自客户的不满。

### （四）客户不满提供了培养忠诚客户的机会

客户产生抱怨甚至投诉并不可怕，可怕的是这些不满没有得到妥善处理。如果客户投诉处理得当，在处理过程中，客企之间的多次沟通使得双方的了解加深，企业会重新赢得该客户，并极有可能将其发展成为企业的忠诚客户。反之，企业则会丧失最后的弥补机会，并最终失去该客户。

## 二、熟练运用投诉的处理技巧

### （一）及时识别恶意投诉

在与客户打交道的过程中，难免会遇到一些充满敌意的客户。对于恶意的、无赖的客户投诉，员工要讲究处理的方式方法，以免给其留下更多的口实和话柄。员工能够采取的最好方式可能就是沉默着倾听，在适当的时机用自嘲和自我贬低的方式结束客户的喋喋不休，这样客户有时会为自己的行为感到不好意思而停止争吵。对于更有甚者，企业应该利用各种法律手段，采取理智的行为应付，避免将矛盾激化，使问题更加严重。

### （二）掌握投诉处理沟通技巧

身处一线的工作人员经常会遇到客户投诉，因而应该掌握以下基本的处理投诉的沟通技巧：

#### 1. 道谢

当客户向你投诉时，你要先用真诚而自然的语气鼓励并感谢他把不愉快的经历告诉你，因为这给了企业改正的机会。

#### 2. 致歉

在客户告知其受到的"伤害"时，应诚心地向客户表示歉意，此时不要计较到底是什么原因导致的事件发生，要勇于承认并尊重客户不愉快的事实。

#### 3. 寻求更多的事件信息

当你能够运用前两个技巧安抚客户的时候，绝大部分客户的情绪都会缓和下来。这时，你就应向客户说明为了更好地帮助他们解决问题，你需要了解更多的相关信息。

#### 4. 立即解决可以解决的问题

当你确认了客户的问题并判断是可以立即为之解决的，那就立刻行动。你快速高效的反应行为往往会重新获得客户的善意，即使由于某种原因问题最终无法得到解决，有些客户也会就此原谅企业。

### 5. 复杂问题承诺解决时间表

对于复杂问题和较高的投诉要求，你应本着真诚和实事求是的原则分析实际情况，给客户提供一个替代方案，并通过沟通促成双方达成一致意见，然后采取行动，挽回局面。

### 6. 汇报

及时向上级汇报你无权决定的投诉要求。

### 7. 送礼物

在条件许可的情况下，给客户送适当的礼物，以换回客户愉悦的心情。

### 8. 核查客户满意度

投诉处理完毕后，应在近期回访客户对处理结果是否满意，客户会因此感到备受尊重。

处理客户投诉仅仅依靠员工个人是不能解决根本问题的，员工的个人行为对于降低企业客户投诉率的作用比较有限。只有企业管理层着手建立完善的投诉管理机制，以预防和更及时地处理客户投诉，从而不断完善企业管理，才能有效地降低客户投诉率。

## 三、建立客户不满类型及原因的分析机制

客户抱怨或投诉主要涉及四个方面的问题：商品质量异常投诉、购销合同异常投诉、货物运输异常投诉和服务环节异常投诉。除此之外，客户还有可能针对企业其他不利于自己的方面进行抱怨。例如，宜家家居的客户服务中心工作人员每天在接完每一个电话之后，都必须在客户抱怨项目统计表（上面汇总了客户的常见抱怨事项）的相应栏目中做出记录，以统计客户抱怨的类型以及每个事项所占的比率，以此来确定下一步工作改进的重点，从而减少持续的客户投诉。

知道了客户抱怨及投诉的种类，还要分析所占比率较高的投诉事项产生的原因。一般来说，投诉产生主要可能有三个方面的原因：一是生产者的责任；二是销售者的责任；三是客户的责任（使用不当）。如果查明是生产者或销售者的问题，则两者都负有不可推卸的责任，均有义务为客户解决问题。销售者还应把发现的问题及时告知生产者，以便肃清源头。如果是因为消费者不能正确理解和使用产品所致，则要努力和客户沟通，帮助其正确使用产品，同时，对于客户常犯的错误，应进行汇总并在明显的地方告知客户使用产品的注意事项，以避免类似的问题持续发生。

**知识链接**

联邦快递的客户投诉分类

## 四、建立顺畅的客户投诉处理机制

从某种意义上说，恰当地处理投诉是最重要的售后服务。一个企业不应该一方面投入数百万元在广告和促销活动上以达成交易和建立客户的忠诚度，另一方面却又对客户的合理投诉置之不理。其实，及时地处理客户投诉恰恰可以有力保障客户忠诚度的建立。

### （一）客户投诉处理机制

企业在建立投诉处理机制方面应做好以下四方面的工作：

#### 1. 鼓励客户投诉

企业应该制定明确的产品和服务标准及补偿措施，清楚地告诉客户如何进行投诉以及可能

获得什么结果。例如，联邦快递就承诺，如果客户在递交邮件的次日上午 10:30 前没有收到回复邮件，邮递费全免。

**2. 方便客户投诉**

由于倾听客户意见的意义重大，企业应尽可能降低客户投诉的成本，减少其花在投诉上的时间和精力，因而，越来越多的企业通过 400 免费服务电话、电子邮箱、现场信箱等多种渠道受理客户投诉。更多的企业还通过用户调查、员工调查、市场调查、客户档案（资料数据库）分析、维修服务中心、用户联谊会、访问、用户满意中心等形式，倾听客户满意的、不满意的以及潜在用户的意见，以掌握客户现在的和潜在的需求。

**3. 培训客户如何投诉**

企业还要采用各种方式培训客户如何投诉。例如，通过促销材料、产品包装、文具、名片等客户能够接触到的媒介，告知客户企业接受客户投诉的方式，以及处理投诉的部门和他们的联系方式与工作程序。

**4. 迅速处理客户投诉**

企业应建立明确的"客户至上"的投诉处理原则，并通过各类培训强化员工拥有该意识；同时，成立专门接受和处理客户投诉的部门，及时处理投诉渠道中接收到的各种客户投诉，形成高效、专业的客户投诉处理工作流程。

### （二）客户投诉处理流程

客户投诉处理流程一般包括以下几个步骤，如图 10-7 所示：

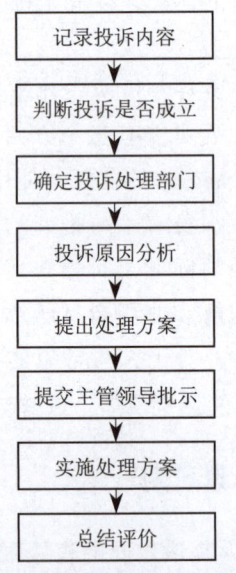

记录投诉内容
↓
判断投诉是否成立
↓
确定投诉处理部门
↓
投诉原因分析
↓
提出处理方案
↓
提交主管领导批示
↓
实施处理方案
↓
总结评价

图 10-7　客户投诉处理流程

**1. 详细地记录客户投诉的主要内容**

详细地记录客户投诉的主要内容，如投诉事件、投诉对象、投诉要求等。许多公司利用表格的形式对客户投诉进行记录与管理，以帮助问题得到有序处理。客户投诉登记表见表 10-3，客户投诉处理记录表见表 10-4，客户投诉处理通知书见表 10-5：

表 10-3　客户投诉登记表

| 投诉客户名称 | | | | |
|---|---|---|---|---|
| 投诉内容和客户要求 | | | | |
| 客户联系地址和电话 | | | | |
| 受理人意见 | 质检人员 | 销售人员 | 备注 | |
| | | | | |
| | | | | |
| | | | | |
| 公司业务主管签字： | | | | |

表 10-4　客户投诉处理记录表

受理时间：
受理方式：
接待人员：
参加人员：
现场勘测内容及处理意见：
　　监理中心（签字）：　　　年　　月　　日
投诉单位意见：
投诉单位（签字）：　　　年　　月　　日
被诉单位意见：
被诉单位（签字）：　　　年　　月　　日
某公司客户投诉表
接待者：　　　　　投诉日期：　　　　装运日期：
客户编号：　　　　　　　　　　　发票号码：
客户姓名：　　　　电话号码：　　　　传真：
地址：　　　　　　　　　　　　销售人员姓名：
客户部经理姓名：
投诉细节：
第一次改进行动：
第二次改进行动：
改进行动人员：
投诉结果：　　　　时间：　　　　　审核：

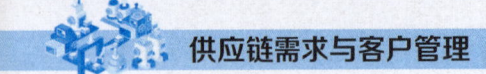

表 10-5  客户投诉处理通知书

| 发文号： | | | | | | |
|---|---|---|---|---|---|---|
| 客户名称 | | 单　　位 | | 经　　办 | | |
| 图号 | | | | | | |
| 定单编号 | | 问题发生单位 | | | | |
| 订购年月日 | | 制造日期 | | | | |
| 索赔个数 | | 制造号码 | | | | |
| 索赔金额 | | 订购数量 | | | | |
| 再发率 | | 处理期限 | | 年　　　月　　　日 | | |
| 发生原因调查结果： | | 客户希望：<br>□换新品　　□退款<br>□打折扣　　□至客户处更换<br>□其他 | | | | |
| | | 销售部门观察结果： | | | | |
| 公司对策： | | 公司对策实施要领： | | | | |
| | | 对策实施确认： | | | | |
| 签核： | | | | | | |

**2. 判断投诉是否成立**

了解客户投诉的主要内容后，客户投诉服务人员要依据自己的专业经验快速判断客户投诉的内容是否属于投诉范围、理由是否充分、投诉要求是否合理。如果投诉不能成立，即应以委婉的方式答复客户，取得客户的谅解，消除误会。

**3. 确定投诉处理部门**

根据客户投诉的内容，如能现场解决的应尽快为客户解决问题，如不能现场解决的须确定具体受理单位和受理负责人，并告知客户解决问题的时限。

**4. 分析投诉原因**

投诉受理负责人要查明客户投诉的具体原因，以便制定处理解决方案。

**5. 提出处理方案**

根据时间情况，参照客户的处理要求，提出解决投诉的具体方案，如退货、换货、维修、赔偿等。

**6. 提交主管领导批示**

对于客户投诉问题，领导应予以高度重视，主管领导应对投诉的处理方案一一过目并及时作出批示。根据时间情况，采取一切可能的措施，挽回已经出现的损失。

**7. 实施处理方案**

企业应及时与客户沟通处理结果并争取得到客户的认同，在问题解决后，应尽快地搜集客户的反馈意见。企业内部对直接责任人和部门主管应按照有关规定进行处罚，同时对不及时处理问题造成延误的责任人也要进行追究。

**8. 总结评价**

事后，企业应对投诉处理过程进行总结与综合评价，吸取经验教训，提出改善对策，不断完善企业的经营管理和业务运作，提高客户服务质量和服务水平，降低投诉率。

## 五、建立投诉处理协调机制

做好客户管理工作需要有全局意识，也就是需要多个相关部门的配合才能做好客户管理工作。企业需要建立明确的规章制度，细化每个部门在投诉处理中的责任，保证处理过程中能够有效协调各方关系，尽快处理客户投诉。

## 六、建立明确的奖惩制度，保障各级员工对投诉处理的重视

任何制度，只有与明确的激励机制相互配合，才能产生较好的实施效果。当投诉率下降时，就应及时给予相关部门精神与物质双重激励；当投诉率不断上升时，就应分析原因找出相关责任人，给予精神与物质的双重负激励。

### 【方法工具】

企业客户抱怨与投诉管理主要用到以下方法与工具：
（1）员工投诉处理技巧。
（2）企业投诉管理制度编制方法。
（3）企业投诉处理流程设计与优化方法。

### 【任务实施】

完成本任务应遵循以下步骤：
（1）能够通过语言和行动让客户感受到企业已立刻着手处理该问题。
（2）在原因查出之前，能用语言表达"不推诿、勇于承担责任"的决心。
（3）能够首先通过搜集信息查找事故原因，作为解决问题的依据。
（4）一旦发现是我方责任，能够立即无条件地解决客户的问题，即使公司会损失金钱。
（5）能够通过专业解释消除客户的顾虑，通过赠送礼品改变客户的心情。
（6）能够进行跟踪服务，重塑客户对于企业的信心。
（7）审视内部流程，避免同类投诉重复发生。

### 实训项目

**案例：**

在某次论坛上，一个客户抱怨说他们采购了一家全球知名公司的软件，结果运行时出现了一些问题需要解决，于是打电话给销售人员。销售人员说产品售出后就不归销售部门管了，不过你可以和售前人员联系，看他们是否能帮你解决。然后打电话给售前人员，售前人员说："抱歉，现在也不归我们管了，我给你一个咨询部门的电话。"客户虽不耐烦，但也无奈，只好又打电话给咨询部门，咨询部门说："我们仅支持7天内的服务，我们已经完成任务，而且你们的系统已经上线了，不归我们部门管了，你应该去找售后服务部门。"可是当电话打到售后服务部门时，售后服务部门讲："是应该归我们管，但是你没有购买我们的维护服务呀。"转了一圈，问题还是没有得到解决。客户非常不快地说："我现在就买你们的维护服务，可是在合同签

### 学习标杆

做好售后服务，
转危为机

订之前为什么没有人告诉我们需要购买维护服务呢？也没有人告诉我购买的流程是什么呀！"

从公司的角度看，按照每个部门的职责划分，销售、售前、咨询、售后服务都没有错，但是这只是公司内部的职责划分和流程安排，客户怎么能知道呢？

**任务要求：**

（1）请结合案例分析该企业销售、售前、咨询、售后服务部门处理软件客户服务流程中存在什么样的问题。

（2）请结合案例设计客户满意度调查问卷，并提出优化客户服务流程的建议。

（3）请汇报展示客户服务流程改进后的方案。

（4）情景模拟：选取2~3个方案设计优秀的小组进行流程改进后的情景模拟。

完成实训任务后，请填写实训项目考核评价标准表（见表10-6）。

表10-6 实训项目考核评价标准

| 专业 | | 班级 | | 学号 | | 姓名 | |
|---|---|---|---|---|---|---|---|
| 考核标准 | | 评价内容 | | | | 分值/分 | 评分/分 |
| | 教师评价 | 对服务流程问题的挖掘的准确度 | | | | 25 | |
| | | 问卷调查内容的合理性 | | | | 25 | |
| | | 优化客户服务流程建议的全面性和可实施性 | | | | 30 | |
| | | 总结汇报的流畅性、逻辑性 | | | | 20 | |
| | 加分项 | 情景模拟的生动性 | | | | 10 | |

**自测习题**

一、单选题

1. 以下对建立客户满意的服务体系描述不正确的是（　　）。
  A. 建立"服务顾客"的服务理念　　B. 设置 ABC 客户分类管理
  C. 建立完善的行为运行系统　　　　D. 建立企业形象识别系统

2. 影响客户满意度的因素不包括（　　）。
  A. 产品因素　　　　　　　　　　　B. 企业因素
  C. 服务和系统支持因素　　　　　　D. 财务因素

3. 企业通常以客户需求为出发点优化企业流程，以下关于以客户为需求优化流程的描述不正确的是（　　）。
  A. 流程优化始于对客户需求的深度理解与全面把握
  B. 对客户需求的理解与把握，是服务流程优化的第一步
  C. 客户流程优化要以技术为导向或以产品为导向
  D. 客户流程优化的目标是创造最佳的全面客户体验

4. 以下不属于优化客户服务流程原则的是（　　）。
  A. 流程优化应体现服务重心前移原则，将客户需求尽可能地在前端予以满足
  B. 优化客户服务流程，不需要参考过往的服务水平
  C. 服务流程优化既要关注企业与客户接触的层面，也应关注内部运营效率
  D. 制定与流程控制目标相匹配的绩效衡量体系

5. 客户的投诉与抱怨在客服管理中被视为是推动企业进步的动力，以下对客户抱怨的价值描述不正确的是（　　）。

· 248 ·

A. 客户前来抱怨或者投诉给了企业化解矛盾的机会
B. 客户不满促进企业改进管理
C. 客户不满带给企业创新的思路
D. 客户抱怨可以借此发现员工工作问题并克扣员工绩效

## 二、多选题

1. 客户的满意度往往体现在以下哪些行为？（　　）
A. 购买企业更多的新产品和提高购买产品的等级
B. 宣传企业和它的产品
C. 忽视竞争品牌和广告，并对价格不敏感
D. 向企业提出产品和服务建议

2. 规划客户满意度调查工作包括（　　）。
A. 确定调查目标对象、对象及范围
B. 确定调查方法
C. 设计问卷并进行预调查
D. 挑选和培训调查人员

3. 优化客户服务流程的步骤包括以下哪些？（　　）
A. 以客户需求为流程优化的首要出发点
B. 识别各个服务流程，并找出流程中存在的问题
C. 根据自身企业发展情况，思考客户服务流程优化
D. 结合市场环节，调整客户服务流程优化

4. 以下对优化客户服务流程设计原则描述正确的是（　　）。
A. 流程优化首先要考虑自身企业的发展目标
B. 流程优化始于对客户需求的深度理解与全面把握，且始终围绕于客户需求
C. 服务流程要体现整体服务的思路
D. 流程优化应体现服务重心前移原则，将客户需求尽可能地在前端予以满足

5. 熟练运用投诉管理技巧包括（　　）。
A. 及时识别恶意投诉　　　　　　B. 选择性地聆听客户的投诉
C. 掌握投诉处理沟通技巧　　　　D. 完全满足顾客的需求

## 三、问答题

1. 请依据企业运营状况，简要说明客户满意度调查可选用的方法与工具。
2. 请阅读学习标杆栏目中的案例，说明该企业客户服务流程中客户问题处理环节的流程优化步骤，并绘制该环节优化后的流程图。

# 参 考 文 献

[1] 贾俊平，何晓群，金勇进. 统计学［M］. 北京：中国人民大学出版社，2022.
[2] 许栩. 供应链计划 需求预测与 S&OP［M］. 北京：中国铁道出版社，2021.
[3] 刘宝红. 供应链的三道防线：需求预测、库存计划、供应链执行［M］. 北京：机械工业出版社，2021.
[4] 耿煜，任领美. 人工智能基础［M］. 北京：电子工业出版社，2022.
[5] 张红英. 客户关系管理［M］. 上海：上海交通大学出版社，2022.
[6] 王晓望. 客户关系管理 移动互联时代新实践［M］. 北京：机械工业出版社，2022.